Der Sternenspur folgen

Anneliese Hück (Hg.)

Der Sternenspur folgen

80 Advents- und Weihnachtsgeschichten

Zum Vorlesen in Kita, Schule,
Gemeinde und Seniorenarbeit

Schwabenverlag

VERLAGSGRUPPE PATMOS

PATMOS
ESCHBACH
GRÜNEWALD
THORBECKE
SCHWABEN

Die Verlagsgruppe
mit Sinn für das Leben

MIX
Papier aus verantwortungsvollen Quellen
FSC® C014496

Für die Schwabenverlag AG ist Nachhaltigkeit ein wichtiger Maßstab ihres Handelns. Wir achten daher auf den Einsatz umweltschonender Ressourcen und Materialien.

www.schwabenverlag-online.de

Umschlaggestaltung: Finken & Bumiller, Stuttgart
Umschlagabbildung: © iStock.com/mammuth
Gestaltung und Satz: Schwabenverlag AG, Ostfildern
Druck: GGP Media GmbH, Pößneck
Hergestellt in Deutschland
ISBN 978-3-7966-1676-1

Inhalt

Zeit der Geschenke
Vom Schenken und Beschenkt-Werden und von der wahren Weihnachtsfreude

»Und ihr werdet ein Kind finden ...«
Von Maria, Josef, den Hirten und vielen anderen Menschen im Stall von Bethlehem

Tiere an der Krippe

Von Ochs und Esel und anderen Tieren an der Krippe

Weihnachtsengel

Von kleinen und großen Engeln – mit und ohne Flügel

Der Sternenspur folgen

Von kleinen und großen Sternen, Königen und weisen Sterndeutern aus dem Morgenland

Vorwort

In der dunklen Jahreszeit scheinen die Lichter der Kerzen wärmer zu brennen und die Sterne heller zu leuchten, um den Menschen den Weg zur Krippe zu weisen. Und es beginnt eine Zeit des Geschichtenerzählens. Denn unzählige Dichter haben sich von der Weihnachtsgeschichte inspirieren lassen und erzählen uns von den Weihnachtswundern damals und heute.
Die 80 Geschichten dieser Sammlung eignen sich besonders gut zum Vorlesen. Sie sind nach Themenkreisen geordnet. Vorangestellt sind praktische Hinweise zum Thema, zum Alter und zur Vorlesedauer sowie Impulse zur Weiterarbeit. Dort, wo es sich anbietet, finden Sie auch noch Hinweise, wie durch ein kleines Gestaltungselement die Geschichte lebendiger wird oder sich vertiefen lässt.
All diese Hinweise können nur die Richtung weisen: Jeder liest anders, langsamer oder schneller, sodass diese Angaben nur eine Schätzhilfe sein können. Das Gleiche gilt für das Alter: Märchen beispielsweise sind bei Kindergartenkindern beliebt, weil es spannende – und geben wir es zu – oft auch grausame Geschichten sind, die sie faszinieren. Für Erwachsene dagegen halten sie eine tiefe und oft vielschichtige Weisheit bereit, die eine lange Tradition widerspiegelt. So kann auch die Altersangabe nur ein grober Hinweis sein. Sie selbst werden »vor Ort« und in der jeweiligen Gruppe häufig besser einschätzen können, was »passt«.
Am Ende des Buches finden Sie noch einmal eine Zusammenstellung, die Ihnen einen Überblick über die Themen sowie Alter und Vorlesedauer gibt, damit Sie schnell das Geeignete finden können.

Nun wünsche ich Ihnen und Ihren Zuhörerinnen und Zuhörern viel Freude mit diesem Lesebuch!

Ihre
Anneliese Hück

Advent – Weihnachten entgegengehen

Von Dunkelheit und Licht, Vorfreude und Erwartung, Hoffnung und Sehnsucht

1 Die Kerze, die nicht brennen wollte

Thema Lichtsymbolik; im Sich-Verschenken zur eigenen Bestimmung finden
Vorlesedauer ca. 2 ½ Minuten
Alter ab ca. 10–12 Jahre
Impulse zur Weiterführung Das Licht spielt in der Advents- und Weihnachtszeit eine große Rolle. Hier steht es als Symbol für das Sich-Verschenken, das letztlich zur eigenen Bestimmung finden lässt. Thematisiert wird auch die Angst vor Neuem, Unbekanntem. Wichtig ist es, nach dem Vorlesen eine Zeit der Besinnung zu ermöglichen.
Anregungen zur Gestaltung Eine brennende Kerze für alle gut sichtbar aufstellen (Kreismitte). Kurze Zeit der Stille. Bevor die Geschichte gelesen wird: Gemeinsam beobachten und sich eventuell darüber austauschen, wie eine Kerze abbrennen kann (ruhig, Flamme flackert in der Zugluft, Wachs läuft herunter usw.).

Nein, das hatte es noch nie gegeben. Eine Kerze, die nicht brennen wollte, war absolut einmalig. Es herrschte große Aufregung unter den Kerzen im Wohnzimmer. Zumal bald Advent war und gerade diese Kerze mit ihrem festlichen Glanz als nächste brennen sollte. Eine alte, abgebrannte, erfahrene Kerze bot sich an, mit der kleinen zu reden.
»Nein, ich möchte nicht brennen!«, antwortete die Kleine störrisch. »Wer brennt, verbrennt recht bald, und dann ist es um ihn geschehen. Ich möchte bleiben, wie ich bin, so schlank und so schön und so elegant.«
»Wenn du nicht brennst, bist du tot, noch bevor du gelebt hast«, antwortete die Alte gelassen. »Dann bleibst du auf ewig Wachs und Docht, und Wachs und Docht sind nichts. Nur wenn du dich entzünden lässt, wirst du, was du wirklich bist!«

»Na, da danke ich schön!«, entgegnete die Kleine ängstlich. »Ich möchte mich nicht verlieren, ich möchte lieber bleiben, was ich jetzt bin. Gut, es ist etwas langweilig und manchmal etwas dunkel und kalt, aber ich brauche nichts von mir zu geben und es tut lange nicht so weh wie die verzehrende flackernde Flamme.«

»Man kann es eigentlich nicht mit Worten erklären, man muss es erfahren«, antwortete die Alte rätselhaft. »Nur wer sich hergibt, verwandelt die Welt. Aber es braucht den Mut, etwas zu wagen, die Bequemlichkeit aufzugeben und das Risiko einzugehen, sich selbst zu verlieren.«

Da ging der kleinen Kerze plötzlich ein Licht auf: »Du meinst, man ist das, was man von sich herschenkt?«

»Ja«, antwortete die Alte. »Man bleibt dabei nicht so schlank, so schön und so elegant. Man wird gebraucht und gerät auch etwas aus der Form. Aber man ist mächtiger als jede Nacht und alle Finsternis der Welt.«

So geschah es, dass die kleine Kerze ihren Widerstand aufgab und sich entzünden ließ. Je mehr sie flackerte, umso mehr verwandelte sie sich in reines Licht und leuchtete und strahlte, als gelte es, die ganze Welt zu wärmen und alle Nächte hell zu machen. Wachs und Docht verzehrten sich, aber ihr Licht leuchtete in den Augen und Herzen all der Menschen weiter, für die sie brannte.

Ulrich Peters

2 Vom König, der Gott sehen wollte

Thema Gott-Suche; auch Lichtsymbolik
Vorlesedauer ca. 3 ½ Minuten
Alter ab Grundschule, alle Altersstufen
Impulse zur Weiterführung Die Frage nach Gott beschäftigt die Menschen zu allen Zeiten. Die Geschichte greift drei Beispiele auf, wie man sich dem »Phänomen Gott« anhand der Natur als seiner Schöpfung, der Frage nach dem Ursprung allen Seins und Seinem Wirken unter den Menschen nähern kann.
Der erste Teil der Geschichte mit dem Sonnenthema (bis »Suche ihn mit anderen Augen«) lässt sich auch einzeln vorlesen. Der Gedanke der Gottsuche kann auch über den Advent hinaus mit der Suche der Hirten oder der drei Weisen auf dem Weg nach Bethlehem thematisch verbunden werden.
Mögliche Fragen *(Jugendliche/Erwachsene)*: Sind wir noch ernsthaft auf der Suche nach Gott? Haben wir Gott gefunden – für immer? Nutzen wir die Adventszeit, um Gott näherzukommen?
Anregungen zur Gestaltung Gut in verteilten Rollen vorlesbar, auch mit einfachen Requisiten zu spielen.

In einem fernen Land lebte einmal ein König. Der König wurde alt und schwermütig.
»Seht«, sagte er, »in meinem Leben habe ich alles erlebt, was man erleben kann. Ich habe viel gesehen, gehört und erfahren. Nur eins habe ich nicht gesehen in meinem ganzen Leben: Gott habe ich nicht gesehen. Ihn möchte ich noch sehen, bevor ich sterbe.«
Deshalb erließ der König an alle Machthaber, Weisen und Priester den Befehl, ihm Gott zu zeigen. Schwerste Strafen wurden ihnen angedroht, wenn es ihnen nicht gelänge. Der König gewährte eine Frist von drei Tagen.
Alle Bewohner des königlichen Palastes waren sehr traurig und sie warteten auf ihr bevorstehendes Ende. Genau nach drei Tagen, um

die Mittagszeit, rief der König alle vor sich. Die Machthaber, die Weisen und Priester aber blieben stumm. Der König wurde sehr zornig. Er wollte das Todesurteil aussprechen.

Da kam ein Hirte vom Felde, der von des Königs Befehl gehört hatte, und sagte: »Erlaube mir, König, deinen Wunsch zu erfüllen!«

»Gut«, sagte der König, »aber bedenke, es geht um deinen Kopf.«

Der Hirte führte den König auf einen freien Platz und zeigte ihm die Sonne. »Sieh hin«, sagte er. Der König hob seine Augen und wollte in die Sonne sehen. Aber der Glanz blendete ihn, und er senkte den Kopf und schloss die Augen. »Willst du, dass ich erblinde?«, sagte er zu dem Hirten.

»Aber König«, sagte der Hirte, »das ist doch nur ein Ding der Schöpfung, ein schwacher Abglanz der Größe Gottes, ein kleines Fünkchen seines flammenden Feuers. Wie willst du mit deinen schwachen Augen Gott sehen? Suche ihn mit anderen Augen!«

Die Antwort gefiel dem König. Er sagte zu dem Hirten: »Ich erkenne deinen Geist und sehe die Größe deiner Seele. Antworte mir nun: Was war vor Gott?«

Nach einigem Nachdenken sagte der Hirt: »Sei nicht zornig wegen meiner Bitte, aber zähle! …«

Der König begann: »Eins, zwei …« – »Nein, nein«, unterbrach ihn der Hirt, »nicht so, fange mit dem an, was vor eins kommt.«

»Wie kann ich denn? Vor eins gibt es doch nichts.«

»Sehr weise gesprochen, Herr. Auch vor Gott gibt es nichts.«

Diese Antwort gefiel dem König noch besser als die vorhergehenden. »Ich werde dich reich beschenken; vorher aber antworte noch auf die dritte Frage: Was macht Gott?«

Der Hirt sah, dass des Königs Herz weich geworden war. »Gut«, sagte er, »auch darauf will ich dir antworten: Nur um eines bitte ich noch: Lass uns die Kleider für eine kurze Zeit tauschen.«

Und der König legte die Zeichen seiner Königswürde ab, kleidete damit den Hirten, und selbst zog er dessen unscheinbaren Rock an und hängte sich die Hirtentasche um. Und der Hirt setzte sich auf den Thron, nahm das Zepter und zeigte damit auf den an den Stufen des Thrones mit seiner Hirtentasche stehenden König.

»Siehst du, das macht Gott! Den einen erhebt er auf den Thron, und den anderen lässt er heruntersteigen.« Und der Hirt zog wieder seine eigene Kleidung an.

Der König stand in Gedanken versunken. Das letzte Wort des Hirten brannte auf seiner Seele. Aber plötzlich ermannte er sich, und unter sichtbaren Zeichen der Freude sagte er: »Jetzt sehe ich Gott.«

Leo N. Tolstoi

3 Gott zu Besuch

Thema Erwartung; Gottesvorstellungen

Vorlesedauer ca. 2 1/2 Minuten

Alter ab ca. 10 Jahre, alle Altersstufen

Impulse zur Weiterführung Wo ist Gott zu finden? Wie stellen wir uns Gott vor? Und: Erwarten wir ihn überhaupt? In einer Gesprächsrunde lassen sich alle drei Fragenkreise weiterführen. – Eventuell lässt sich die verwandte Geschichte »Schuster Konrad« (Nr. 4) zum Abschluss vorlesen.

Anregungen zur Gestaltung In verteilten Rollen lesen.

Ein frommer Rabbi besuchte jeden Tag den Tempel und hatte es in seinem Glaubensleben schon weit gebracht. Da wünschte er sich, seinem Gott einmal leibhaftig zu begegnen, und brachte ihm eine Bitte vor: »Jeden Tag komme ich in den Tempel, um dir zu begegnen. Jetzt wäre es mir eine große Freude, wenn auch du einmal in mein Haus kommen würdest und mich besuchtest.«

»Ich komme morgen«, sagte Gott, »mach nur alles bereit.«

Der fromme Rabbi lief nach Hause und traf mit Eile und Geschick die notwendigen Vorbereitungen. Kostenaufwändig waren sie zudem. Aber der fromme Mann scheute kein Hindernis – und am Abend des Tages war für das kommende Ereignis alles bereitet.

Der nächste Tag begann in der Frühe mit der innerlichen und äußeren Reinigung, die zum Leidwesen des Rabbi nicht ganz ungestört verlief, da ein Kind, angelockt vom Duft der vorbereiteten Süßspeisen, um einen kleinen Kuchen bat.

»Morgen bekommst du deinen Kuchen«, vertröstete der fromme Rabbi. »Heute kommt Gott, geh jetzt. Du störst.«

Gott ließ auf sich warten. In die erwartungsvolle Atmosphäre platzte ein müder Reisender hinein, als es auf die Mittagszeit zuging.

»Nein, heute nicht«, sprach der Rabbi. »Morgen bist du an der Reihe. Geh inzwischen zu meinem Nachbarn. Heute kommt Gott. Du störst.«

Der Tag verging, aber Gott ließ sich nicht blicken. Als die Spannung fast nicht mehr auszuhalten war, klopfte ein dreckiger, kranker Bettler an die Tür.

»Nein«, scheuchte ihn der Rabbi fort, »nicht heute, morgen ist so viel da, wie du willst. Heute kommt Gott: Er muss sogar jede Minute hier eintreffen. Weg mit dir, du störst.« – Aber Gott kam nicht.

Voller Zorn und Enttäuschung legte sich der fromme Mann schlafen. Am nächsten Morgen war sein Zorn nicht verraucht, und er überhäufte Gott im Tempel mit Anklagen und wütenden Vorwürfen: »So oft bin ich zu dir gekommen. Ist es da zu viel, wenn du ein einziges Mal zu mir kommen sollst?«

»Was willst du?«, erwiderte ihm Gott, »dreimal war ich da, aber du hast mich nicht erkannt!«

Aus der jüdischen Tradition

4 Schuster Konrad

Thema Gott im Nächsten erkennen; Wer gibt, empfängt

Vorlesedauer ca. 3 ½ Minuten

Alter ab Grundschule, alle Altersstufen

Impulse zur Weiterführung Was tun, wenn Gott zu uns kommen möchte? Wie können wir uns in der Adventszeit auf die Ankunft Gottes vorbereiten? Sind wir bereit, auf die Not »vor unserer Haustür« zu schauen?

An diesem Morgen war Konrad, der Schuster, schon sehr früh aufgestanden, hatte seine Werkstatt aufgeräumt, den Ofen angezündet und den Tisch gedeckt. Heute wollte er nicht arbeiten. Heute erwartete er einen Gast. Den höchsten Gast, den ihr euch nur denken könnt. Er erwartete Gott selber. Denn in der vorigen Nacht hatte Gott ihn im Traum wissen lassen: Morgen werde ich zu dir zu Gast kommen. Nun saß Konrad also in der warmen Stube am Tisch und wartete, und sein Herz war voller Freude. Da hörte er draußen Schritte, und schon klopfte es an der Tür.
»Da ist er«, dachte Konrad, sprang auf und riss die Tür auf. Aber es war nur der Briefträger, der von der Kälte ganz rot und blau gefrorene Finger hatte und sehnsüchtig nach dem heißen Tee auf dem Ofen schielte. Konrad ließ ihn herein, bewirtete ihn mit einer Tasse Tee und ließ ihn sich aufwärmen.
»Danke«, sagte der Briefträger, »das hat gutgetan.« Und er stapfte wieder in die Kälte hinaus.
Sobald er das Haus verlassen hatte, räumte Konrad schnell die Tassen ab und stellte saubere auf den Tisch. Dann setzte er sich ans Fenster, um seinem Gast entgegenzusehen. Er würde sicher bald kommen.
Es wurde Mittag, aber von Gott war nichts zu sehen.
Plötzlich erblickte er einen kleinen Jungen, und als er genauer hinsah, bemerkte er, dass dem Kleinen die Tränen über die Wangen

liefen. Konrad rief ihn zu sich und erfuhr, dass er seine Mutter im Gedränge der Stadt verloren hatte und nun nicht mehr nach Hause finden konnte. Konrad legte einen Zettel auf den Tisch, auf den er schrieb: Bitte, warte auf mich. Ich bin gleich zurück! Er ließ seine Tür unverschlossen, nahm den Jungen an der Hand und brachte ihn nach Hause.

Aber der Weg war weiter gewesen, als er gedacht hatte, und so kam er erst heim, als es schon dunkelte. Er erschrak fast, als er sah, dass jemand in seinem Zimmer am Fenster stand. Aber dann tat sein Herz einen Sprung vor Freude. Nun war Gott doch zu ihm gekommen.

Im nächsten Augenblick erkannte er die Frau, die oben bei ihm im gleichen Hause wohnte. Sie sah müde und traurig aus. Und er erfuhr, dass sie drei Nächte lang nicht mehr geschlafen hatte, weil ihr kleiner Sohn Petja so krank war, dass sie sich keinen Rat mehr wusste. Er lag so still da, und das Fieber stieg, und er erkannte die Mutter nicht mehr. Die Frau tat Konrad leid. Sie war ganz allein mit dem Jungen, seit ihr Mann verunglückt war.

Und so ging er mit. Gemeinsam wickelten sie Petja in feuchte Tücher. Konrad saß am Bett des kranken Kindes, während die Frau ein wenig ruhte.

Als er endlich wieder in seine Stube zurückkehrte, war es weit nach Mitternacht. Müde und über alle Maßen enttäuscht legte sich Konrad schlafen. Der Tag war vorüber. Gott war nicht gekommen.

Plötzlich hörte er eine Stimme. Es war Gottes Stimme. »Danke«, sagte die Stimme, »danke, dass ich mich bei dir aufwärmen durfte – danke, dass du mir den Weg nach Hause zeigtest – danke für deinen Trost und deine Hilfe – ich danke dir, Konrad, dass ich heute dein Gast sein durfte.«

Nach einer russischen Legende

5 Jetzt kann Gott kommen

Thema Sich vorbereiten auf die Ankunft des Herrn
Vorlesedauer ca. 1 1/2 Minuten
Alter Jugendliche und Erwachsene
Impulse zur Weiterführung Ist das nicht eine wunderbare Erfahrung: Wir sind nicht allein, wenn wir »unsere Wohnung« entrümpeln und reinigen wollen. Der Gast selbst, auf dessen Ankunft wir uns vorbereiten, hilft uns dabei.

Ein Mann erfuhr, dass Gott zu ihm kommen wollte. »Zu mir?«, schrie er. »In mein Haus?« Er rannte durch alle Zimmer; er lief die Stiegen auf und ab, er kletterte zum Dachboden hinauf, er stieg in den Keller hinunter. Er sah sein Haus mit anderen Augen. »Unmöglich!«, schrie er. »In diesem Dreckstall kann man keinen Besuch empfangen. Alles schmutzig. Alles voller Gerümpel. Kein Platz zum Ausruhen. Keine Luft zum Atmen.«
Er riss Fenster und Türen auf. »Brüder! Freunde!«, rief er. »Helft mir aufräumen – irgendeiner! Aber schnell!«
Er begann, sein Haus zu kehren. Durch dicke Staubwolken sah er, dass ihm einer zu Hilfe gekommen war. Sie schleppten das Gerümpel vors Haus, schlugen es klein und verbrannten es. Sie schrubbten Stiegen und Böden. Sie brauchten viele Kübel Wasser, um die Fenster zu putzen. Und immer noch klebte der Dreck an allen Ecken und Enden. »Das schaffen wir nie!«, schnaufte der Mann. »Das schaffen wir!«, sagte der andere. Sie plagten sich den ganzen Tag.
Als es Abend geworden war, gingen sie in die Küche und deckten den Tisch. »So«, sagte der Mann, »jetzt kann er kommen, mein Besuch! Jetzt kann Gott kommen. Wo er nur bleibt?«
»Aber ich bin ja da!«, sagte der andere und setzte sich an den Tisch. »Komm und iss mit mir!«

Lene Mayer-Skumanz

6 Längst erwartet

Thema Warten; Besuch

Vorlesedauer ca. 5 Minuten

Alter ältere Jugendliche, Erwachsene, besonders auch ältere Menschen

Impulse zur Weiterführung Erfahrungen austauschen: Wie ist es, wenn man sehnsüchtig auf jemanden wartet – und der Erwartete kommt nicht oder die Ankunft verzögert sich. Der Schluss der Geschichte »… und dass sie, während sie noch zu warten glaubte, längst selbst erwartet wurde« lässt sich als »adventliche Erfahrung« in unserer Gottesbeziehung deuten: Nicht wir sind die Wartenden, Gott erwartet uns bereits.

Schon zum dritten Mal ging Schwester Gudrun am Zimmer von Frau W. vorbei und schaute vorsichtig durch die angelehnte Zimmertür. Die 85-jährige Dame saß immer noch still an ihrem Tisch in dem kleinen Zimmer des Seniorenheims, das sie seit zwei Jahren bewohnte. Sie blätterte in einem Album mit vergilbten Fotos, nippte ab und zu an ihrer Tasse Tee und schaute hin und wieder auf die Uhr. Die Kerzen am Adventskranz waren schon ein gutes Stück heruntergebrannt und draußen war es längst dunkel geworden.

Schwester Gudrun wusste: Frau W. wartete auf ihren Sohn. Schon vor Tagen hatte sie ihr erzählt, dass er sie am dritten Adventssonntag besuchen wolle. Er wohnte in einer 200 Kilometer entfernten Stadt und kam nur zwei bis drei Mal im Jahr aufs Land in das kleine Seniorenheim zu seiner Mutter. »Er ist beruflich viel unterwegs«, hatte Frau W. entschuldigend zu Schwester Gudrun gesagt, »da ist er froh, wenn er sich am Wochenende mal nicht ins Auto setzen muss.«

Frau W. wartete schon fast zwei Stunden. Sie wartete mit Tee und Plätzchen. Sie wartete mit ihrer Festtagstischdecke und einem Adventskranz mit brennenden Kerzen. Sie wartete auf ihren Sohn, den sie vor 55 Jahren geboren hatte. Sie hatte schon oft auf ihn gewartet: vor der Tür des Kindergartens, wenn sie ihn täglich dort abholte; auf der Bank im Wartezimmer des Krankenhauses, als er den schweren Unfall hatte; daheim in der Küche, wenn er von einer wichtigen Prüfung oder einem Bewerbungsgespräch zurückkam. Schlaflos war sie oft bis spät in die Nacht wach gelegen, wenn er mit dem Auto unterwegs war, und hatte aufgeatmet, wenn sie seinen Schlüssel in der Haustüre hörte.

Jetzt wartete sie wieder. »Vielleicht ist ihm etwas dazwischengekommen? Es wird doch nichts passiert sein!« Sorge mischte sich in ihre Gedanken, und auch ein wenig Traurigkeit machte sich breit. Sie spürte die Müdigkeit in ihrem Körper, mehr noch vielleicht in ihrem Herzen. Sie glaubte Stimmen auf dem Gang zu hören, vernahm, wie Schwester Gudrun am Telefon sagte: »Das tut mir aber leid. Ihre Mutter hatte sich schon so gefreut.« Sie hörte, wie Schwester Gudrun die Zimmertür öffnete, nahm wahr, wie sie sachte die Adventskerzen ausblies, sah den traurigen Blick, den sie ihr zuwarf, und spürte, wie es ihr selbst ganz wehmütig ums Herz wurde.

Und ihre Gedanken wanderten zurück, als ihr Sohn noch ein kleiner Junge war: Wie sie Plätzchen mit ihm gebacken hatte im Advent, und wie er sprachlos gestaunt hatte, als eine kleine elektrische Eisenbahn unter dem Weihnachtsbaum stand. Und sie sah ihn vor sich, wie er damals seine neue Freundin vorgestellt hatte, die später seine Frau wurde, erinnerte sich an seine Abiturfeier und das große Fest zu seinem fünfzigsten Geburtstag und an das letzte Weihnachten, das sie vor drei Jahren noch gemeinsam in ihrer Wohnung gefeiert hatten. Sie tauchte ein in die Welt der Erinnerungen, der Erinnerungen an das, was einmal ihr Leben gewesen war, und als sei ein Vorhang weggezogen, erkannte sie auf einmal, wie sie ein Leben lang immer gewartet hatte, und diese Erkenntnis erfüllte sie mit einem merkwürdigen Schrecken, als habe sie in ihren 85 Jahren doch das Wesentliche verpasst und immer nur im Warteraum gelebt, weil sie immer nur an andere gedacht hatte und nie an sich selbst. Es schien ihr, als sei nun diese Stunde, in der sie vergeblich auf ihren Sohn wartete, wie ein Symbol für dieses ganze nun bald zu Ende gehende Leben, das im Warteraum verrinne und vergehe, und als sei sie selbst jetzt schon vergangen und vergessen.

Das Erste, was sie sah, als sie die Augen wieder öffnete, war das Lächeln ihres Sohnes, so strahlend, wie er schon als kleiner Junge gelächelt hatte, wenn er sie mit etwas überraschte.

»Ich konnte leider erst später kommen«, sagte er leise, »da musst du wohl eingenickt sein.«

Und sie merkte, dass es ein Traum gewesen war und dass sie, während sie noch zu warten glaubte, längst selbst erwartet wurde. Und sie geriet einen Moment lang in tiefes Staunen über diese wunderbare Entdeckung, und wie nebenbei nahm sie wahr, dass die Adventskerzen immer noch brannten.

Klaus Roos

7 Der Adventskalender

Thema Erwartung; Bedeutung von Geschenken; kranken Menschen eine Freude machen

Vorlesedauer ca. 7 Minuten

Alter ältere Jugendliche, Erwachsene aller Altersstufen, besonders auch ältere Menschen

Impulse zur Weiterführung Vorfreude und Erwartung sind nicht nur Kindern vorbehalten. Geschenke, die den Beschenkten berühren und erfreuen können, brauchen jedoch eine besondere Liebe und Aufmerksamkeit. Aber sie verweisen auch in besonderer Weise auf den, der sich uns an Weihnachten als größtes Geschenk gezeigt hat.

Anregungen zur Gestaltung In einer kleinen Gruppe, die sich gut kennt, könnte für jeden ein kleines Geschenk überlegt werden. Es sollte dabei jedoch nicht ums »Wichteln« oder um Materielles gehen, sondern darum, achtsam zu überlegen, wodurch man dem anderen eine echte Freude machen kann. Oder: Besuch in einem Seniorenheim, überlegen: Wie kann man alten und kranken Menschen dort eine Freude machen?

Als ich Frau E. kennenlernte, litt sie schon seit 14 Jahren an multipler Sklerose, einer Krankheit ohne Aussicht auf Heilung, ohne Hoffnung, noch einmal gesund zu werden.

»Warum gerade ich?«, fragte sie immer wieder. Sie zeigte mir Fotoalben aus längst vergangenen Zeiten: eine lebensfrohe junge Frau im Skiurlaub, im Karneval und auf Tanzfesten. »Erkennen Sie mich?«, fragte sie leise und begann, von ihren gesunden Jahren zu erzählen, von Beruf, Freundschaft und Liebe, von Ausflügen und Reisen. Immer wieder wurde sie dabei von krampfartigen Hustenanfällen unterbrochen. Der fast bis zum Skelett abgemagerte Körper quälte sich in der Anstrengung, zähen Schleim aus der Lunge abzusondern.

Einmal habe sie versucht, sich das Leben zu nehmen, aber der Versuch sei misslungen. »Nicht einmal das kann ich«, waren ihre Worte.

Durch ganz kleine Stickereien versuchte sie immer wieder ein Stück Selbstdarstellung, bemühte sich, mit Hilfe ihrer Kreativität und Fantasie Hoffnung zu gewinnen, um damit ihrem schleichenden Sterben zu begegnen. Doch immer wieder versagten ihre Kräfte den Dienst. So bot ihr an vielen Tagen der Fernseher die einzige Abwechslung in ihrem beschwerlichen Alltag.

Gepflegt wurde sie von ihrer achtzigjährigen Mutter; ihre Schwester, ein Onkel und zwei andere Damen, die außer mir gelegentlich zu Besuch kamen, bildeten ihren einzigen Kontakt zur Außenwelt.

Manchmal gab es bei Frau E. Stunden, in denen sie von sich erzählte und ihr Leid beklagte.

Oftmals aber wollte sie von mir etwas hören, von meinem Alltag in der Schule, von meinen Reisen, wollte auf diese Weise teilnehmen an dem, wie das Leben »draußen« war. Und so nahm ich sie im Geiste auf unsere Urlaubsfahrten mit: im Transsibirienexpress durch die Taiga und im Landrover durch Kenia.

Als ich für ein halbes Jahr mit meinem Mann nach Brasilien ging, nahm ich mir fest vor, ihr jede Woche einmal zu schreiben. Am liebsten mochte sie Ansichtskarten, auf denen ein Kreuzchen zeigte: Hier haben wir übernachtet, dort zu Abend gegessen. Es wurde mir zur Gewohnheit, gezielt nach solchen Karten Ausschau zu halten. Als ich sechs Monate später wieder in Deutschland war und Frau E. besuchte, strahlte sie mich an. Mit ihrer heiseren Stimme flüsterte sie: »Das war mein schönstes halbes Jahr.« Jeden Morgen hatte sie ihre Mutter gebeten, nachzusehen, ob wieder eine Karte für sie im Briefkasten lag. Als wir in Brasilien während des Urlaubs meines Mannes gereist waren, hatte sie sich den Atlas geben lassen und war uns in Gedanken gefolgt. Ich freute mich, dass ich meinen guten Vorsatz gehalten und ihr mindestens einmal pro Woche geschrieben hatte. Zugleich erschrak ich, welche Bedeutung diese Reihe von Ansichtskarten für sie gehabt hatte. Jeder dieser Tage war für sie mit einem Stück Erwartung gefüllt gewesen.

Das brachte mich auf die Idee: Es war Ende November, der Jahreszeit entsprechend draußen nebelig und trüb, zugleich voller Licht und Glanz in den Kaufhäusern, in denen bunte Christbaumkugeln, blinkende Sterne und Folienengel miteinander um die Wette glitzerten. Ich werde ihr einen Adventskalender basteln, dachte ich, da kann sie sich an jedem Morgen ein wenig freuen. Ich ging in die Stoffwarenabteilung und kaufte ein großes Stück roten Filz, dann sah ich mich nach kleinen Geschenken um. Vor allem in der Süßwarenabteilung wurde ich fündig. Einen kleinen, in rotes Stanniolpapier gekleideten Nikolaus erstand ich, gefüllte Kugeln, Tannenzapfen und Fläschchen zum Vernaschen, kleine Marzipanbrote und bunte Engel. Wieder daheim, schritt ich zur Tat. Ich kramte meine Nähmaschine hervor, zerschnitt das Stück Filz in vierundzwanzig gleich große Rechtecke, legte die Ecken aufeinander, und schon ratterte die Nadel los.

Als alle Beutel fertig vor mir lagen, kam der nächste Schritt. Die roten Täschchen mussten ja geschlossen werden. Normalerweise lässt sich das mit einem zugeknoteten Stück Geschenkband erreichen, aber das ging in diesem Falle nicht. Frau E. hatte mir einmal sehr offen gesagt, wenn ich ihr etwas mitbrächte, dann möge ich das Geschenkband doch bitte nicht knoten. Sie müsse dann erst ihre Mutter bitten, eine Schere zu holen, aber sie möchte doch gern ihre Geschenke allein und selbstständig auspacken können. Ich war beschämt gewesen, dass ich darauf nicht von selbst gekommen war.

Also wurde jetzt eine Rolle mit dünner goldener Kordel herausgesucht. Mit einer dicken Nähnadel zog ich ein Stück Kordel oben durch den Filz, so dass ich die Säckchen, nachdem ich sie, zum Teil auch mit Selbstgebasteltem, liebevoll gefüllt hatte, oben zusammenziehen und mit einer kleinen Schleife versehen konnte. Jetzt galt es noch, goldene Nummern auf die Beutel zu kleben. Anschließend dekorierte ich sie auf einem mit Tannenzweigen geschmück-

ten großen Pappteller. Damit die ganze Herrlichkeit auch etwas glänzte, bastelte ich noch ein paar Sterne zur Verzierung.
Stolz klingelte ich am 1. Dezember bei Frau E. Ihre Freude war aufrichtig, vor allem auch darüber, dass ich die Beutel so geschlossen hatte, dass sie sie allein öffnen konnte. Als ich sie kurz vor Weihnachten noch einmal besuchte, strahlte sie: »Ich habe an dem Adventskalender Spaß wie ein Kind! Es ist jeden Tag eine doppelte Freude. Erst taste ich das Säckchen von außen ab und rate, was wohl darin sein kann, dann mache ich es auf und schaue nach, ob ich richtig geraten habe.«
Wie wenig Zeit, Kreativität und Fantasie genügen, um einem kranken Menschen täglich ein wenig Vorfreude auf den kommenden Tag zu geben, ein kleines adventliches Hoffnungslicht in einem ansonsten mehr als grauen Alltag.
Für den Beutel mit der Nummer 24 hatte ich mir etwas Besonderes ausgedacht: Darin hatte ich das Jahreslos einer Fernsehlotterie versteckt. »Da habe ich jetzt jeden Monat einmal ein Stück Adventskalender«, lächelte sie.
Zu dieser Freude ist es dann nicht mehr gekommen. Sie starb Mitte Januar an einer Lungenentzündung. Wie gut, dachte ich, dass ich ihr den letzten Advent noch ein wenig erhellt habe.
Es ist jetzt viele Jahre her, dass ich Frau E. beerdigt habe. Aber bis heute denke ich bei fast jeder Ansichtskarte, die ich unterwegs kaufe, ob man darauf wohl ein Kreuzchen machen könnte, und es vergeht kein Advent, in dem sie meinem Herzen nicht ganz besonders nahe ist.

Christa Spilling-Nöker

8 Das Adventslicht

Thema Einsamkeit des Alters; Chance der Begegnung mit anderen; Weihnachten kann neue Hoffnung schenken; auch Lichtsymbolik

Vorlesedauer ca. 3 1/2 Minuten

Alter Jugendliche, Erwachsene, ältere Menschen

Impulse zur Weiterführung Gerade um Weihnachten sind viele ältere Menschen ungewollt allein. Besonders schwierig ist es, wenn er/sie erst vor Kurzem den Partner/die Partnerin oder einen nahen Verwandten verloren hat. Die Geschichte macht Mut, den Schritt aus der Einsamkeit zu wagen. Als Zeichen dient hier das Symbol der Kerze, des Lichtes.

Ob sie das vielleicht mit nach Hause nehmen dürfe, fragte sie und hielt den kleinen Kerzenständer aus Stanniol, der auf ihrem Tisch gestanden hatte, in ihren alten zittrigen Händen. Die Kinder hatten die Kerzenständer für die Altenfeier im Pfarrsaal gebastelt, und die Kerze darin war fast heruntergebrannt.
Frau Heldmann nickte ihr freundlich zu. Dann wandte sie sich wieder der Arbeit zu, die sie mit anderen Frauen heute Nachmittag übernommen hatte. Sie legte die übrig gebliebenen Kuchenstücke zusammen auf einen Teller und stellte dann die Kaffeetassen ineinander. Eine Stunde würden sie noch brauchen, bis alles wieder gespült und aufgeräumt war.
Die alte Frau verpackte den Stanniolständer mit dem winzigen Kerzenrest sorgsam in ihrer Handtasche und ging dann mit müden Schritten dem Ausgang zu. Man hatte ein Taxi für sie bestellt, damit sie sicher und bequem nach Hause käme.
Später stellte sie das kleine Licht dort zu dem Platz, an dem sie nun seit über drei Monaten allein ihr Essen einnahm. Sie kochte sich einen Tee und zündete die kleine Kerze wieder an, bevor sie sich davorsetzte. Eigentlich hatte sie in diesem Jahr mit Advent und Weihnachten nichts im Sinn gehabt. Seitdem ihr Mann im Herbst

gestorben war, war ihr ihre Einsamkeit von Tag zu Tag schmerzlicher bewusst geworden. Die Kinder waren weit weg. Sicher würden sie sie zu Weihnachten einladen. Aber sie war sich nicht sicher, ob sie diese Einladung annehmen würde. Sie war Weihnachten noch nie von zu Hause fort gewesen. Der Schmerz war noch zu groß. Damit wollte sie Weihnachten niemanden belasten. Hier zu Hause hatte sie nichts vorbereitet, was auf Advent oder Weihnachten hindeutete. Nein, sie wollte möglichst wenig von der vorweihnachtlichen Zeit mitbekommen, um das Alleinsein nicht noch härter zu empfinden. Nur zögernd hatte sie die Einladung der Kirchengemeinde zur Altenfeier angenommen. Und das auch erst, nachdem sie zweimal bei ihr gewesen waren und sogar das Taxi versprochen hatten.

Jetzt blickte die alte Frau in die fast ausgebrannte Kerze und erinnerte sich daran, wie schön der Nachmittag doch gewesen war. Seit langer Zeit hatte sie wieder einmal gelacht, als die Kinder das Spiel von der verlorenen Nikolausmütze spielten. Sie hatte sich an Zeiten erinnert gefühlt, als ihre eigenen Kinder noch klein waren, als sie noch eine richtige Familie waren. Als ihr bewusst wurde, dass die Kerze am Ausbrennen war, stand sie schnell auf und suchte in einer Schublade nach einer anderen. Und als sie sie in den kleinen Ständer steckte und anzündete, da spürte sie deutlich, dass dieser Tag anders war als all die Tage vorher. Ein bisschen freudiger, hoffnungsvoller.

Später rief sie ihre Tochter in Hamburg an. Sie erzählte von der Adventsfeier, berichtete von dem Spiel der Kinder und von dem kleinen Kerzenständer, den sie mit nach Hause genommen hatte. Und als ihre Tochter sie fragte, ob sie nicht doch an Weihnachten zu ihnen kommen wollte, da wehrte sie nicht mehr ab, sondern fragte: »Wird es nicht zu eng bei euch, wenn ich komme?«

Rolf Krenzer

9 Räuber Rinaldo erinnert sich

Thema Was vor Gott zählt: Not lindern und mit dem Nächsten teilen

Alter ab Grundschulalter, alle Altersstufen, bes. auch ältere Menschen

Vorlesedauer ca. 6 Minuten

Impulse zur Weiterführung Nicht die wertvollen Geschenke zählen vor Gott, sondern was wir hilfsbedürftigen Menschen tun. Besonders *mit älteren Menschen*: von alten Weihnachtsbräuchen erzählen.

Als es noch Räuber und Strauchdiebe gab, war das Reisen für reiche Leute gefährlich. »Geldsäcke« nannten die Räuber sie, hielten ihnen Pistolen vor die Nasen, und die »Geldsäcke« mussten Dukaten herausrücken, Taler und Goldschmuck und Edelsteine. Mit der Beute verschwanden die Räuber in den Wäldern. Ein gefürchteter Räuber hieß Rinaldo. Er trug einen grünen Mantel, der innen feuerrot war und unersättliche Taschen hatte. Sie waren mit Kostbarkeiten und Geld vollgestopft.
Es war kurz vor Weihnachten, als Rinaldo um ein Haar gefangen wurde. Reiter waren hinter ihm her. Doch Rinaldo hatte Beine so flink wie ein Wolf, und klettern konnte er so gut wie ein Marder. So entwischte er auf einen hohen Baum, und die Reiter jagten unten vorbei. Während Rinaldo auf dem hohen Baum saß, begann er über sein Leben nachzudenken, und zwar aus zwei Gründen: Erstens hatte er Angst um sein Leben, auch wenn er ein großer Räuber war; zweitens konnte er vom hohen Baum aus den Ort sehen, an dem er aufgewachsen war – als Sohn des Küsters.
Da fiel es Rinaldo wieder ein: Auf dem Altar der Kirche stand ein Christkind, aus Holz geschnitzt. Es trug ein Leinenhemdchen, und nach altem Brauch bekam es jedes Jahr zu Weihnachten ein neues – als Weihnachtsgeschenk. Rinaldo erinnerte sich genau: Immer hatte sein Vater, der Küster, am Heiligen Abend vierundzwanzig Kerzen angezündet und zum Jungen gesagt: »Sieh dir an, wie das

Christkind sich freut!« Und immer hatte das hölzerne Christkind gelächelt.
Sobald es dunkel geworden war, stieg der Räuber vom hohen Baum, ging in den Ort seiner Kindheit und klopfte beim Küster an die Tür. Es war ein neuer Küster, und der erschrak, als der wild aussehende Mann von ihm verlangte: »Komm mit in die Kirche! Ich will sehen, ob das Christkind lächelt.«
»Aber Weihnachten ist doch erst übermorgen«, sagte der Küster, »erst übermorgen bekommt es sein Geschenk.«
»Kein langes Gerede!«, sagte der Räuber. »Nimm Nadel und Faden und Schere mit!«
Der Küster nahm Nadel und Faden und Schere, den Kirchenschlüssel und ging mit dem Räuber in die Kirche. Er zündete am Altar vier Kerzen an. Rinaldo betrachtete das Christkind genau. »Es blickt traurig drein«, stellte er fest. Der Küster sagte wieder: »Übermorgen bekommt es …«
» … ein schäbiges neues Hemdchen«, unterbrach ihn Rinaldo, »ich werde ihm was Besseres schenken. Gib das Nähzeug her!«
Der Räuber fädelte einen Faden ein, was er sehr gut konnte, weil er alles selber nähen musste und Augen wie ein Raubvogel hatte. Und dann holte er Ringe und Kettchen aus den Taschen, kostbare Gehänge mit Edelsteinen und nähte den Schmuck an das Christkindhemd. Der Küster sah mit großen Augen zu, starr wie eine Säule.
»Und nun zünde noch 20 Kerzen an!«, verlangte der Räuber, als er mit seiner Näharbeit fertig war, »vierundzwanzig müssen es sein.«
Bald brannten vierundzwanzig Kerzen wie immer, wenn das Christkind sein Geschenk bekam. Der Räuber Rinaldo betrachtete das Christkind. An seinem Hemd strahlten die Edelsteine, es funkelte von Gold.
»Wie lieb das Christkind lächelt!«, sagte der Küster, »wie sehr es sich freut!«
»Du hast Augen wie ein Maulwurf«, sagte der Räuber, der sich von keinem etwas vormachen ließ. »Keine Spur von Lächeln – warum lächelt es nicht?«

Er setzte sich auf die Altarstufen und dachte nach. Plötzlich fuhr er auf. »Ich hab es, Küster«, sagte der Räuber. »Ich hab einen großen Fehler gemacht und den Goldkram auf das alte Hemd genäht. Ist das neue schon bereit?«
Der Küster nickte und holte sofort das neue Hemd. Und der Räuber Rinaldo machte sich die Mühe, alles Gold und alle Edelsteine vom alten Hemd abzutrennen und auf das neue Hemdchen zu nähen. Als der Küster es dem hölzernen Christkind angezogen hatte, strahlten Gold und Edelsteine noch heller.
»Wie das Christkind lächelt, wie es sich freut!«, rief der Küster eifrig. »Lügner!«, sagte der Räuber streng. »Nicht die Spur von Freude ist zu entdecken. Siehst du denn nicht seine traurigen Augen?«
Rinaldo setzte sich wieder auf die Stufen und dachte zum zweiten Mal nach. Da war's ihm, als blickten ihn die Augen der Kinder an, mit denen er aufgewachsen war, die Augen von Carlo und Paolo, von Nina und Maria, von Beppo und Pia und Francesco und Rosina. Nie hatten diese Kinder etwas anderes getragen als schmutzige und zerrissene Leinenhemdchen.
Rinaldo erschrak. Er stand auf. »Gib die Schere her!«, sagte er zum Küster. Und er trennte vom Christkindhemd die Edelsteine wieder ab und allen Goldschmuck. Er legte die Kostbarkeiten auf den Altar. Dann kramte er aus den unersättlichen Manteltaschen Taler und Dukaten, und der Küster erschrak: einmal, weil so viel Geld zum Vorschein kam, und zum andern, weil der Mantel innen rot war wie Feuer.
»Das alles«, sagte der Räuber Rinaldo, »ist für die Kinder, die nicht mehr als ein Leinenhemdchen besitzen. Du wirst den Eltern dieser Kinder etwas von diesem Geld geben, aber nicht zu viel auf einmal. Und wehe, wenn etwas davon verschwindet! Eines Tages werde ich wiederkommen und Rechenschaft von dir fordern.«
Der Küster hatte Angst, und zugleich war er froh. Und er deutete auf das Christkind. »Sieh nur, es lächelt!«, sagte er zitternd.
»Wahrhaftig!«, bestätigte der Räuber Rinaldo, »es lächelt.«

Hans Baumann

10 Brief an Friedrich Eggers

Thema Adventsstimmung; Weihnachtsvorbereitungen in früherer Zeit
Vorlesedauer ca. 2 Minuten
Alter Erwachsene, besonders ältere Menschen
Impulse zur Weiterführung Wie war das früher in meiner/unserer Kindheit? Was gehörte und gehört für uns zum Weihnachtsfest? *Info:* Theodor Storm lebte von 1817 bis 1888 und ist ein bekannter deutscher Schriftsteller (Lyrik und Novellen, z. B. »Der Schimmelreiter«).

Heiligenstadt, 20. Dezember 1856

Mein lieber Freund!
Es wird Weihnachten; vergnügte Weihnachten also! – Mein ganzes Haus riecht schon nach braunen Kuchen – nach dem Rezept meiner Mutter –, und ich sitze, sozusagen, schon seit einer halben Woche im Schein des Tannenbaums. Wie ich den Nagel meines Daumen jetzt besehe, so ist er auch halbwegs vergoldet; denn ich arbeite abends jetzt nur in Schaumgold, Knittergold und bunten Papieren; und während ich Netze schneide und Tannen- und Fichtenäpfel vergolde und die Frauen, d. h. meine und Fräulein Rosa Stein, die bei uns überwintert, die Puppe für Klein-Lisbeth ausputzen, liest Onkel Otto, d. h. mein Bruder Gärtner, uns die »Klausenburg« von Tieck oder eine andre schöne Spukgeschichte vor oder auch eine Probe aus den Bilderbüchern von Corrodi, die Hans und Ernst auf den Teller gelegt werden sollen. Gestern Abend habe ich sogar den Frauen Mandeln und Zitronat für die Weihnachtskuchen hacken helfen; auch Kardamom dazu gestoßen und Hirschhornsalz, mit welchem Letztern man sich in einem messingenen Mörser sehr in Acht nehmen muss; den Vormittag war ich stundenlang im Walde umhergekrochen, um die Tannäpfel zu suchen; ja Ihr hättet mich sogar mit meinem dicken Winterpelz hoch oben in einer Tannen

sitzen sehen können, um einen besonders schönen Zapfen abzubrechen. Freilich hatte ich mich vorher gehörig umgesehen; denn der Herr Preisrichter durfte sich doch nicht auf ganz offenbarem Waldfrevel ertappen lassen.
Jeden Morgen kommt der Postbote und bringt Päckchen und Briefe aus der Heimat und der Fremde, von Freunden und Verwandten; die Weihnachtszeit ist doch noch grade so schön, wie sie in meinen Kindertagen war. Wenn nur noch Schnee kommen wollte; wir wohnen hier außer der Stadt zwischen den Bergen; da würde der Weihnachtsbaum, wenn er erst brennt, prächtig in die Winterlandschaft hinausleuchten. […]

Theodor Storm

11 Tante Friedas Schichtkekse

Thema Weihnachtsvorbereitungen in früherer Zeit und heute

Vorlesedauer ca. 4 Minuten

Alter Erwachsene, besonders auch ältere Menschen

Impulse zur Weiterführung Wie war das früher in meiner/unserer Kindheit? Was gehörte und gehört bis heute für uns zum Weihnachtsfest? Welche Traditionen sind wichtig? Was verbinden wir mit diesen Erinnerungen?

Anregungen zur Gestaltung Backen von Schichtkeksen oder anderen Weihnachtsleckereien, die auf traditionelle Rezepte zurückgehen. Oder: Jeder bringt von seinem persönlichen Lieblingsgebäck mit. Erinnern und erzählen, was man damit verbindet.

Ich backe sie jedes Jahr zur Adventszeit. Es sind meine Lieblingsplätzchen. Bescheidene Kekse. Sie bestehen nur aus Butter, Mehl und Hefe. Und obwohl die Zutaten so einfach sind, kommt etwas sehr Feines dabei heraus.

Das Rezept stammt von Tante Frieda. Zwischen meinem zweiten und dritten Lebensjahr hatte ich mit ihr zu tun. Das war mein Glück.

Eine unscheinbare Frau war sie, klein und schmächtig. Ich sehe sie vor mir. Ihre Jacken, Röcke, Blusen, Schuhe und Strümpfe waren immer dunkel. Meist grau oder schwarz. Erst später konnte ich mir das zusammenreimen. Als ich verstand, was das bedeutete: Ihr Liebster ist an der Front gestorben, da waren sie zehn Tage verheiratet gewesen.

Tante Frieda nannte ich sie. Dabei war sie gar nicht meine Tante. Sie lebte im selben Dorf wie wir, in einem kleinen Haus. Einen Beruf hatte sie wohl nicht. Sie tauchte einfach überall dort auf, wo es etwas zu helfen gab, und packte mit an. Das war irgendwann so selbstverständlich geworden, dass es jeder normal fand.

Keine besondere Frau. Einfach gestrickt. Schlicht, klein, zäh, drahtig. Flinke Hände, quergestreifte Stirn, das Gesicht voller Falten. Tiefliegende Augen. Dünnes, weißes Haar, das ihr um den Kopf herum flog, obwohl sie immer wieder versuchte, ihm eine Frisur beizubringen.
Sonst wusste man nichts von ihr. Außer, dass sie Flüchtling gewesen war. Und dass sie allein lebte.
Auch bei uns half sie. Wenn meine Eltern arbeiteten, passte sie auf uns Kinder auf. Kochte Suppe. Erzählte Geschichten. Wusch Wäsche. Sang uns vor. Bügelte. Pustete auf Schürfwunden. Backte Plätzchen. Ich habe noch ihren schlesischen Akzent im Ohr. Den Singsang ihrer Reime.
Warum ich sie über alles liebte? Weil sie lachen konnte. Sie sah immer fröhlich aus. Die Lachfältchen hatten sich tief in die Haut eingegraben und bildeten ein Sternenmuster um ihre Augen. Sie strahlte einen so schalkhaft an, und schon war alles gut. Sie hatte ein weiches, großes Herz. Für andere, aber auch für sich selbst. Sie machte Witze über sich, wenn ihr etwas zerbrach. Selbst mit Tränen in den Augen lachte sie noch. Wenn wir Dummheiten machten, lachte sie über uns Kinder. Sie amüsierte sich über uns. Freute sich an uns. Geschimpft hat sie nie.
In unserer Familie wurde sonst nicht viel gelacht. Alles ging ernsthaft und gesittet vor sich. Alles hatte eine erdrückende Tragik, die einem schnell den Atem nahm. Der Krieg hatte die Kindheit meiner Eltern gefressen. Unrecht, Gewalt und Tod hatten ihnen ans Herz gegriffen und sie stumm gemacht.
Aber all dies hatte die kleine schmächtige Frau ebenfalls erlebt. Und sich dennoch ihr Lachen bewahrt. Hätte es Tante Frieda nicht gegeben, ich weiß nicht, was aus mir geworden wäre.
Übrigens: Den Teig rollt man hauchdünn aus, bestreicht ihn mit einem verquirlten Ei, bestreut ihn mit ein wenig Zucker, schneidet Rauten und tupft in die Mitte jeder Raute einen winzigen Klecks Marmelade. Das Ganze backt man goldgelb. Nur ein Hauch, nur ein Husch, ist dieser zerbrechliche Keks. Aber mit einem lachenden

Klecks Marmelade darauf, der durch das Backen einen unglaublichen Bratapfel-und-Weihnachtsmarkt-Geschmack entwickelt, der einem das Herz durch und durch wärmt. Tante Friedas Schichtkekse eben.

Doris Bewernitz

12 Weihnachtsbaum mit Macke

Thema Weihnachten birgt die Botschaft, dass wir nicht perfekt sein müssen

Vorlesedauer ca. 5 Minuten

Alter Jugendliche und Erwachsene, auch Seniorinnen und Senioren

Impulse zur Weiterführung Würden Sie einen Weihnachtsbaum kaufen, der krumm gewachsen ist, an dem ein Ast fehlt oder der keine schöne Spitze hat? – Wie gehen wir mit den eigenen Mängeln um und mit solchen in unserem familiären und beruflichen Umfeld?

Anregungen zur Gestaltung Einen kleinen Weihnachtsbaum »mit Macke« oder einen »krummen« Tannenzweig in die Mitte stellen.

Ehrlich gesagt, wenn Sie bis heute noch keinen Weihnachtsbaum haben, dann haben Sie ziemlich schlechte Karten. Nicht, dass die Händler keine Tannen oder Fichten mehr hätten, aber die Prachtexemplare sind garantiert schon lange ausverkauft. Das, was jetzt noch auf den Christbaummärkten zu finden ist, das sind die Bäume, die keiner wollte: Ein bisschen krumm gewachsen, an einer Stelle fehlt eindeutig ein Ast, und die Nadeln könnten ja auch ein bisschen dichter sein. Und ob er wirklich noch so ganz frisch ist?

Vor einigen Jahren verbrachte ich mit einer Gruppe ein Adventswochenende. Und dabei wurde uns der Gedanke wichtig, dass Gott sich in einem Kind klein macht, um zu uns Menschen zu kommen: So wie wir sind, mit all unseren Fehlern, all unseren Unzulänglichkeiten, mit all dem, was an uns schief und krumm ist. Und gerade das ist ja das Befreiende unseres Glaubens, dass wir eben nicht perfekt sein müssen, damit unser Gott zu uns kommt. »Ja«, sagte da plötzlich eine Teilnehmerin nachdenklich. »Gott kommt zu uns in unsere Unvollkommenheit – und was machen wir? Wir suchen den perfekten Weihnachtsbaum!« Wir anderen schwiegen einen Moment völlig verblüfft ob dieser kühnen Gedankenverbindung –

aber da sprach sie auch schon weiter: »Und was ist mit den Bäumen, die ein bisschen schief sind oder ein wenig ungleichmäßig? Oder denen ein Ast fehlt? Oder …? Dürfen die denn nie Weihnachtsbaum sein?«

Kurz und gut – wir erklärten uns kurzerhand solidarisch mit all den Weihnachtsbäumen, die niemand wollte, und vereinbarten, in diesem Jahr einen Baum »mit Macke« zu kaufen. Entschlossen ging ich einige Tage später zu einem Christbaummarkt in Alzey. Der Händler kam schon auf mich zu und fragte eifrig: »Was für einen Baum hätten Sie denn gerne?« Ich überlegte nicht lange und sagte: »Einen Baum mit Macke!«

»Wie bitte?«, fragte der Händler ungläubig zurück.

»Naja, einen Baum mit irgendeinem Fehler halt!«

Er machte vorsichtshalber einen Schritt zurück, man konnte ja nie wissen. Ich sah mich jetzt doch etwas im Erklärungsnotstand, erzählte von unserem Kurs und der Idee, mit dem Ergebnis, dass der Händler noch einen Schritt zurücktrat, mich nachsichtig anschaute und sagte: »Wissen Sie, da vorne gibt es noch einen Christbaummarkt, vielleicht fahren Sie da mal hin – die haben eine größere Auswahl!«

Etwas belämmert zog ich ohne Baum ab, aber man ist ja lernfähig. Beim nächsten Händler ging ich vorsichtiger vor. Als er mich nach meinen Wünschen fragte, sagte ich, vollkommen den Regeln gemäß: »Eine Nordmanntanne!« Er zeigte mir mehrere Bäume, und als er beim vierten schließlich sagte: »Aber dem fehlt ein Ast, den können Sie nur in eine Ecke stellen!«, stand meine Entscheidung fest: Das war mein Baum!

Und mit dem zog ich auch ganz zufrieden nach Hause. Seit der Zeit habe ich sehr bewusst jedes Jahr einen Weihnachtsbaum »mit Macke«. Mal ist er ein bisschen krumm, mal fehlt ein Ast – oder er hat sogar zwei Spitzen.

Ich finde gerade das apart – und es macht mir diesen Baum jeweils sehr sympathisch. Einen perfekten Baum kann schließlich jeder haben, der sich früh genug auf den Weg macht. Aber diese perfekten Bäume finde ich inzwischen genauso langweilig wie perfekte Menschen. Und manchmal, am ersten Feiertag zum Beispiel, abends nach der Weihnachtsvesper, da mag es sein, dass ich in meinem Wohnzimmer bei einem Glas Rotwein sitze, mir meinen »unperfekten« Weihnachtsbaum anschaue und denke: Ja, gerade Weihnachten ist die Botschaft, dass wir nicht perfekt sein müssen. Gott kommt uns mitten in unsere Unvollkommenheit entgegen, ja kommt sogar in einem Stall zur Welt, wird Kind – und er liebt uns trotzdem. Oder manchmal vielleicht sogar gerade deswegen?

Und wenn mich mein Weihnachtsbaum »mit Macke« ab und an daran erinnert, dann ist mir das wichtiger als Schönheit und Vollkommenheit.

Andrea Schwarz

13 Ein kleiner Traum geht auf die Reise

Thema Der Lebenstraum Gottes wird als menschgewordene Liebe geboren
Alter Jugendliche und Erwachsene
Vorlesedauer ca. 6 Minuten
Impulse zur Weiterführung Die Fantasie Gottes offenbart sich in seiner Liebe, geboren in einem kleinen, hilflosen Kind. Wer sich auf diese Liebe einlässt, kann einen neuen Lebenstraum beginnen. – Gottes Liebe wünscht für alle Menschen ein geglücktes und entfaltetes Leben. Wo haben wir Lebensträume? Haben wir schon erlebt, dass die Erfüllung von Träumen unser Leben radikal verändert hat?

Es war einmal ein Traum, und dieser Traum lebte bei Gott. Gott träumte, er selber wohne mitten unter den Menschen, und alle hätten endlich begriffen, dass er nichts mehr wünschte als gelungenes, geglücktes und entfaltetes Leben für alle Lebewesen.
Aus Liebe zu seiner Schöpfung wurde Gott erfinderisch und träumte von einem Garten des Lebens, in dem allein die Liebe herrschte. Krankheit, Not und Elend waren verschwunden, und es gab keinen Krieg, keinen Streit und keine Boshaftigkeit mehr. Gott träumte, er selber werde jede Träne von den Augen der Weinenden und Leidenden trocknen.
Allein, dieser Traum Gottes war beinahe zu schön, um wahr zu sein. Dies spürte keiner deutlicher als der Traum selbst. Wenn er sich mit der Lebenswirklichkeit auf der sichtbaren Welt verglich, wurde er traurig, weinte und haderte mit Gott: »Was bist du nur für ein Gott? Du wohnst in deinem Himmel und lässt die Welt sehen, wie sie zurechtkommt. Du träumst die buntesten Träume von einem glücklichen Leben, aber auf der Erde geht es ganz anders zu. Machst du es dir nicht zu einfach mit deiner Welt?«
»Auch ich sehe das alles«, antwortete Gott. »Du tust mir Unrecht, wenn du glaubst, dass es mich nicht trifft. Es tut mir weh, was aus

der Welt geworden ist. Aber meine Geschichte mit dieser Welt und den Menschen ist noch lange nicht zu Ende, kleiner Traum.«
»Aber sieh doch«, entgegnete ihm der Traum, »die Augen so vieler Menschen sind stumpf und leer geworden, als ob die Träume in ihnen gestorben seien. Was bin ich schon für diese Welt? Ein kleiner Traum, der nicht weiter ernst genommen wird.«
»Die Welt wird verwandelt von der Fantasie der Liebenden«, antwortete Gott. »Sie wird nur dann wirklich lebendig, wenn die Liebe in den Herzen der Menschen erwacht. Das muss ganz klein und still anfangen wie ein Funke Sehnsucht oder ein kleiner Traum. Ein Traum, ja, ein Traum vermag die Menschen wohl aus ihrer Erstarrung und Mutlosigkeit zu reißen!«
In diesen Worten brach mit Macht die liebevolle Lebenskraft Gottes durch. Der Traum wurde angesteckt von der Lebenssehnsucht Gottes. Er wollte Wirklichkeit werden in dieser Welt, die so anders war. »Werden die Menschen mich aufnehmen?«, fragte er Gott.
»Du wirst es nicht leicht haben«, antwortete er ihm. »Die Menschen können deinen himmlischen Körper mit ihren irdischen Augen nicht erkennen. Du wirst für sie unsichtbar sein und nur aus ihren Herzen zu ihnen sprechen können. Viele Menschen aber glauben der Stimme ihres Herzens nicht mehr und meinen, was man nicht sehen könne, existiere deshalb nicht und könne niemals Wirklichkeit werden. Daher ist es wichtig, dass du einen Menschen oder eine Gruppe von Menschen findest, bei denen du wohnen und lebendig werden kannst. Dann wirst du nicht länger unsichtbar sein für die Welt, du wirst Hand und Fuß bekommen. Geh jetzt, kleiner Traum, und lebe.«
So machte sich der kleine Traum auf seine große Reise. Jahrtausend um Jahrtausend wanderte er unermüdlich durch die Welt und gelangte auch in eines der ältesten Bücher der Menschen, das sie bis heute heilig halten.
»Nun kann ich nicht mehr sterben«, dachte der kleine Traum, »nun werde ich endlich leben.«
Aber es kam alles anders. Denn jetzt war er in dicken Büchern und

wohlklingenden Reden gefangen, und gelehrte Menschen stritten sich darüber, wie er denn nun zu verstehen sei. Über alle Auslegung vergaßen die Menschen jedoch nur allzu schnell, dass dieser Traum nicht zuerst in lehrreichen Büchern und auf Papier geschrieben sein wollte, sondern ins Herz jedes einzelnen Menschen.

Manchmal ließen sich Menschen in dunklen Stunden ihres Lebens von diesem Traum anstiften und versuchten, seinen Lichtern zu folgen. Am Tage aber schoben sie ihren Traum von einer menschlicheren, gerechteren Welt sehr schnell wieder beiseite. »Träume sind Schäume!«, sagten sie dann entschuldigend.

So wanderte der Traum weiter und weiter. Aber soviel er auch suchte, er fand keinen Menschen, der ihm Vertrauen schenken wollte. Da wurde er immer trauriger, und große Müdigkeit kam über sein Herz. Er schrie zu Gott: »Die Menschen bringen mich ums Leben, noch bevor sie mir eine Chance gegeben haben. Sie wollen mich nicht, sie haben keinen Platz für mich in ihrer Welt.«

Gott aber nahm den traurigen Traum zu sich und tröstete ihn. »Warum trauen sie dir nicht? Warum glauben sie lieber ihrer Angst und nicht daran, dass am Ende das Gute und die Liebe siegen werden?«

Gott war sehr nachdenklich geworden. Vielleicht meinten die Menschen, er nähme sie nicht ernst genug? Vielleicht musste er ihnen noch weiter entgegenkommen, ja, vielleicht sollte er ihnen ein Beispiel geben?

»Wenn die Menschen dir nicht Hand und Fuß geben, dann werde ich es selber tun! Einer muss doch anfangen und die Welt aufbrechen für die Weite und Wirklichkeit des Himmels, sonst ersticken sie am Ende in der Enge ihrer Angst. Ich werde den Menschen ein großes Geschenk machen: Ich gebe ihnen ein Leben für die Welt, damit sie endlich begreifen, dass die Fantasie der Liebe größer ist als die Angst und stärker als das Leid und lebendiger als der Tod.«

So nahm eine neue Geschichte ihren Anfang, als der Lebenstraum Gottes in dem kleinen Kind eines jungen Liebespaares auf der Erde zu atmen begann.

Ulrich Peters

Advents-Heilige

Von Barbara, Luzia und dem Bischof Nikolaus

14 Barbara blüht auf

Thema Barbara-Legende (Gedenktag: 4. Dezember)
Vorlesedauer ca. 10 Minuten
Alter ab 8–10 Jahre
Impulse zur Weiterführung Die heilige Barbara überzeugt als starke Frau durch ihr furchtloses Glaubensbekenntnis und ihre Standhaftigkeit. Der blühende »Barbarazweig« mitten im Winter steht – ähnlich wie das Aufblühen der Natur zur Osterzeit im Frühjahr – für das neue Leben bei Gott.
Anregungen zur Gestaltung Für jeden einen »Barbarazweig« (Kirschblütenzweig).

»Nein!«, rief Barbara. Ihre Stimme zitterte vor Wut – und auch ein bisschen vor Angst. Ihrem Vater zu widersprechen war nämlich nicht ganz ungefährlich. Das hatte sie schon ein paarmal bei anderen Gelegenheiten erlebt. Er war nämlich nicht nur schrecklich jähzornig und stur, sondern auch noch schrecklich reich und mächtig. Und er ließ kaum eine Gelegenheit aus, andere Menschen das spüren zu lassen. So war manch einer seiner Untertanen oder auch Geschäftspartner im Gefängnis oder sogar am Galgen gelandet, weil er es gewagt hatte, anderer Meinung zu sein oder sich nicht seinem Willen zu beugen.

Und jetzt hatte es sie selbst getroffen! Seit Wochen lag ihr Vater ihr in den Ohren, sie solle diesen Kerl heiraten, der am Hof des Kaisers lebte. »Ja, Majestät, nein, Majestät, sehr wohl, Majestät«, das war alles, was sie ihn bisher hatte sagen hören. So ein Speichellecker! Und mit dem sollte sie den Rest ihres Lebens verbringen? »Nur über meine Leiche«, dachte sich Barbara.

Heute war ihr Vater ohne anzuklopfen in ihr Zimmer gestürmt und hatte ihr verkündet: »Also, der Hochzeitstermin steht fest: Zum Erntefest wirst du die Seine werden!« Jetzt stand sie hier, starrte ihm in die Augen und war mindestens so wütend wie er. »Ich werde

diesen Kerl nicht heiraten«, und mutig setzte sie hinzu: »und wenn du mich deswegen einsperrst!«
Ihr Vater war vor Wut rot angelaufen. Doch plötzlich verwandelte sich sein verzerrtes Gesicht in ein bösartiges Grinsen. »Wohl gesprochen, meine Tochter, dann werde ich dich eben einsperren, bis du zur Vernunft kommst!« Dann öffnete er die Tür und rief nach seinen Wachen. Als sie schüchtern in Barbaras Zimmer traten, sagte er zu ihnen: »Nehmt meine Tochter mit, sie ist von Sinnen und braucht eine Zeit für sich. Sperrt sie in den alten Wohnturm. Dort soll es ihr an nichts fehlen, aber verriegelt alle Türen, damit sie sich nicht am Ende etwas Böses antut!« Barbara konnte es nicht glauben – ihr eigener Vater ließ sie einsperren! Doch schließlich war sie seine Tochter und hatte von ihm nicht nur ihre Sturheit geerbt, sondern auch den Stolz. Und so ließ sie sich ohne ein Wort von den Wachen abführen und im Turm einsperren. »Hier habe ich wenigstens meine Ruhe vor ihm«, dachte Barbara, »und er nervt mich nicht mehr ständig mit seinen Heiratsplänen und rennt mir auf Schritt und Tritt nach.«
So gut es eben ging, richtete sie sich in den nächsten Tagen in ihrem Turm ein. Mit der Zeit wurde es ihr ein bisschen langweilig, aber was ihr wirklich fehlte, waren ihre Freunde, die Christen. Sie hatte sie schon vor einer ganzen Weile kennengelernt. Damals war eine gute Freundin von ihr gestorben. Sie war krank geworden und hatte furchtbare Schmerzen gehabt, wochenlang. Als sie starb, war Barbara schrecklich traurig gewesen und hatte die Eltern besuchen wollen, um sie ein wenig zu trösten und mit ihnen die Trauer zu teilen. Aber als sie dort ankam, waren die Eltern so ganz anders gewesen, als sie es befürchtet hatte. Sie waren traurig, natürlich, aber das Haus war voll von Menschen gewesen, die sie liebevoll in den Arm nahmen und bei ihnen blieben, für sie kochten und sich um die anderen Kinder kümmerten. »Es tut mir so leid für euch«, hatte sie zu den Eltern gesagt, »ich kann es nicht verstehen, warum sie sterben musste!« »Sei nicht traurig, Barbara«, hatte die Mutter geantwortet, »sie ist jetzt bei Jesus, sie hat keine Schmerzen mehr,

und wenn wir sterben, werden wir uns wiedersehen. Sie ist nicht tot, sie ist nur schon mal vorausgegangen zu diesem Ort.«

Barbara war verblüfft – und wollte mehr wissen. Und so hatte sie von Jesus, von seinem Leben, von seinem Tod und seiner Auferstehung erfahren. Und von den Christen, die so leben wollten, wie Jesus gelebt hatte: voll Liebe zu seinen Mitmenschen.

Natürlich hatte ihr Vater ihr verboten, sich mit diesen Menschen zu treffen, aber Barbara war ja nicht dumm. Und so war sie heimlich zu ihnen gegangen, wenn es sein musste, auch in der Nacht. Nun waren diese Menschen wirklich ihre Freunde und sie fehlten ihr sehr.

Eines Nachts hörte sie draußen vor ihrem Turm einen seltsamen Vogel. Immer wieder stieß er denselben Ruf aus – bis Barbara plötzlich aufsprang. Natürlich war das gar kein Vogel, sondern ein Mensch, der einen Vogel nachmachte! Sie rannte zu ihrem Fenster und sah Felix, einen ihrer christlichen Freunde, unten am Turm stehen. »Barbara, wie geht es dir? Können wir etwas für dich tun?«, rief er leise hinauf. »Felix, wie schön, dich zu sehen!«, antwortete Barbara glücklich. »Mir ist nur ein bisschen langweilig, sonst geht es mir gut«, sagte sie. »Man erzählt sich, dass es einen geheimen Gang vom Turm bis zur alten Mühle draußen vor dem Dorf gibt«, flüsterte Felix. »Morgen Nacht werden wir versuchen, ihn zu finden, und kommen dich dann besuchen!« »Das wäre ja fast zu schön, um wahr zu sein!«, rief Barbara. »Psst, leise!«, ermahnte sie Felix, »die Wachen! Also dann, auf morgen Nacht!« Und damit war er im Gebüsch verschwunden.

Barbara konnte den nächsten Abend kaum erwarten. Und tatsächlich: Irgendwann kratzte und rumpelte es im Fußboden und dann öffnete sich eine Klappe, aus der ihr Felix und ein paar andere Christen fröhlich entgegengrinsten. Barbara war sprachlos – und glücklich!

In den folgenden Nächten besuchten alle ihre Freunde sie der Reihe nach und brachten ihr allerhand Geschenke mit. Barbara konnte es gar nicht richtig fassen. »Warum kommst du nicht mit uns und fliehst?«, fragte Felix sie an einem Abend. »Weil mein Vater mich dann töten würde, bekäme er mich in die Finger«, meinte Barbara traurig. »Solange er mich hier eingesperrt weiß, lässt er mich in Ruhe und ich kann tun und lassen, was ich will.« Felix nickte. »Das kann ich verstehen.« Dann schwiegen sie eine Weile. »Aber eine Bitte hätte ich«, sagte Barbara irgendwann. »Ich hatte so viel Zeit zum Nachdenken hier und nun weiß ich, dass ich unbedingt zu euch gehören will. Ich möchte mich taufen lassen. Meinst du, du kannst das organisieren?« Ein Leuchten ging über Felix' Gesicht. »Aber sicher!«, antwortete er. Wenn du willst, schon morgen Abend. Aber dazu musst du uns in die alte Mühle begleiten. Dort wollen wir die Gemeinde versammeln und dich taufen.«

Barbara war einverstanden und so kam Felix in der nächsten Nacht, um sie abzuholen. Barbara war aufgeregt. »Ich freue mich so darauf, nun endlich in eure Gemeinde aufgenommen zu werden!«, flüsterte sie, als sie durch den Gang schlichen. »Ich auch!«, sagte Felix, ohne sich umzudrehen.

Alle waren da, als sie aus dem Gang stiegen, und alles war hell erleuchtet durch Fackeln und Kerzen, die die anderen in ihren Händen hielten. »Barbara, herzlich willkommen!« So viele Hände, die sich ihr entgegenstreckten, so viele offene Arme, in die sie geschlossen wurde. Dann wurde sie getauft und zog sich anschließend das weiße Kleid an, das ihr die anderen aus der Gemeinde zum Zeichen für ihre Taufe geschenkt hatten.

Lächelnd trat sie später wieder den Rückweg durch den Tunnel an. Doch als sie im Turm die Klappe im Boden öffnete, erwartete sie eine böse Überraschung: Breitbeinig stand ihr Vater über ihr und kochte vor Wut. »Wo kommst du her?«, schrie er sie an und zerrte sie an den Haaren. Da war es Barbara plötzlich egal. »Ich komme gerade von meiner Taufe, jetzt bin ich Christin, Vater! Und in Zukunft werde ich mir von dir gar nichts mehr vorschreiben lassen!« Da schlug sie der Vater mitten ins Gesicht. »Werft sie in den Kerker!«, befahl er seinen Wachen. Die zogen die Köpfe ein und konnten es nicht fassen, dass ein Vater so mit seiner Tochter umging.

Dennoch führten sie sie noch in der Nacht durch den Wald in die Stadt und sperrten sie ein.
Bald war Barbara wieder einmal allein in ihrem Gefängnis – nur diesmal war es nicht ihr Turm, sondern ein feuchter und kalter Keller. Sie hatte keine Angst, auch wenn sie sich sicher war: Hier würde sie nicht mehr lebend herauskommen. Ihr Vater fühlte sich gedemütigt, er wollte jetzt der ganzen Welt beweisen, mit welch eiserner Faust er regierte und dass ihm keiner in die Quere kommen durfte – nicht einmal seine eigene Tochter. Doch irgendwie war Barbara seit ihrer Taufe wie mit einem Licht angefüllt, ihr war es plötzlich egal, dass sie sterben würde. Sie dachte an das, was die Eltern ihrer Freundin ihr gesagt hatten: »Sie ist nicht tot, sie ist jetzt bei Jesus. Und wir werden sie wiedersehen.« Daran glaubte sie.
Als sie so da saß und nachdachte, spürte sie plötzlich etwas Hartes, das sich in ihrem Haar verfangen hatte. Es war ein Kirschblütenzweig, an dem die Knospen noch verschlossen waren. »Du wirst blühen und allen zeigen: Selbst wenn ich sterbe, geht das Leben weiter. Auch im Dunkeln, in schweren Zeiten, im Winter ist das Leben nur verborgen, es kommt immer wieder.« Dann stellte sie den Zweig in den Wasserkrug, den die Wachen ihr gegeben hatten.
Am nächsten Morgen kam ein Gerichtsdiener in ihre Zelle. »Barbara, der Stadthalter Marcianus hat dich auf Geheiß deines Vaters Dioscuros zum Tod verurteilt«, sagte er. »Hast du noch einen letzten Wunsch?« »Ja, bitte sorge dafür, dass Felix, der Schmied im Dorf, diesen Zweig erhält«, sagte Barbara und hielt ihm den Kirschzweig entgegen.
Erstaunt nahm der Gerichtsdiener ihn in die Hand. »Ich kümmere mich selbst darum«, sagte er dann. »Ich habe eine Tochter in deinem Alter und ich kann einfach nicht verstehen, wie ein Vater so handeln kann«, fügte er leise hinzu.
Dann wurde Barbara abgeführt und zum Marktplatz gebracht. Ihr Vater selbst war es, der ihr den Kopf abschlug.

Der Zweig aber fand seinen Weg zu Felix, dem Schmied. Er blühte, obwohl es ringsum noch Winter war. Und obwohl er um Barbara weinte, musste er doch auch lächeln. Er hatte die Botschaft des Kirschbaumzweigs verstanden. »Wir sehen uns wieder, Barbara«, flüsterte er in die Blüten.

Marlene Fritsch

15 Das Gold der Freude

Thema Nikolaus-Legende

Vorlesedauer ca. 5 Minuten

Alter ca. 5–8 Jahre (Kindergarten und Grundschule)

Impulse zur Weiterführung Wer schenkt, wird nicht ärmer, sondern reicher. – Was ist sonst noch über Nikolaus bekannt?

Anregungen zur Gestaltung Vergoldete Nüsse oder ein anderes kleines Nikolausgeschenk verteilen

In einer kleinen Stadt am Meer lebten einmal drei Schwestern. Ihre Mutter war schon gestorben und der Vater hatte sein ganzes Geld bei einem Unglück verloren. Die Schwestern wuchsen heran und waren freundlich und klug und wunderschön. Als sie alt genug waren, wollten sie auch gerne heiraten. Zu jener Zeit jedoch musste der Brautvater viel Geld bezahlen für die Hochzeit. Traurig überlegten sie, was zu tun wäre, denn sie hatten ja kaum das Nötigste zum Leben.

Eines Tages kam ein reicher Händler in die Stadt. Er sah die drei schönen Töchter und sagte zu ihrem Vater: »Sie gefallen mir. Ich will sie kaufen und dir auch eine ordentliche Summe dafür bezahlen. Dann bist du alle Sorgen los.« Der Vater erschrak. Aber er dachte bei sich: »Der Mann hat recht. Ich weiß ja nicht einmal, woher ich das Geld für unser Essen nehmen soll. Ich will eine Nacht darüber schlafen und mich dann entscheiden.« Es war eine fürchterliche Nacht für den armen Vater. Weinend saß er in seiner dunklen Kammer und grübelte darüber nach, was er nur tun sollte. Er sprach laut mit sich selbst und beklagte sein Elend. Dabei bemerkte er nicht das Gesicht, das zum Fenster hereinschaute und sogleich wieder verschwand. Erschöpft schlief er ein.

Gegen Morgen, kurz vor Sonnenaufgang, schrak er hoch. Was war das für ein Geräusch? Warum war das Fenster plötzlich offen? Er rieb sich die Augen und sah sich im Dämmerlicht um. Etwas lag auf dem Boden. Etwas Rundes, Glänzendes. Was mochte es sein? Wie erstaunt war da der Vater, als er sich bückte und eine Kugel aus purem Gold erblickte! Er rief seine Töchter und sagte: »Ein Wunder ist geschehen! Nun haben wir genügend Gold, um eine von euch zu verheiraten.« Jedoch war ihm bei aller Freude klar, dass es nicht für alle reichen würde.

So verbrachte er eine weitere schwere Nacht und fand erst sehr spät Schlaf. Aber noch vor dem Morgen wurde er erneut geweckt. Wiederum fand er eine goldglänzende Kugel daliegen. Schnell lief er ans Fenster, um zu sehen, wer ihm diese Wundergabe geschenkt haben könnte – aber zu spät. Die Mädchen freuten sich natürlich sehr und sagten: »Jemand meint es gut mit uns.« Doch gleichzeitig waren sie traurig, weil der Vater noch immer nicht genügend Geld für alle drei Töchter hatte.

Jede von ihnen hatte Angst, womöglich doch noch verkauft zu werden. So kam die dritte Nacht. Ratlos saß der Vater in seiner Kammer. Welche Töchter sollten nun das Gold erhalten? Welche sollte leer ausgehen? Schließlich liebte er doch alle drei gleichermaßen. Und wer war wohl der unbekannte Wohltäter? Während er noch überlegte, fielen ihm die Augen zu.

Die Töchter indessen hatten sich verabredet, Wache zu halten. »Wer weiß«, so sagten sie zueinander, »ob der gute Mensch nicht noch einmal kommt, um uns zu helfen?« Lange saßen sie so da und warteten. Nichts geschah. Doch dann, als der Himmel sich schon leicht verfärbte, sahen sie eine Gestalt, die auf ihr Haus zueilte. Sie war in einen weiten Umhang gehüllt. Gerade als der Unbekannte seine Hand ausstreckte, um etwas aufs Fensterbrett zu legen, rutschte die Kapuze ein Stück zurück.

Im Licht der aufgehenden Sonne erkannten die Mädchen den Mann. Bischof Nikolaus war es, ihr Nachbar. Schnell sprangen sie aus dem Haus und umringten ihn. »Danke, du Guter!«, riefen sie. »Danke, guter Nikolaus! Komm doch mit hinein, wir wollen rasch unserem Vater erzählen, dass du es bist, der uns geholfen hat.«

Aber Nikolaus wehrte ab: »Ich habe euer Leid gesehen. Zum Glück haben mir meine Eltern viel Geld hinterlassen, sodass ich euch helfen konnte. Aber euer Vater soll nicht erfahren, dass ich es war – er würde sich sonst zu sehr schämen. Es soll unser Geheimnis bleiben. Gott ist es, der durch mich geholfen hat. Seid gesegnet!« Schnell ging er weiter, die Gasse hinunter.

Noch oft half er auf diese Weise den Armen. Als sein eigenes Vermögen aufgebraucht war, zeigte sich erst sein wahrer Reichtum: Mut, Tatkraft und Gottvertrauen. Vor allem aber hatte er offene Augen und Ohren für die Not der Menschen und ein besonders großes Herz für die Kinder.

Und die drei Schwestern? Jede von ihnen konnte ja nun ihren Liebsten heiraten. Vielleicht aber taten sie sich auch zusammen und begannen ein erfolgreiches Handelsunternehmen mit edlen Stoffen oder Gewürzen … Wer weiß das schon? Sicherlich haben sie aber ihr Leben lang nie vergessen, wem sie ihr Glück zu verdanken hatten. Und bestimmt haben sie die Geschichte auch ihren Freundinnen weitererzählt, die es dann wiederum ihren Kindern weitergesagt haben, die ihrerseits ihren Enkeln davon berichteten, immer und immer weiter, über viele Jahrhunderte. Und du kennst die Geschichte nun auch.

Rita Efinger-Keller

16 Vertrauen wirkt Wunder

Thema Nikolaus; auch Thema »Hunger«

Vorlesedauer ca. 4 1/2 Minuten

Alter ca. 5–8 Jahre (Kindergarten und Grundschule)

Impulse zur Weiterführung Wer schenkt, wird nicht ärmer, sondern reicher. – Wo leiden die Menschen heute noch Hunger? – Was ist sonst noch über Nikolaus bekannt?

Anregungen zur Gestaltung Gemeinsam einfache Brote backen oder frisch gebackenes Brot verteilen.

Hast du schon einmal Hunger gehabt? So sehr, dass der Bauch wehtat? So sehr, dass du keine Kraft mehr hattest und an nichts anderes mehr denken konntest? Viele Tage, viele Wochen lang? Wahrscheinlich nicht. Aber kannst du dir vielleicht vorstellen, wie schrecklich sich das anfühlen muss?

So erging es einst den Leuten von Myra. Das war eigentlich keine arme Stadt. Es gab auch keinen Krieg. Aber mehrere Jahre lang waren im ganzen Land die Ernten schlecht ausgefallen – wer weiß, vielleicht hatte es zu wenig oder auch viel zu viel geregnet. Jedenfalls waren irgendwann alle Vorräte aufgebraucht. Die Lagerhäuser, Scheunen und Keller waren leer und die Menschen hungerten.

In Myra lebte zu dieser Zeit Nikolaus, ein Bischof. Alle kannten ihn, denn er war gut und hilfsbereit. Was er von seinen Eltern geerbt hatte, das hatte er schon verteilt und an die Armen verschenkt. Auch in seinem Haus war nichts Essbares mehr zu finden. Doch sein Vertrauen in Gott war stärker als der Hunger.

Eine stolze Hafenstadt war Myra. Handelsschiffe aus fernen Ländern machten hier Halt, um Waren zu verkaufen und frisches Wasser und Nahrungsmittel an Bord zu nehmen. In letzter Zeit jedoch waren alle Schiffe vorbeigefahren. Eines Tages aber kamen ein paar Kinder aufgeregt zu Nikolaus: »Stell dir vor, lieber Bischof, unten am Hafen sind drei Schiffe angekommen! Prall gefüllte Säcke stehen darauf! Wir haben es genau gesehen.« Nikolaus dankte Gott, legte sein Bischofsgewand an und eilte zum Hafen, wo sich schon die Bevölkerung versammelt hatte. »Stell dir vor, Nikolaus, sie haben Schiffe voller Getreide und wollen uns nichts davon abgeben!«, rief eine Frau voller Verzweiflung. »Sie sagen, alles sei für den Kaiser bestimmt. Hilf uns!« »Ja, hilf uns doch, Bischof!«, schrien viele Leute. Nikolaus blickte um sich. »Gott ist bei uns. Er wird uns helfen.«

»Herr Kapitän, wir brauchen Eure Hilfe. Seht uns an. Wir haben großen Hunger. In Gottes Namen, gebt uns etwas von dem Korn, das Ihr auf Euren Schiffen habt. Sonst werden wir bald alle sterben!«

Der Kapitän war kein böser Mann. Aber er wusste, dass er genauso viel Getreide beim Kaiser in Konstantinopel abliefern musste, wie er zuvor in Alexandria eingeladen hatte. Alles war genau gewogen und notiert worden. Traurig betrachtete er die Menschen. Abgemagert waren sie und schwach. Viele konnten sich fast nicht mehr auf den Beinen halten. Manche weinten und hatten die Hoffnung schon aufgegeben. Aber auch ein paar zornige Männer waren dabei, bereit, für ein wenig Essen zu kämpfen.

»Es tut mir leid«, rief der Kapitän, »aber die Ladung gehört mir nicht. Wenn ich ohne sie ankomme, werden meine Männer und ich hart bestraft werden. Wir fahren weiter.«

Doch da streckte Nikolaus seine Arme aus. Ein helles Leuchten war um ihn. Alle hielten den Atem an. Ganz still wurde es plötzlich auf dem großen Hafenplatz.

»Hört, Kapitän«, sagte Nikolaus, und sein Gesicht strahlte. »Für Gott ist nichts unmöglich. Wenn Ihr uns helft, dann hilft er Euch. Alles, was Ihr uns jetzt gebt, gibt er Euch wieder. Glaubt nur daran.«

Da spürte der Kapitän eine große Zuversicht. Er hieß seine Leute, von jedem Schiff genug Säcke abzuladen, und segelte dann weiter. Im kaiserlichen Hafen angekommen, stellte sich heraus, dass seine

Fracht vollständig war. Kein einziger Sack fehlte! Die Seeleute erzählten allen von dem Wunder, das sie erlebt hatten. In ihrem ganzen Leben konnten sie es nicht vergessen. Sie wussten nun: Wenn wir anderen helfen, dann hilft Gott uns.

Die Menschen in Myra dankten Nikolaus herzlich. Sie konnten sich nach langer Zeit wieder einmal satt essen. Ein Teil des Getreides wurde ausgesät, und endlich gab es wieder eine Ernte. Nikolaus freute sich und sagte: »Nicht ich war es, der geholfen hat. Gott war es. Oft hilft er durch uns Menschen. Daran wollen wir immer denken.«

Rita Efinger-Keller

17 Die Geschenke des heiligen Nikolaus

Thema Märchen um den heiligen Nikolaus
Vorlesedauer ca. 7 Minuten
Alter ab Grundschule
Impulse zur Weiterführung Märchen zeigen häufig Wege ins Glück oder ins Unglück auf. Dabei sind wir oft selbst dafür verantwortlich, wie wir die uns geschenkten Gaben nutzen. Auch in diesem Märchen verteilt Nikolaus »Geschenke«, die aber nicht Selbstzweck sind, sondern zum Wohle anderer gegeben wurden. Nur wer das erkennt, wird auch das eigene Glück erfahren.

Es war bitterkalt in jenem Jahr, so kalt wie nie zuvor. Und es war der Abend vor dem Tag des heiligen Nikolaus.
Unerkannt ging der Heilige an diesem Abend durch die Lande, wie er es zuweilen zu tun pflegte. Er gelangte an den Hof des Königs. Dort traf er drei kleine Brüder beim Versteckspiel. »Was macht ihr hier am Hof des Königs?«, fragte Nikolaus die drei Kinder.
»Wir sind Waisen, Herr. Der König hat uns an seinem Hof aufgenommen; er ernährt und kleidet uns und lässt uns hier erziehen«, antwortete einer der Jungen.
»Ich bin der heilige Nikolaus«, sagte da der fremde Mann. »Ich bin gekommen und will euch zu reichen Männern machen. Jeder darf einen Wunsch aussprechen, den ich ihm erfüllen werde.«
Die drei Brüder staunten und konnten ihr Glück gar nicht fassen.
»Nun, was wünschst du dir?«, fragte der Heilige den Ältesten.
»Ich wünsche mir eine riesengroße Schafherde und dazu Weideland, soweit das Auge reicht.«
»Du bekommst deine Schafe und das Weideland«, sprach der heilige Nikolaus.
»Und was willst du?«, fragte er den Zweiten.
»Ich will einmal ein großer Kaufherr werden. Und dazu brauche ich eine Stadt mit vielen Kaufläden.«

»Du wirst deine Stadt und dazu die Läden bekommen«, bekam er zur Antwort.
»Und du, was willst du von mir als Geschenk?«, fragte der Heilige den jüngsten Bruder.
»O Herr«, sagte der, »ich glaube, es ist am wichtigsten, eine Frau zu bekommen, mit der man sich in allem versteht und die ein gütiges Herz hat.«
»Auch dieser Wunsch soll erfüllt werden«, sagte Nikolaus und ging darauf seiner Wege.
Nach ein paar Jahren, als die drei Jungen erwachsen geworden waren, erfüllten sich die Wünsche. Der Älteste bekam eine große Schafherde und ausgedehntes Weideland. Der Zweite wurde einer der reichsten Kaufleute im Land mit einer Stadt voller Läden, in denen man kaufen konnte, was das Herz begehrte. Der dritte Bruder aber, der Jüngste, fand eine Frau, die die Güte selbst war und die er innig liebte.
Und wiederum vergingen einige Jahre. Da ging der heilige Nikolaus am Vorabend seines Festes wieder unter die Menschen. Er war aber diesmal in Lumpen gekleidet wie ein Bettler, sodass ihn niemand erkennen konnte.
Zuerst besuchte er den ältesten der Brüder, den, dem er den Wunsch nach einer großen Schafherde erfüllt hatte.
»Guten Abend«, sagte Nikolaus.
»Schönen guten Abend«, erwiderte der junge Mann.
»Schenkst du mir bitte etwas, denn morgen ist das Fest des heiligen Nikolaus.«
»Oh nein«, sagte da der Mann. »Das kann ich nicht machen. Wie käme ich dazu, jedem Fremden etwas zu schenken? Mein Reichtum wäre bald dahin. Aber nimm meine besten Wünsche für eine glückliche Weiterreise.«
»Aber du hast deinen Reichtum doch nicht deinem eigenen Fleiß zu verdanken, du hast doch alles geschenkt bekommen«, wandte der Alte in Lumpen ein. »Der heilige Nikolaus hat dir alles gegeben. Doch da du so hartherzig bist, wirst du bald alles wieder verlieren.«

Der Fremde ging.
In jener Nacht erschlug ein mächtiger Blitz alle Schafe des reichen Mannes.
Der heilige Nikolaus zog weiter seines Wegs und gelangte in die Stadt des reichen Kaufmanns. Er ging zu ihm und entbot ihm einen guten Tag.
»Guten Tag, Fremder«, grüßte der Kaufmann zurück.
»Schenkst du mir etwas?«, fragte Nikolaus, »weil wir morgen ein großes Fest feiern.«
»Mach nur, dass du weiterkommst, Alter! Soll dir doch jemand anderer etwas schenken. Ich wäre ja bald ein armer Mann, wenn ich jeden Dahergelaufenen beschenken würde. Nein, von mir bekommst du nichts.«
»All die vielen Läden in deiner Stadt hast du aber nicht durch eigenen Fleiß erworben. Gott hat sie dir durch den heiligen Nikolaus geschenkt. Hast du das vergessen? Ich prophezeie dir, dass dir all dein Reichtum wieder genommen wird.«
Kaum hatte der Heilige die Stadt verlassen, brach ein großes Feuer aus, das alle Läden des Kaufmanns und seine Waren vernichtete.
Der heilige Nikolaus ging daraufhin zum jüngsten der drei Brüder und klopfte an die Tür seines bescheidenen Hauses. Der Mann öffnete die Tür, seine Frau trat herzu und beide baten ihn herzlich, einzutreten. »Sei uns willkommen«, begrüßten sie den Alten.
»Ich bin schmutzig«, erwiderte der vermeintliche Bettler. »Ich kann nicht hereinkommen in eure Stube. Aber wenn ihr hier an der Tür ein Plätzchen für mich habt, so bin ich zufrieden. Dann muss ich nicht draußen in der Kälte nächtigen.«
»Nein und abermals nein«, riefen Mann und Frau wie aus einem Munde. »Heute am Vorabend des Nikolaustages werden wir dich doch nicht vor der Tür sitzen lassen. Bitte, tritt ein!« Und sie führten ihn mit vielen guten Worten in die Stube; sie reichten ihm warmes Wasser, damit er sich waschen konnte. Sie baten ihn auf ihren bequemsten Stuhl und bewirteten ihn mit den besten Speisen und Getränken, die sie im Hause hatten.

Der Fremde aß und trank und unterhielt sich mit seinen Gastgebern. Dabei bemerkte er eine stille Traurigkeit, die die beiden zu verbergen suchten, doch es wollte ihnen nicht gelingen.
»Habt ihr irgendeinen Kummer?«, fragte der Heilige sie nach einer Weile.
Der Mann und die Frau schauten sich an. Und als die Frau nickte, begann der Mann zu sprechen: »Wir haben genug zu essen«, sagte er. »Wir haben uns lieb und sind mit unserem Leben zufrieden. Nur beten wir schon seit vielen Jahren, dass Gott uns ein Kind schenken möge. Doch unsere Gebete wurden nicht erhört.«
Der fremde Mann sah die beiden lange an. Dann sprach er: »Ich bin der heilige Nikolaus. Ihr habt mich bewirtet wie einen König, obwohl ich aussehe wie ein Bettler. Ich werde euren Wunsch erfüllen. Ihr werdet einen Sohn bekommen.«
Nach diesen Worten erhob sich der heilige Nikolaus, ging zur Tür und verließ das Haus.
Übers Jahr aber, als der Herbst ins Land zog, gebar die Frau einen Sohn. Ein Freudenfest wurde gefeiert, und die Eltern gaben dem Kind den Namen Nikolaus. Dankbar gedachten sie des Heiligen, der ihren sehnlichsten Wunsch erfüllt hatte.

Märchen aus Albanien

18 Wie Nikolaus Spekulatius buk

Thema Nikolaus-Legende

Vorlesedauer ca. 2 Minuten

Alter ab Kindergartenalter, alle Altersstufen

Impulse zur Weiterführung Die Gestalt des Nikolaus steht für Menschen, die aufmerksam sind für die Nöte des Nächsten, die zuhören können und aktiv werden, um zu helfen, zu trösten und Freude zu schenken. *Bei Kindern:* Wo können wir helfen, trösten? Hast du schon einmal erlebt, wie deine Hilfe ein anderes Kind, einen Erwachsenen getröstet hat?

Anregungen zur Gestaltung Jeder erhält ein Stück Spekulatius oder: gemeinsam Spekulatius backen.

Wieder einmal ging St. Nikolaus verkleidet durch die kleine Stadt. Er fiel nicht auf unter all den Menschen, und er genoss es, unerkannt zu bleiben. Plötzlich sah er ein trauriges Mädchen. Es saß auf einem Rinnstein und weinte.

»Was fehlt dir denn, Kleines?«, fragte der Nikolaus freundlich. »Ach«, antwortete das Mädchen. »Es ist Nikolaus und alle Kinder haben Süßigkeiten geschenkt bekommen. Nur ich bin leer ausgegangen.«

»Hast du denn keine Eltern?« – »Schon, aber die haben sich getrennt.«

Da bekam St. Nikolaus Mitleid. Aber er wäre nicht der Nikolaus, wenn er es dabei bewenden ließe. »Komm«, sagte er zu der Kleinen. »Ich will sehen, wie ich dich aufmuntern kann.« Die Sonne ging schon unter, als sie an ein altes Haus gelangten. Sofort machte sich Nikolaus geschäftig ans Werk. Er rührte und knetete, kostete und mengte eine Masse aus Mandeln, Mehl, Milch und den ausgefallensten Gewürzen. Dann drückte er sie in eigentümliche Formen und buk lauter kleine Nikoläuse für das traurige Mädchen. Schließlich packte er ein großes Säckchen voll und schenkte es ihr. Die

Kleine lief überglücklich mit dem Gebäck nach Hause und erzählte ihrer Mutter alles, was sie erlebt hatte – und an diesem Abend fühlten sich die beiden überhaupt nicht einsam.
Viele, viele Jahre später – aus dem kleinen Mädchen war längst eine Großmutter geworden – erzählte sie ihren Enkeln diese Geschichte. »Es war«, schloss sie, »als ob ich den Nikolaus selbst getroffen hätte. Ich glaube, immer wenn es recht kalt wird und sich der Himmel während der Abendstunden rot färbt, backt St. Nikolaus, um den Menschen, denen das Leben bitter geworden ist, ihre Tage ein wenig zu versüßen.«

Ulrich Peters

19 Der Kaufmann mit dem steinernen Herzen

Thema Nikolaus-Legende

Vorlesedauer ca. 2 ½ Minuten

Alter Kindergarten- und Grundschulalter (4–8 Jahre)

Impulse zur Weiterführung Das Immer-mehr-haben-Wollen verengt den Blick und verhärtet unser Herz. Geld und Besitz machen nicht glücklich, erst aus dem Schenken erwächst wirklicher Reichtum.

Anregungen zur Gestaltung Eventuell für jeden ein kleines (Glas-)Herz, das vorher einige Zeit im Kühlschrank lag. Während der Geschichte können die Kinder das Herz in den Händen halten und es so erwärmen.

Vor vielen, vielen Jahren lebte einmal ein Kaufmann, der war unermesslich reich. Aber so richtig des Lebens freuen konnte er sich nicht. Irgendwie war er unzufrieden. Mit der Zeit war er richtig habgierig geworden. Er wollte immer mehr und mehr haben und noch größeren Reichtum aufhäufen. Ja, tief in seinem Innern hegte er sogar die Sorge, am Ende könnte all sein Reichtum nicht ausreichen, um bis ans Ende seiner Tage sorgenfrei zu leben. Im Gegenteil, je mehr er besaß, desto größer wurden seine Sorgen darum, den Reichtum zu erhalten.
Wie er eines Tages spazieren ging und wieder einmal diesen Sorgen nachhing, trat der Teufel zu ihm und machte ihm ein Angebot. Ich mache dich zum erfolgreichsten und wohlhabendsten Kaufmann, den die Welt je gesehen hat. Unermesslich wird dein Besitz sein. Aber ich stelle eine Bedingung: Du musst mir dein Herz schenken. Der Kaufmann überlegte nicht lange. Der Teufel erhielt das Herz des Kaufmanns. Und an die Stelle, an der bislang ein Herz aus Fleisch und Blut schlug, legte er einen Stein in dessen Brust. Mit einem fürchterlichen Lachen, das Stein und Bein gefrieren ließ, verschwand der Teufel so schnell, wie er erschienen war.

Die Tage und Jahre gingen dahin. Der Kaufmann wurde wirklich außergewöhnlich reich. Aber je reicher er wurde und je mehr er besaß, desto trauriger wurde er auch. Es war, als ob ihn sein Besitz mehr und mehr belasten und ihm die Luft zum Atmen abschnüren würde. Da geschah es eines Tages, wieder einmal ging der Kaufmann trübsinnig seines Weges, dass sich ein freundlicher älterer Herr zu ihm gesellte. »Aber was seid ihr denn so todtraurig«, fragte er den Kaufmann. Und da erzählte ihm der reiche Mann seine Geschichte.

Der alte Herr lächelte freundlich. »Nicht du besitzt die Dinge, dein Reichtum besitzt dich. Teile deinen Besitz mit den Armen, verschenke deinen Reichtum, das macht dich wirklich reich.«

Bereitwillig befolgte der Kaufmann den Rat des Alten. Und wie er es versuchte, geschah etwas Seltsames. Je mehr er seinen Besitz teilte, desto leichter wurde ihm ums Herz. Und mit jedem Geschenk, das er machte, verwandelte sich der Stein in seiner Brust wieder in ein menschliches Herz. Als er viele Jahre später starb, war sein Besitz verbraucht, aber er hatte ausgereicht, um ihn mit allen zu teilen, die der Hilfe des Kaufmanns bedurften. Und als der Kaufmann ans Himmelstor trat, stand dort der alte freundliche Herr und der Kaufmann erkannte, dass es St. Nikolaus gewesen war, der ihm das Leben gerettet hatte.

Ulrich Peters

20 Eine Nikolausgeschichte

Thema Märchen um den heiligen Nikolaus
Vorlesedauer ca. 10 Minuten
Alter Jugendliche und Erwachsene
Impulse zur Weiterführung Wo können wir heute in der hektischen Vorweihnachtszeit das »Geheimnis von Weihnachten« finden? – Wie bewahren wir unsere Träume, Sehnsüchte und Hoffnungen? – Beispielhaft lässt sich auch die Gestalt des hl. Nikolaus mit der des kommerziellen Weihnachtsmanns vergleichen.

In der Adventszeit herrscht gewöhnlich Hochbetrieb im Himmel. Es ist selbst für Engel ein gewisser Stress, alles vorzubereiten für den Nikolausabend und den Weihnachtstag.
Dieses Jahr aber war alles anders. Eine merkwürdig depressive Stimmung hing in der Luft. »Mit Sankt Nikolaus stimmt etwas nicht«, so raunten sich die Engel vielsagend zu und durch die Scharen der Heiligen ging ein aufgeregtes Wispern.
Der Erzengel Gabriel machte sich nicht viel aus Gerüchten und beteiligte sich grundsätzlich nicht an den himmlischen Tratschgeschichten, aber auch ihm konnte nicht entgehen, dass der heilige Nikolaus trübsinnig auf der Kante seines Schlittens hockte und gedankenverloren die Rentiere mit Rüben fütterte. Gabriel war besorgt. Majestätisch schwebte er heran: »Was ist dir, ehrwürdiger Bruder?« Die Stimme des Erzengels stand wie ein heller Glockenton im Raum. »Der Nikolausabend naht, und du machst keine Anstalten, deine üblichen Vorbereitungen zu treffen. Was ist es, das dein Herz beschwert?«
Der Heilige schaute auf. »Ich werde auf der Erde nicht mehr gebraucht«, sagte er mit leiser Stimme. »Die Menschen haben keine Träume mehr. In ihren Herzen ist kein Platz mehr für Sehnsucht oder Hoffnung. Das Geheimnis der Weihnachtszeit ist übertönt von

Lärm, zugeschüttet mit Einkaufstüten, verloren gegangen in den adventlichen Märkten und Feiern. Wo man einst vom Fest der Liebe gesprochen hat, da heißt es jetzt: ›Geiz ist geil.‹ Sieh her, was sie aus mir gemacht haben: Früher einen Kinderschreck mit der Rute, heute: Nicola – die sexy Schokoladenfrau. Wer kennt noch meine Geschichte? Bei Günter Jauch hat neulich ein Kandidat meinen Beruf nicht gewusst. Er schwankte zwischen Rentierzüchter, Paketzusteller und Schauspieler. Was soll ich noch auf der Erde? Die Köpfe sind voll, die Herzen sind voll: kein Platz mehr für Träume, kein Raum für die Sehnsucht, kein Ort für die Hoffnung. Wie soll es da Advent, wie soll es Weihnachten werden?«

Lange schwieg Gabriel. Seine Gedanken wanderten zurück, als er selbst in dunkler Zeit als Bote unterwegs war, als er einer Frau die Geburt eines Sohnes verkündete und als er im Traum das Herz eines Mannes berührte. »Keine Träume, keine Sehnsucht, keine Hoffnung?«, sagte er leise. »Selbst wenn du recht hast: Was soll aus den Menschen werden, wenn die Lichter des Advents nicht mehr brennen, wenn der Weihnachtsstern nicht mehr leuchtet, wenn die Lieder nicht mehr gesungen werden von dem Kind, das geboren ist in jener Nacht?«

Der heilige Nikolaus hob die Augen: »Was schlägst du vor?«, fragte er.

Gabriel lächelte. Es war das weise und gütige Lächeln eines Engels, der schon viel gesehen hat und schon oft unterwegs war zu den Herzen der Menschen, und für den heiligen Nikolaus sah es fast ein wenig verschmitzt aus – dieses Lächeln des Erzengels, der doch zu den größten zählte unter den himmlischen Heerscharen.

Während also die beiden Himmlischen tiefsinnige Gespräche führten über den Lauf der Welt, hingen unten auf der Erde drei Menschen ihren ganz persönlichen Gedanken nach.

Die siebzehnjährige Barbara hatte Liebeskummer. Außerdem Ärger in der Schule und – eine logische Folge davon – Zoff daheim. Ob Jo sie wirklich liebte, hatte sie immer noch nicht herausgefunden, und wenn sie abends mit ihrer Clique in die Kneipe ging oder ins Kino,

da wusste sie auch nicht so recht, was die anderen über sie dachten. »Du bist unser Mauerblümchen«, hatte Elke neulich im Scherz zu ihr gesagt. Seitdem war ihr Selbstbewusstsein endgültig in den Minusbereich abgesackt.
Noch einsamer fühlte sich Studiendirektor a.D. Ambrosius. Seit seine Frau gestorben war, hatte er sich verbittert zurückgezogen. Zu seinen früheren Kollegen suchte er keinen Kontakt mehr. Erst recht nicht zu den ehemaligen Schülern. Wie sinnlos doch alles gewesen war! 40 Jahre lang Hefte korrigiert. Literweise rote Tinte verbraucht. Tausende von Noten erteilt. Und was hatte das alles genützt? War die Welt irgendwie besser geworden? Ambrosius hatte keine Illusionen. Er machte sich nichts vor.
Genauso illusionslos war Frau Luzia. Mit 41 Jahren hatte sie gerade ihren Job verloren. Von ihrem Mann war sie schon lange verlassen worden. Die Neue war jünger und schöner und hatte Abitur. Ihr war nur die Tochter geblieben, die gerade in die zweite Klasse gekommen war. Gemeinsam hatten sie sich über Wasser gehalten – bis jetzt die Kündigung kam … Frau Luzia sah die Dinge realistisch: Zwar hieß es immer, Krankenschwestern würden gesucht, aber da sie wegen der Kleinen nur vormittags arbeiten wollte, war sie für die meisten Stellen zu wenig flexibel. Eigentlich hatte sie immer nur Pech gehabt: in der Ehe genauso wie im Beruf. »Eine graue Maus« hatte die Stationsschwester sie genannt und so fühlte sie sich auch: grau, klein und unscheinbar.
»Siehst du diese drei?«, wandte sich der Erzengel Gabriel an den heiligen Nikolaus. »Wie mag wohl deren Weihnachtsfest ausschauen?«
»Genau das meine ich ja«, brummte der heilige Nikolaus. Und wie im Selbstgespräch wiederholte er: »Keine Träume, keine Sehnsucht, keine Hoffnung!«
»Behalt sie im Auge«, sagte der Engel, »und morgen erzähle mir, was geschehen ist.«
Am nächsten Tag, als Gabriel gerade von einer Audienz bei der Jungfrau Maria zurückkam, winkte Nikolaus ihm bereits von Wei-

tem zu. Sein weißer Bart zitterte vor Aufregung und die Augen leuchteten frisch und strahlend wie eh und je. »Ich habe unrecht gehabt«, rief er dem Erzengel zu. »Es gibt sie noch, die Träume, die Sehnsucht, die Hoffnung bei den Menschen. Mein Schlitten ist schon fast gepackt. Wie konnte ich nur so blind gewesen sein!«

»Was ist passiert?«, fragte Gabriel und ein leises, ganz und gar engelhaftes Lächeln zuckte um seine Mundwinkel.

»Ich kann es mir selbst nicht erklären«, rief der heilige Nikolaus, »aber die drei sind nicht wiederzuerkennen. Bei Barbara hat nur einmal das kleine Ding in ihrer Tasche gepiepst, in das die Menschen immer hineinsprechen. Sie hat etwas von einer SMS vor sich hingemurmelt und etwas abgelesen, was auf dem Ding geschrieben stand. Ich konnte es von hier oben genau erkennen. ›Hast du Zeit für mich?‹ Mehr nicht. Nicht einmal ein Absender stand dabei. Barbara grummelte etwas von Rufnummer-Unterdrückung, aber es schien ihr gar nichts auszumachen. Sie führte sofort drei Telefongespräche, und es dauerte nicht lange, da holten ein paar Freundinnen sie ab. Jo war übrigens auch dabei. Seitdem ist sie blendend gelaunt. Vorhin hat sie sogar ›Jingle bells‹ vor sich hingesummt.«

»Und was ist mit Ambrosius?«, wollte Gabriel wissen.

»Bei dem ist es ähnlich«, rief Nikolaus aus. »Heute Morgen ging er noch wie immer zu seinem Briefkasten. Ich sah ihn, wie er eine Postkarte herauszog, auf der nur drei Worte standen. ›Danke für alles.‹ Und wieder kein Absender dabei. Aber Ambrosius war wie verwandelt. Er verließ in seinem Sonntagsmantel das Haus, und ich hörte, wie er leise vor sich hin pfiff. Dann sah ich noch, wie er an der Haustür eines alten Kollegen klingelte und lachend eine Flasche Rotwein aus der Tasche zog, als dieser die Tür öffnete.«

»Bleibt nur noch Frau Luzia«, meinte Gabriel und bemühte sich um einen harmlos klingenden Tonfall.

»Die ist gerade in einem Bewerbungsgespräch«, antwortete Sankt Nikolaus. »Du hast doch selbst gesehen, wie sie gestern noch drauf war. Doch heute ist etwas Merkwürdiges passiert: Sie hat kürzlich von einem Kollegen einen Adventskalender geschenkt bekommen und macht jeden Tag ein Türchen auf. Da findet sich dann ein goldener Stern mit einem Spruch aufgedruckt, von Goethe oder von Harald Schmidt oder Konrad Adenauer. Heute war sie besonders gespannt, weil doch Nikolaustag ist.«

»Und was stand auf ihrem Stern?«, fragte Gabriel und schaute so unschuldig wie eines der kleinen Engelsgesichter in der Kirche.

»Es war nur ein Satz«, entgegnete Sankt Nikolaus: »›Du hast mehr Möglichkeiten, als du ahnst.‹ Auch hier keine Angabe, von wem der Ausspruch stammt. Luzia bildete sich irgendwie ein, es sei eine Nikolausbotschaft, für sie ganz persönlich. Und sie griff sich sofort eine Stellenanzeige, die sie schon lange ausgeschnitten, aber ganz hinten ins Eck ihres Schreibtisches gelegt hatte, zog ihr neues Kostüm an, das mit den kräftigen Farben, und verließ eilig das Haus. So beschwingt habe ich sie lange nicht mehr über die Straße gehen sehen.«

»Dann brichst du also heute auf?«, fragte Gabriel leise.

»Natürlich, was denkst du denn!«, rief Nikolaus voller Tatendrang. »Sie brauchen mich doch, die Menschen. Damit die Träume nicht verstummen, damit die Sehnsucht nicht verloren geht, damit die Hoffnung nicht stirbt. Dafür haben wir doch Weihnachten!«

»Ja«, sagte Gabriel, »dafür haben wir Weihnachten.« Und er lächelte dabei so strahlend, wie nur ein Erzengel es vermag.

Klaus Roos

21 Ein Lichtblick – Die Legende von Sankt Luzia

Thema Die heilige Lucia/Luzia (Gedenktag: 13. Dezember)
Vorlesedauer ca. 2 Minuten
Alter ab ca. 10 Jahre, alle Altersstufen
Impulse zur Weiterführung Das Leben der hl. Lucia bezeugt, wie z. B. auch das Leben des hl. Franz von Assisi, dass Besitz und Reichtum binden können, Besitzlosigkeit aber reich und frei machen kann. Eng mit der Geschichte der Lucia ist die Lichtsymbolik verbunden, an die man hier – gerade im Advent – gut anknüpfen kann.
Anregungen zur Gestaltung Für kleinere Gruppen: Jeder erhält ein kleines Licht, oder: Jeder denkt an einen besonderen Menschen, der ihm wichtig ist, und zündet für ihn ein Licht an.
Oder: Mit Lichtern und Tannenzweigen eine »Spirale« legen. Jeder, der möchte, darf mit seinem Licht die Spirale (durch die Tannen vorgegeben) weiterführen/erhellen. Dabei einen besonderen Wunsch nennen. Am Ende der Spirale steht eine größere Kerze – Symbol für die hl. Luzia, die durch ihr Leben Licht in die Welt brachte.

Vor vielen hundert Jahren lebte in Syrakus auf Sizilien ein Mädchen namens Luzia. Luzia hatte sehr reiche Eltern und schon seit längerer Zeit warb ein junger Mann um sie, der sie gerne zur Frau genommen hätte.
Luzia aber war sehr nachdenklich. Häufig, wenn ihr das Leben im Haus ihrer Eltern zu laut wurde, zog sie sich zurück und suchte die Stille. Eines Tages war es, als ob die Stille zu ihr spreche. Seither wollte sie weder heiraten noch irgendwelchen Besitz haben. »Besitz kann besessen machen«, sagte sie. »Nicht wir Menschen haben dann die Dinge, sondern die Dinge haben uns. Ich aber möchte ganz frei sein für Gott und die Menschen.«
So bat sie ihre Eltern, den auserwählten Bräutigam nicht heiraten zu müssen und ihre Mitgift und ihr ganzes Hab und Gut an die Ar-

men verschenken zu dürfen. Schweren und sorgenvollen Herzens gewährten ihr die Eltern diese Bitte.

Da verwandelte sich die Liebe des jungen Mannes in abgrundtiefen Hass. Der enttäuschte Bräutigam verriet Luzia an die Richter und klagte sie an, eine Christin zu sein. Das war damals bei Strafe verboten. Um ihren Willen zu brechen, befahlen die Richter, man möge sie in ein Bordell bringen. Aber weder Ochsen noch Soldaten konnten sie von der Stelle bewegen. Da übergoss man sie mit siedendem Öl. Das Öl aber konnte ihr nichts anhaben. Man entzündete ein Feuer um sie herum, aber die Flammen verbrannten sie nicht. Schließlich tötete man sie durch ein Schwert. Luzia aber betete sterbend für ihre Mörder.

Die Menschen, die das miterlebten, waren tief bewegt. »Sie war ein leuchtendes Vorbild«, sagten sie zueinander. »Sie war wie ein Lichtblick in einer dunklen Nacht, in der allein Geld, Gewalt und Gier regieren.«

Seit dieser Zeit entzünden die Menschen am 13. Dezember, in einer der längsten Nächte des Jahres, Kerzen, die an diese Geschichte erinnern. Bis heute strahlen diese Lichter in die Stille der Nacht und die Menschen staunen über das mutige Mädchen, das bereit war, alles zu geben, um ihrer inneren Stimme zu folgen.

Ulrich Peters

Zeit der Geschenke

Vom Schenken und Beschenkt-Werden und von der wahren Weihnachtsfreude

22 Das besondere Geschenk

Thema Selbst Geschenk sein; Lichtsymbolik; Der neugeborene König braucht Menschen, die sein Licht weitertragen

Vorlesedauer ca. 1 ½ Minuten

Alter alle Altersstufen

Impulse zur Weiterführung Gerade in der Adventszeit sind viele mit der Vorbereitung der Geschenke beschäftigt. Wie viel Liebe steckt in unseren Geschenken, haben sie den Beschenkten im Blick? – Was ist wirklich wichtig: Sind wir selbst Geschenk durch unsere Zeit, unsere Hilfe, unser Dasein? – Wie ist das mit unserem Geschenk für das neugeborene Kind im Stall? Können wir selbst Geschenk sein? – Möglich ist es auch, die Lichtsymbolik mehr in den Mittelpunkt zu stellen: Schon ein kleines Licht kann alle Finsternis vertreiben.

Anregungen zur Gestaltung Jeder erhält ein kleines Teelicht (Vorsicht bei kleinen Kindern!).

Es war bitterkalt. Die Hirten wärmten sich am Feuer. Die Nachricht vom neugeborenen König beschäftigt sie. Sie möchten ihn sehen, von dem sie Rettung und Frieden erwarten. Auch der kleine Hirte Philipp tritt näher und hört zu. Sie überlegen, was sie dem Kind in Bethlehem schenken können.

Aber wer bleibt bei den Schafen? Die können sie doch nicht alleine lassen! Da kommt einer der Hirten auf die Idee: Derjenige muss dableiben, dessen Geschenk am leichtesten ist.

Sie stellen eine Waage bereit.

Einer bringt einen Krug mit Milch und legt noch einen Käse dazu. Ein anderer bringt einen Korb mit duftenden Äpfeln. Der Dritte schleppt ein Bündel Holz herbei, damit sich alle im Stall wärmen können. Bleibt nur noch der kleine Philipp übrig.

Philipp hat nur eine Laterne mit einem winzigen Licht. Das wiegt nicht viel. Er überlegt. Dann aber steigt er mit der Laterne in der

Hand auf die Waage und sagt: »Ich komme als Geschenk hinzu! Der neugeborene König wird vor allem welche brauchen, die sein Licht weitertragen.«

Es wird still ums Feuer. Die Hirten schauen nachdenklich auf den kleinen Philipp. Sie denken über seine Worte nach. Sie spüren: Der darf auf keinen Fall zurückbleiben.

Überliefert

23 Ein Teil des Geschenks …

Thema Vom Wert eines Geschenkes

Vorlesedauer ca. 1 1/2 Minuten

Alter ab Grundschulalter

Impulse zur Weiterführung Wie viel Mühe mag es gekostet haben, diese Muschel zu finden? »Der lange Weg ist ein Teil des Geschenks«, sagt der Junge. Es geht nicht nur um die schöne Muschel, auch den Weg, die Mühe und Zeit des Suchens und damit etwas von sich und seinem Leben schenkt er mit dieser Gabe. Man kann diese Aussage auch noch anders deuten. »Der Gottessohn ist das größte Geschenk«, erklärt die Lehrerin. Vielleicht ist auch der lange Weg, die Vorbereitung auf die Geburt Jesu ein Teil des Geschenkes, das Gott in Jesus Christus den Menschen gemacht hat. Die Kirche setzt vor ihre großen Feste Zeiten der Besinnung. Die Adventszeit ist eine solche Zeit. Auch sie kann ein Geschenk sein, das wir annehmen und gebrauchen sollten. Wenn wir die Tage und Wochen vor Weihnachten als »Teil des Geschenks« sehen, bekommen sie einen ganz anderen Wert.

Auf einer Südsee-Insel hörte ein Schüler aufmerksam seiner Lehrerin zu, die gerade erklärte: »Die Geschenke an Weihnachten sollten uns an die Liebe Gottes erinnern, der seinen Sohn zu uns gesandt hat. Der Gottessohn ist das größte Geschenk. Mit unseren Geschenken zeigen wir einander, dass wir uns lieben und in Frieden miteinander leben wollen.«

Am letzten Schultag vor Weihnachten schenkte der Junge seiner Lehrerin eine Muschel. Nie zuvor hatte sie etwas Schöneres gesehen, das vom Meer angespült worden war.

»Wo hast du denn diese wunderschöne Muschel gefunden?«, fragte sie ihren Schüler.

Der Junge erzählte, dass es nur eine bestimmte Stelle auf der anderen Seite der Insel gäbe, an der man gelegentlich eine solche besondere Muschel finden könne. Es sei eine etwa zwanzig Kilometer entfernte kleine, versteckte Bucht; dort würden manches Mal Muscheln dieser Art angespült.

»Sie ist einfach zauberhaft«, sagte die Lehrerin. »Ich werde sie mein Leben lang bewahren und sie wird mich immer an dich erinnern. Aber du sollst nicht so weit laufen, nur um mir ein Geschenk zu machen.«

»Aber«, erwiderte der Junge mit leuchtenden Augen, »der lange Weg ist ein Teil des Geschenks.«

Überliefert

24 Und er schaut und hört und staunt …

Thema Gott nimmt uns an, wie wir sind; Geschenke

Vorlesedauer ca. 3 1/2 Minuten

Alter ab Grundschulalter, alle Altersstufen

Impulse zur Weiterführung Wir können dem Kind in der Krippe all unsere Unzulänglichkeiten, unsere Schuld und unsere Fehler anvertrauen, es verwandelt alles zum Guten – und dadurch auch uns selber. Auch das Thema »Geschenke« kann aufgegriffen und deren Sinn hinterfragt werden.

Ein kleiner Junge war zu Besuch bei seinem Großvater. Er ist stolz darauf, einen Opa zu haben, der Figuren schnitzen kann, sogar eine ganze Weihnachtskrippe. Es ist schon faszinierend zuzusehen, wie langsam aus einem Stück Holz »lebendige« Gestalten entstehen. Der Junge ist schon ein wenig müde, und so stützt er die Hände auf den Tisch, legt seinen Kopf hinein und schaut die Figuren an. Und auf einmal merkt er, wie die Figuren lebendig werden. Und er ist mitten unter ihnen. Er geht mit den Hirten und Königen in den Stall und steht plötzlich vor dem Kind in der Krippe. Und das Kind schaut ihn mit großen Augen freundlich an.

Da wird der Junge traurig und Tränen treten ihm in die Augen, denn er bemerkt: Seine Hände sind leer! Alle haben etwas mitgebracht, nur er nicht.

Das Jesuskind fragt: »Warum weinst du denn?«

Und er antwortet: »Weil ich dir nichts mitgebracht habe, wie all die anderen hier.«

»Ich will aber gerne etwas von dir haben«, entgegnet das Jesuskind. Da wird der Junge rot vor Freude.

Aufgeregt sagt er schnell: »Ich verspreche dir das Schönste, was ich habe! Ich schenke dir meine neue Jacke – nein, meine elektrische Eisenbahn.«

Das Kind in der Krippe schüttelt lächelnd den Kopf und sagt: »Ich möchte aber gar nicht deine elektrische Eisenbahn. Schenke mir deinen – letzten Aufsatz!«
»Meinen letzten Aufsatz?«, stammelt der Junge ganz verlegen, »aber da steht doch …, da steht ›ungenügend‹ darunter!«
»Genau deshalb will ich ihn haben«, antwortet das Jesuskind. »Du sollst mir immer das geben, was ›nicht genügend‹ ist. Dafür bin ich in die Welt gekommen!«
»Und dann möchte ich noch etwas von dir«, fährt das Kind in der Krippe fort, »ich möchte deinen Milchbecher!«
Jetzt wird der kleine Junge traurig: »Meinen Milchbecher? – Aber der ist mir doch zerbrochen!«
»Eben deshalb will ich ihn haben«, sagt das Jesuskind liebevoll, »du kannst mir alles bringen, was in deinem Leben zerbricht. Ich will es heil machen!«
»Und noch ein Drittes möchte ich von dir«, hört der kleine Junge wieder die Stimme des Kindes in der Krippe, »ich möchte von dir noch die Antwort haben, die du deiner Mutter gegeben hast, als sie dich fragte, wieso denn der Milchbecher zerbrechen konnte.«
Da weint der Junge. Schluchzend gesteht er: »Aber da habe ich doch gelogen. Ich habe der Mutter gesagt: ›Der Milchbecher ist mir ohne Absicht hingefallen.‹ Aber in Wirklichkeit habe ich ihn ja vor Wut auf die Erde geworfen.«
»Deshalb möchte ich die Antwort haben«, sagt das Jesuskind bestimmt, »bring mir immer alles, was in deinem Leben böse ist, verlogen, trotzig und gemein. Dafür bin ich in die Welt gekommen, um dir zu verzeihen, um dich an die Hand zu nehmen und dir den Weg zu zeigen …«
Und das Jesuskind lächelt den Jungen wieder an. Und der schaut und hört und staunt …

Nach einer Kurzgeschichte von Walter Baudet

25 Die Sterntaler

Thema Schenken und Empfangen
Vorlesedauer ca. 2 Minuten
Alter ab 5 Jahre, alle Altersstufen
Impulse zur Weiterführung Das bekannte Märchen der Brüder Grimm zeigt, was Nächstenliebe vermag und wie aus der Schenkenden eine Beschenkte wird. Auch in diesem Märchen spielen, wie in der Advents- und Weihnachtszeit, die Sterne eine besondere Rolle (Stern von Bethlehem als Wegweiser und »Überbringer« guter Nachrichten, auch Redensart: »Ich hole dir Sterne vom Himmel«). – Fragen für ein Gespräch: Was macht wirklichen Reichtum aus? Wo haben wir schon einmal geholfen und fühlten uns dadurch selbst als Beschenkte?

Es war einmal ein kleines Mädchen, dem waren Vater und Mutter gestorben, und es war so arm, dass es kein Zimmer mehr hatte, darin zu wohnen, und kein Bett mehr, darin zu schlafen, und endlich gar nichts mehr als die Kleider auf dem Leib und ein Stück Brot in der Hand, das ihm ein mitleidiger Mensch geschenkt hatte. Es war aber gut und fromm. Und weil es von aller Welt verlassen war, ging es im Vertrauen auf Gott hinaus.
Da begegnete ihm ein armer Mann, der sprach: »Ach, gib mir etwas zu essen, ich bin so hungrig.« Das Mädchen reichte ihm das ganze Stück Brot und sagte: »Gott segne dir's«, und ging weiter.
Da kam ein Kind, das jammerte und sprach: »Es friert mich so an meinem Kopfe, schenk mir etwas, womit ich ihn bedecken kann.« Da nahm das Mädchen seine Mütze ab und gab sie ihm.
Und als das Mädchen noch eine Weile gegangen war, kam wieder ein Kind und hatte keinen Pullover an und fror: Da gab es ihm seinen; und noch weiter, da bat ein Kind um einen Rock, den gab es auch von sich hin.

Endlich gelangte das Mädchen in einen Wald, und es war schon dunkel geworden. Da kam noch ein Kind und bat um ein Hemd, und das Mädchen dachte: Es ist dunkle Nacht, da sieht dich niemand, da kannst du wohl dein Hemd weggeben, und es zog das Hemd aus und gab es auch noch hin.

Und wie das Mädchen so stand und gar nichts mehr hatte, fielen auf einmal die Sterne vom Himmel und waren lauter silberne harte Taler: Und obgleich das Mädchen sein Hemd weggegeben hatte, so hatte es jetzt ein neues an, und das war vom allerfeinsten Linnen. Da sammelte es die Taler hinein und war reich für sein Lebtag.

Brüder Grimm

26 Jakob malt ein Weihnachtsbild

Thema Sinn des Weihnachtsfestes; Geschenke

Vorlesedauer ca. 2 Minuten

Alter ab Grundschulalter

Impulse zur Weiterführung Denken wir beim Schenken und Beschenkt-Werden daran, dass es Jesus ist, der Geburtstag hat und dem deshalb eigentlich wir etwas schenken müssten? – Was können wir Jesus schenken? Worüber freut er sich? – Wieso konnte Jakob sagen: »Der Christbaum hat Jesus sehr gut gefallen«?

Anregungen zur Gestaltung Bild eines Weihnachtsbaums malen, die Bilder später verschenken. – Gemeinsam überlegen, wer sich über ein solches Bild besonders freut.

Jakob zeichnet und malt für Weihnachten. Tante Helli wünscht sich ein Kripperl mit Jesuskind, Esel und Ochs. Onkel Fritz wünscht sich Hirten auf dem Weg nach Bethlehem. Die Omama hätte gern einen Engel, der freundlich dreinschaut und »Fürchtet euch nicht!« sagt.

Jakob zeichnet eine Sprechblase vor den Mund des Engels und schreibt »Fürchtet euch nicht!« hinein. Dann sagt er zu Katharina: »Jetzt hab ich für jeden ein schönes Geschenk!« »Nur für das Geburtstagskind noch nichts!«, sagt Katharina. »Für Jesus. Er hat zu Weihnachten Geburtstag. Eigentlich müsste man ihm etwas schenken!«

»Meinst du, er hätte Freude an einem Bild?«, fragt Jakob.

»Wenn es sehr schön und bunt ist – warum nicht?«, fragt Katharina.

Jakob nimmt ein neues Zeichenblatt. Er zeichnet einen Christbaum mit vielen Kerzen und Kugeln und Zuckerln in Fransenpapier. »Ich helf dir«, sagt Katharina. Sie malt Tupfen und Sterne auf die Kugeln und um jede Kerze einen gelben Schein. »So«, sagt sie. »Jetzt bring ihm das Geschenk! Bring's ihm in die Kirche!« Jakob geht zur Kirche, aber das Tor ist verschlossen. Jakob steht auf der Straße und überlegt, was er tun soll. Das Christbaumbild flattert im Wind. Jakob muss es mit beiden Händen halten. Eine alte Frau bleibt neben ihm stehen. »So eine lustige, bunte Zeichnung«, sagt sie. »Das ist wohl ein Weihnachtsgeschenk?«

»Ja«, sagt Jakob. Und dann hält er der alten Frau die Zeichnung hin. »Ich schenk sie Ihnen!«

»Nein, so etwas!«, ruft die alte Frau. »So eine Überraschung … danke …«

Jakob rennt nach Hause. Katharina wartet schon auf ihn. »Na?«, fragt Katharina. »Der Christbaum hat Jesus sehr gut gefallen«, sagt Jakob. »Weißt du das bestimmt?«, fragt Katharina. »Ja«, sagt Jakob. »Er hat mir's ausrichten lassen!«

Lene Mayer-Skumanz

27 Ein Geschenk für das Baby

Thema Was ein Baby alles braucht – besonders Liebe

Vorlesedauer ca. 7 Minuten

Alter Kindergarten- und Grundschulalter (ab 5 Jahre)

Impulse zur Weiterführung Die Kinder in die Geschichte einbeziehen: Gibt es auch in der Gruppe/Klasse Kinder, die ein Geschwisterchen erwarten? – Weitere Dinge nennen lassen, die für ein Baby wichtig sind. Warum ist das Wichtigste die Liebe? Was kann man zur Geburt schenken? Wie kann man seinem Babybruder/seiner Babyschwester etwas Liebes tun? – Wie war das bei der Geburt Jesu an Weihnachten?

Anregungen zur Gestaltung Entsprechende Babysachen und das Kästchen mit Zettel vorbereiten und den Kindern zeigen, wenn die Gegenstände genannt werden.

Simon ist sechs Jahre alt. Im nächsten Sommer kommt er in die Schule. Simons Mutter Doris ist schwanger. Ihr Bauch ist schon ganz schön groß, findet Simon. Mama hat erzählt, dass Simon eine kleine Schwester bekommt. Simon ist schon sehr gespannt. Heute ist der erste Dezember und am 24. Dezember soll seine Schwester geboren werden. Mama sagt, sie wird somit wohl ein echtes Weihnachtsbaby. Simons Schwester soll Marijana heißen, da steckt das Wort Maria drin, wie die Mutter von Jesus hieß. Simon findet es gut, dass er eine kleine Schwester bekommt, obwohl sie dann bestimmt viel mit Puppen spielt. Puppen findet Simon langweilig. Simon überlegt, ob Babys auch schon mit Puppen spielen. Im Kindergarten fragt er seinen Freund Lukas, der hat im Sommer eine kleine Schwester bekommen. Lukas sagt: »Neee. Babys liegen nur so rum, schreien und trinken an der Brust.« Simon überlegt: »Was kann er dann bloß seiner Schwester schenken?« Er möchte ihr zur Geburt so gerne ein ganz besonderes Geschenk machen.

Im Kindergarten haben sie im letzten Jahr über Jesu Geburt gesprochen. Simon erinnert sich, dass auch Jesus zur Geburt Geschenke bekommen hat. »Was war das noch gleich?« Simon überlegt: »Gold« fällt ihm da ein. Doch bei den beiden anderen Geschenken muss er noch einmal seine Erzieherin fragen.

Die weiß die Antwort sofort: »Weihrauch und Myrrhe, das sind wertvolle Baumharze, aus denen Räuchermittel gemacht werden.«

Komische Geschenke für ein Baby, findet Simon.

»Wer hat dem Jesuskind die Geschenke denn gebracht?«, fragt ihn seine Erzieherin. »Die Heiligen Drei Könige«, das weiß Simon noch genau.

»Richtig«, sagt die Erzieherin, »damals waren das wertvolle Geschenke. Die Heiligen Drei Könige wollten mit ihren Geschenken zeigen, dass Jesus ein besonderer König war, nämlich der Heiland der Welt, ein König für alle Menschen.«

Simon überlegt weiter und fragt dann seine Erzieherin: »Was brauchen denn eigentlich Babys, wenn die geboren werden?«

Die Erzieherin findet, dass das eine gute Frage ist, und gibt sie an alle Kinder im Stuhlkreis weiter.

Der große Bruder Lukas meldet sich als Erster: »Babys brauchen eine warme Decke, damit sie nicht frieren. Wir haben eine Wärmelampe über dem Wickeltisch, die ist auch gut.« Tatjana meldet sich ebenfalls: »Babys brauchen Milch aus der Flasche oder vom Busen der Mama.«

Sina sagt: »Genau, und Windeln, sonst wird ja alles nass und geht in die Hose.«

»Babys brauchen auch einen Schnuller und Musik zum Einschlafen«, weiß Pia.

»Gut«, sagt die Erzieherin, »ihr wisst ja schon eine ganze Menge über das, was ein Baby alles benötigt. Hat Jesus das denn auch gebraucht? Lasst uns mal überlegen: Eine warme Decke zum Einschlafen hatte Jesus bestimmt auch, oder das wärmende Stroh aus der Krippe. Milch aus der Brust von Maria bestimmt auch, denn Babys brauchen wie jeder Mensch Nahrung. Jesus wurde bestimmt auch mit Tüchern gewickelt, wie heute die Babys mit Windeln, aber die gab es damals ja noch nicht. Einen Schnuller braucht nicht unbedingt jedes Baby. Und die Musik kam bestimmt auch nicht wie heute aus einer Spieluhr, sondern Maria und Josef haben Jesus bestimmt ein Schlaflied gesungen. Aber eine Sache, die jedes Kind überall auf der Welt benötigt, die habt ihr noch nicht aufgezählt, und die ist hier drin.« Die Erzieherin holt ein kleines Kästchen hervor.

»Darf ich das Kästchen aufmachen?«, fragt Simon sofort.

»Ja, ist gut«, sagt die Erzieherin, »aber ganz vorsichtig!«

Alle schauen ganz gespannt auf das Kästchen. Im Inneren liegt ein Zettel.

»Einen Zettel braucht doch kein Kind!«, ruft Lukas etwas enttäuscht über den Inhalt des Kästchens.

Die Erzieherin sagt: »Auf dem Zettel steht etwas drauf, ich lese euch das mal vor, und vielleicht wisst ihr dann, was jedes Baby noch ganz dringend benötigt:

Ein Schatzkästchen für dich allein,
drum gib was ganz Besondres hinein.
Gern würd ich selbst mich drin verstecken,
als das Besondere dich necken.
Doch ist das Kästchen wohl zu klein,
es passt nur noch ein Kuss hinein.
Und auch ein Gruß zur Weihnachtszeit,
der soll euch sagen, macht euch bereit.
Denn bald schon ist die Heilige Nacht,
in der Jesus sich selbst als Schatz gebracht.
Für Jesus ist kein Herz zu klein,
und selbst in dein Kästchen passt er hinein.«

Die Kinder schauen die Erzieherin mit großen Augen fragend an. Dann sagt Simon: »Ein Baby braucht einen Kuss.«

»Ja«, sagt die Erzieherin, »alle Babys brauchen Küsse und Streicheleinheiten, also ganz viel Liebe, von ihren Eltern, Geschwistern und

Großeltern. Die Liebe gibt ihnen Kraft, um zu wachsen. Und auch Jesus hat uns ganz viel Liebe geschenkt, als er geboren wurde, und tut es auch heute noch, wenn wir an ihn denken. – So, Simon, jetzt weißt du also, was Babys alles brauchen.«

Simon schaut zufrieden und fragt: »Darf ich meiner Schwester zur Geburt auch so ein Kästchen basteln?«

»Natürlich«, sagt die Erzieherin, »und dein Kästchen ist dann nicht nur mit ganz viel Liebe gebastelt, sondern es steckt auch ganz viel Liebe drin.«

Swana Seggewiß

28 Das Weihnachtsgeschenk

Thema Geschenke, die von Herzen kommen

Vorlesedauer ca. 11 Minuten

Alter Jugendliche, Erwachsene

Impulse zur Weiterführung Die nostalgische, wehmütige und trotzdem auch humorvolle Weihnachtsgeschichte lenkt u. a. den Blick darauf, dass Schenken auch ein schmerzlicher Prozess für den Schenkenden sein kann. – Wie suchen wir Geschenke aus? Legen wir unser Herz hinein? – Auch das Weihnachtsgeschenk Gottes an uns Menschen, das Kind in der Krippe, dessen Weg bis zum Kreuz führte, ist eine solche große Gabe, die nicht ohne Schmerzen denkbar war. – *Info:* Der amerikanische Schriftsteller O. Henry (= William Sydney Porter) lebte von 1862–1910.

O. Henry selbst hat die Geschichte in einem Schlussteil mit den Gaben der Drei Könige in Verbindung gebracht und fügt folgende Gedanken an:

»Die Heiligen Drei Könige waren, wie Sie wissen, weise Männer – wunderbar weise Männer –, die dem Kind in der Krippe Geschenke brachten. Sie erfanden die Kunst des weihnachtlichen Schenkens. Und da sie weise waren, wählten sie ihre Gaben zweifellos mit Bedacht und behielten sich für den Fall, dass eine davon schon vorhanden sein könnte, das Recht vor, sie nach dem Fest umtauschen zu können. Und da habe nun ich, nicht sehr geschickt übrigens, Ihnen die ziemlich ereignislose Geschichte von zwei törichten Menschenkindern in einer möblierten Wohnung erzählt, die höchst unklug waren und einander ihre größten Schätze opferten.

Doch in einem Schlusswort sei den Weisen unserer Tage gesagt, dass diese beiden die weisesten aller Schenkenden waren. Von allen, die schenken und beschenkt werden, sind Menschen wie sie am weisesten. Immer und überall. Sie sind die wahren Weisen.«

Ihr ganzes Vermögen war 1 Dollar, 87 Cent, davon 60 Cent in Pennystücken. Alles mühsam zusammengekratzt und gespart. Stück für Stück ersparte Pennies, wenn man hin und wieder den Kaufmann, Gemüsemann oder Fleischer beschwatzt hatte, bis einem die Wangen brannten im stillen Vorwurf der Knauserei, die solch ein Herumfeilschen mit sich brachte. Dreimal zählte Della nach. Ein Dollar und siebenundachtzig Cent. Und morgen war Weihnachten. Nichts blieb übrig, als sich auf die kleine, schäbige Couch zu werfen und zu heulen. Das tat Della denn auch, und es beweist uns, dass sich das Leben eigentlich aus Schluchzen, Seufzen und Lächeln zusammensetzt, wobei das Seufzen unbedingt vorherrscht. Inzwischen betrachten wir das Heim etwas näher. Es ist eine kleine möblierte Wohnung zu acht Dollar in der Woche. Sie sieht nicht gerade armselig aus, ist davon aber auch nicht allzu weit entfernt. Unten im Hausflur hängt ein Briefkasten, in den niemals Briefe geworfen werden, daneben steckt der Knopf einer elektrischen Klingel, der kaum jemand je einen Ton abschmeichelt. Weiter befindet sich dort auch eine Karte, die den Namen »Mr. James Dillingham Young« trägt. Dieses »Dillingham« war während einer Zeit vorübergehenden Wohlstandes ins Leben gerufen worden, als sein Besitzer dreißig Dollar in der Woche verdiente. Jetzt, da das Einkommen auf zwanzig Dollar zusammengeschrumpft ist, muten die Buchstaben von »Dillingham« etwas verschwommen an, als ob sie ernstlich beabsichtigen, sich zu einem bescheidenen, anspruchslosen »D« zusammenzuziehen. Wenn aber Mr. J. D. Y. jeweils seine Etage erreichte, so wurde er »Jim« gerufen und von Frau J. D. Y., uns bereits als Della bekannt, zärtlich umarmt, womit das Buchstabenproblem unwichtig wurde.

Della hörte zu weinen auf und tröstete ihre Wangen mit der Puderquaste. Sie stand am Fenster und schaute bedrückt einer grauen Katze zu, die im grauen Hinterhof über einen grauen Zaun balancierte. Morgen war Weihnachten, und sie hatte nur das wenige Geld, um Jim ein Geschenk zu kaufen.

Im Zimmer hing zwischen den Fenstern ein Spiegel. Wie hingewirbelt stand Della plötzlich mit hellleuchtenden Augen vor ihm. Rasch löste sie ihr Haar und ließ es in seiner ganzen Länge fallen. Im Besitze der J.D.Y.'s gab es zwei Dinge, in die sie ihren ganzen

Stolz setzten. Das eine war Jims goldene Uhr, die vor ihm seinem Vater und seinem Großvater gehört hatte. Das andere war Dellas Haar. Hätte in der Wohnung jenseits des Hofes die Königin von Saba gewohnt, Della hätte ihr Haar zum Trocknen aus dem Fenster gehängt, einzig und allein, um die Juwelen und Schmuckstücke ihrer Majestät wertlos erscheinen zu lassen. Und wäre König Salomon mit all seinen aufgestapelten Schätzen selbst Concierge des Hauses gewesen, Jim hätte jedes Mal beim Vorbeigehen seine Uhr gezückt, um zu sehen, wie König Salomon sich vor Neid den Bart ausrupfte.

So fiel Dellas Haar wie ein goldbrauner Wasserfall glänzend und sich kräuselnd an ihr herab. Es reichte ihr bis unter die Knie und formte beinahe einen Mantel. Mit nervösen Fingern steckte sie es rasch wieder auf. Einmal zögerte sie einen Augenblick. Zwei Tränen fielen auf den abgetragenen roten Teppich. Sie schlüpfte in die alte braune Jacke, setzte den alten braunen Hut auf und huschte, immer noch das glänzende Leuchten in den Augen, zur Tür hinaus, die Treppen hinunter und durch die Straße. Sie stand erst still, als sie bei einem Schild anlangte, auf dem zu lesen war: »Mme. Sofronie, An- und Verkauf von Haar aller Art«. In einem Satz rannte Della ein Stockwerk hinauf, keuchend hielt sie an und fasste sich. Madame, groß, massig, zu weiß gepudert, sehr kühl, sah kaum aus, als wäre sie »Sofronie«.

»Kaufen Sie mein Haar?«, fragte Della.

»Ich kaufe Haar«, sagte Madame. »Nehmen Sie den Hut ab und zeigen Sie, was Sie haben«. Herunter rieselte der braune Wasserfall.

»20 Dollar«, mit geübter Hand wog Madame die Masse.

»Geben Sie es, rasch«, sagte Della.

Oh, und die zwei folgenden Stunden vergingen wie auf rosigen Schwingen. Vergessen war die zermürbende Vorstellung der fehlenden Haare. Sie durchstöberte die Läden auf der Suche nach Jims Geschenk. Endlich fand sie es. Sicher war es für Jim und niemand anders gemacht. Nichts kam ihm gleich in keinem der Läden. Es war eine Platinuhrkette, einfach und geschmackvoll in Form und

Zeichnung. Sie war es sogar wert, die Uhr zu ketten. Sobald Della die Kette sah, wusste sie, dass sie Jim gehören musste. Sie war wie er. 21 Dollar nahmen sie ihr dafür ab, und mit den 87 Cent eilte sie heim. Mit dieser Kette an seiner Uhr durfte Jim in jeder Gesellschaft, so eifrig, wie er wollte, nach der Zeit sehen. So schön die Uhr war, schaute er nämlich manchmal scheu darauf, weil das alte Lederband, das er anstelle einer Kette benützte, so schäbig war. Als Della zu Hause ankam, ließ ihr Taumel nach und sie wurde etwas vernünftig. Sie holte ihre Brennschere heraus, zündete das Gas an und machte sich daran, die Verheerung, die Großmütigkeit zusammen mit Liebe angerichtet hatte, wieder gutzumachen, was immer eine Riesenarbeit ist, liebe Freunde, – eine Mammut-Aufgabe.
Nach vierzig Minuten war ihr Kopf dicht mit kleinen Löckchen bedeckt, die ihr ganz das Aussehen eines Lausbuben gaben. Lange betrachtete sie ihr Bild im Spiegel, kritisch und sorgfältig.
»Wenn Jim mich nicht umbringt, bevor er mich ein zweites Mal anschaut, so wird er sagen, ich sehe aus wie ein Chormädchen von Coney Island«, sagte sie zu sich selbst. »Aber was konnte ich tun – oh, was hätte ich anfangen sollen mit einem Dollar und 87 Cent?«
Um sieben Uhr war der Kaffee gemacht und die heiße Bratpfanne stand hinten auf dem Ofen, bereit, die Koteletts aufzunehmen, die darin gebraten werden sollten. Jim kam nie spät. Della nahm die Kette in die Hand und setzte sich auf die Tischkante nahe der Tür, durch die er immer hereinkam. Dann hörte sie entfernt seinen Schritt im ersten Stockwerk und für einen Augenblick wurde sie ganz weiß. Sie hatte die Gewohnheit, im Stillen kleine Gebete für die einfachsten Alltagsdinge zu sagen, und sie flüsterte vor sich hin: »Lieber Gott, mach, dass er mich immer noch hübsch findet.«
Die Tür öffnete sich. Jim kam herein und schloss sie. Er war mager und hatte ein sehr ernstes Aussehen. Armer Kerl, erst zweiundzwanzig und schon mit einer Familie belastet. Er brauchte dringend einen neuen Mantel und hatte auch keine Handschuhe. – Jim blieb an der Tür stehen, so unbeweglich wie ein Jagdhund, der eine Fährte wittert. Seine Augen waren auf Della gerichtet und hatten

einen Ausdruck, den sie nicht deuten konnte und der sie erschreckte. Es war nicht Ärger.

Della sprang vom Tisch herunter und lief auf ihn zu. »Jim, Lieber«, rief sie weinend, »schau mich nicht so an. Ich ließ mein Haar abschneiden und verkaufte es, weil ich es an Weihnachten ohne ein Geschenk für dich nicht ausgehalten hätte. Es wird wieder nachwachsen. Du bist nicht böse, nicht wahr? Ich musste es einfach tun. Mein Haar wächst unheimlich schnell. Sag, ›Fröhliche Weihnachten!‹, Jim, und lass uns glücklich sein. Du weißt ja gar nicht, welch schönes – wunderbar schönes Geschenk ich für dich habe«.

»Dein Haar hast du abgeschnitten?«, fragte Jim mühsam, als hätte er selbst mit der strengsten geistigen Arbeit diese offensichtliche Tatsache noch nicht erfasst.

»Abgeschnitten und verkauft«, sagte Della. »Verkauft ist es, sag ich dir, verkauft und fort. Heute ist doch Heiliger Abend, du. Sei lieb, es ist doch für dich. Sei lieb, ich gab es ja für dich weg. Es kann ja sein, dass die Haare auf meinem Kopf gezählt waren«, fuhr sie mit plötzlicher, ernsthafter Verliebtheit weiter, »aber niemand könnte je meine Liebe zu dir zählen. Soll ich jetzt die Koteletts auflegen, Jim?«

Nun schien Jim rasch aus seinem Trancezustand zu erwachen. Er nahm Della in seine Arme. Für zehn Sekunden wollen wir mit diskreter Genauigkeit irgendeinen belanglosen Gegenstand in entgegengesetzter Richtung eingehend betrachten. Acht Dollar in der Woche oder eine Million im Jahr – was ist der Unterschied? Ein Witzbold und ein Mathematiker würden uns beide eine falsche Antwort geben. Indessen zog Jim ein Päckchen aus seiner Manteltasche und warf es auf den Tisch.

»Du darfst dich nicht über mich täuschen, Della«, sagte er. »Ich glaube, da gäbe es kein Haarschneiden, Dauerwellen oder Waschen in der Welt, das mich dazu brächte, meine süße Frau weniger zu lieben. Aber wenn du das Paket da auspackst, wirst du sehen, warum du mich für eine Weile aus der Fassung gebracht hast.«

Weiße Finger zogen an der Schnur, rissen am Papier. Ein begeisterter Freudenschrei. Und dann – o weh – ein rascher, echt weiblicher Wechsel zu strömenden Tränen und lauten Klagen erforderte die Anwendung sämtlicher tröstender Kräfte und Einfälle des Herrn des Hauses. Denn da lagen sie, die Kämme – die Garnitur von Kämmen, seitlich und rückwärts einzustecken, die Della so lange im Schaufenster einer Hauptstraße bewundert hatte. Fabelhafte Kämme, echtes Schildpatt, mit echten Steinen besetzt – gerade in den Farbtönen, die in dem wundervollen, verschwundenen Haar so schön gespielt hätten. Es waren teure Kämme. Sie wusste es. Mit ganzem Herzen hatte sie diese Wunder begehrt. Und jetzt gehörten sie ihr, aber die Zöpfe, die mit diesen begehrenswerten Schmuckstücken hätten geziert werden sollen, waren fort. Trotzdem drückte sie sie an ihr Herz, und endlich konnte sie auch mit verschleierten Augen aufsehen und lächelnd sagen: »Mein Haar wächst ja so schnell, Jim!«

Und dann sprang Della auf wie eine kleine Katze, die sich gebrannt hatte, indem sie immerzu »Oh, oh« rief. Jim hatte ja sein wunderschönes Geschenk noch nicht gesehen. Sie hielt es ihm auf der offenen Hand eifrig entgegen. Das wertvolle, matt glänzende Metall schien ihre heitere und feurige Seele widerzuspiegeln.

»Ist es nicht großartig – das einzig Wahre? Ich habe die ganze Stadt danach abgesucht, bis ich es fand. Du wirst jetzt jeden Tag hundertmal sehen müssen, wie viel Uhr es ist. Gib mir deine Uhr, ich muss sehen, wie die Kette daran aussieht.« Anstatt zu gehorchen, machte es sich Jim auf der Couch bequem, legte die Hände hinter den Kopf und lächelte.

»Dell«, sagte er, »wir wollen unsere Weihnachtsgeschenke noch für einige Zeit aufbewahren, sie sind zu schön, als dass wir sie jetzt gebrauchen könnten. Denke, ich habe die Uhr verkauft, um das Geld für deine Kämme zu erhalten. Und jetzt glaub ich, ist es das Beste, du stellst die Koteletts auf.«

O. Henry

29 Das perfekte Weihnachtsfest

Thema Was macht eigentlich Weihnachten aus?

Vorlesedauer ca. 18 Minuten

Alter Erwachsene

Impulse zur Weiterführung Frau Reimann plant und gestaltet »ihr« Weihnachten, genau wie sie es sich wünscht – und trotzdem merkt sie schnell, dass etwas fehlt: die Familie, Freunde … Was macht Weihnachten eigentlich aus? – Für uns? Für mich?

Sie räkelte sich gemütlich im Bett und sah zum Fenster hinaus. Wie auf Bestellung hatte es angefangen zu schneien. Zarte weiße Flöckchen tanzten an ihrem Fenster vorbei. Pünktlich um 8 Uhr früh tönten Weihnachtslieder aus dem Lautsprecher ihres Radioweckers. Stefan, ihr jüngster Sohn, hatte ihr extra ein solches Gerät mit CD-Player geschenkt, damit sie des Morgens nicht von Wetter- oder Verkehrsnachrichten aus dem Schlaf geholt, sondern behutsam von ihrer Lieblingsmusik in den anbrechenden Tag geführt wurde. Aus der Küche strömte ihr der Duft von frisch gebackenem Brot und Bohnenkaffee entgegen. Sie genoss diese Segnungen der Technik, die ihr per Zeitschaltuhr die herrlichsten Düfte in die Räume zauberten, während sie sich selbst erst langsam erhob und ins Bad ging. Schnell huschte sie im Bademantel zum Briefkasten, damit sie zum Frühstück in aller Ruhe die Zeitung lesen konnte. Endlich einmal ein Weihnachtsfest, ohne die ganze Familie zu Gast zu haben. In den vergangenen Jahren waren ihre drei Kinder mit den Enkelkindern bei ihr gewesen, und sie hatte am Heiligen Abend um diese Zeit schon morgens beim Metzger angestanden, um die bestellte Gans abzuholen. Auch das Geschrei, das Gejohle und Gezänk der Enkel hatten sie ziemlich strapaziert. Man ist mit siebzig halt keine zwanzig mehr, hatte sie sich gesagt und war ganz froh, dass die Kinder in diesem Jahr zu Weihnachten miteinander eine

Hütte in den Bergen gemietet hatten. Die Einladung, auch dorthin zu kommen, hatte sie ausgeschlagen. Heute würde sie es sich ganz alleine gemütlich machen. Während sie sich gerade eine Tasse Kaffee eingoss, klingelte es an der Tür. Sie erfragte durch die Sprechanlage, wer da sei. »Die Post, ich habe ein Paket für Sie!«
Sie drückte auf den automatischen Türöffner. Mit flinken Schritten kam der junge Postzusteller die Treppen hinauf und reichte ihr ein Päckchen. Sie erkannte schon an dem Karton, dass es von einem großen Onlineversand kam. Das kann ich wohl jetzt schon einmal aufmachen, schließlich ist ja bereits Heiligabend. Sie holte ein Messer aus der Küche, ritzte das Paketklebeband auf, öffnete das Päckchen und entnahm ihm einen Kalender mit Rosenbildern für das kommende Jahr, daneben einen Zettel mit dem Namen ihres Jüngsten. Immerhin hat er sich daran erinnert, dass ich Rosen so liebe, dachte sie. Na ja, so schenkt man wohl heutzutage: Man geht ins Internet, sucht dort einen bestimmten Artikel aus, gibt eine entsprechende Versandadresse an – und schon hat man seine Pflicht getan. Kein großes Nachdenken, kein Stadtbummel, keine Parkplatzsuche, kein stressiges Einkaufen und Schlangestehen in den Geschäften, keine Qual der Wahl bei der Suche nach einem passenden Geschenkpapier, kein Gang zum Postamt. Ein Hauch von Verbitterung durchfuhr sie. Aber ich will mir den Tag dadurch nicht verderben lassen, dachte sie, frühstückte zu Ende und zog sich dann die warmen, gefütterten Stiefel an. Sie hatte sich für den Vormittag einen ausgiebigen Bummel über den Weihnachtsmarkt vorgenommen.
Hübsch sehen die bunten Buden im Schnee aus, dachte sie. Vom Karussell dröhnte ihr aus blechernen Lautsprechern »Ihr Kinderlein kommet« entgegen, während ein Leierkastenmann an der nächsten Ecke gleichzeitig »Stille Nacht« vor sich hin orgelte. Lebkuchenherzen wechselten mit blauen, roten und silbernen Kugeln, Zinnfiguren mit Holzweihnachtsmännern und Honigwachskerzen. Doch die rechte Weihnachtsstimmung wollte nicht aufkommen. Sie genehmigte sich einen Glühwein und eine Tüte von den verlockend

duftenden, noch warmen gebrannten Mandeln, aber auch diese Genüsse änderten nicht viel an ihrer Gemütsverfassung. Nun, es lässt sich eben nichts erzwingen, dachte sie etwas enttäuscht.

Sie begab sich in eine stille Seitenstraße etwas abseits vom Trubel und holte ihr Handy aus der Handtasche, ein Geschenk ihrer Tochter Jutta. »Falls du mal irgendwo fällst oder sonst schnell Hilfe brauchst«, hatte Jutta gemeint. Die Notrufnummern von Polizei und Unfalldienst waren fest gespeichert. Jetzt aber wählte sie die Nummer einer alten Freundin, die vor ein paar Wochen in ein Seniorenstift gezogen war. »Hallo, Else, hier ist Lotte. Wäre es dir recht, wenn ich dir einen kleinen Besuch abstatte?«

»Schön, dass du anrufst, Lotte, wo bist du denn?«

»In der Schillerstraße, ganz in deiner Nähe.«

»Ja, dann komm doch noch auf ein Tässchen Tee vorbei. Lange bin ich allerdings nicht mehr da, meine Kinder kommen in einer Stunde und holen mich ab.«

»Dann bis gleich, Else.«

Das Stift war neu erbaut und machte einen äußerst gepflegten Eindruck. Den Eingangsbereich schmückte eine große Tanne mit einer Lichterkette, roten Kugeln und Lametta. Das kleine Appartement, das Else bewohnte, war hell und freundlich und mit ihren eigenen Möbeln eingerichtet.

»Das ist ja nett, dass du mich besuchen kommst, Lotte.« Else freute sich aufrichtig. Sie hatte schon die Teetassen auf den kleinen Couchtisch gestellt und einen köstlich duftenden Tee aufgebrüht.

»Setz dich doch, Lotte, wie geht es dir? Was machst du heute überhaupt in der Stadt, kommen deine Kinder nicht?«

Lotte erzählte ihrer Freundin, dass die Familie etwas anderes vorhatte und dass sie heute den Tag in aller Ruhe und Gemütlichkeit verbringen wollte. Allerdings hatte sie sich beim Aufstehen heute früh noch sehr viel wohler gefühlt als jetzt. Doch das Plaudern mit Else lenkte sie ab.

Plötzlich klopfte es an der Tür und der fünfjährige Jan kam hereingestürzt, in der einen Hand noch eine klebrige Zuckerstange, als er

schon auf Elses Schoß saß und sie drückte. »Komm, Oma, ich muss dir zu Hause meinen neuen Goldfisch zeigen, er heißt Florian.«
»Vorsicht«, mahnte sein Vater, der nach ihm ins Zimmer gekommen war, aber da klebte die Zuckerstange schon auf Elses Bluse.
»Macht nichts, Junge«, beschwichtigte sie ihren Sohn und sagte dann zu ihrer Freundin gewandt: »Tut mir leid, Lotte, komm doch im nächsten Jahr mal wieder vorbei. Ich freue mich, wenn du mich besuchst, aber ruf vorher an, damit ich auch da bin und du den Weg nicht vergeblich machst.«
Lotte Reimann stand schnell auf, schlüpfte in ihren Mantel und verabschiedete sich rasch. Sie hatte Glück. Der Bus kam gerade, als sie die Haltestelle erreichte. Eine halbe Stunde später war sie wieder zu Hause. Als sie die Wohnungstür aufschloss, öffnete ihre Nachbarin die Tür.
»Ach, Frau Reimann, schön, dass Sie da sind. Da ist vorhin eine Blume für Sie angekommen – per Fleurop«, setzte sie noch hinzu.
»Danke, Frau Janssen, herzlichen Dank«, erwiderte Frau Reimann und nahm den eingewickelten Blumentopf in Empfang, der sich nach der Entfernung des Seidenpapiers als wunderschöner roter Weihnachtsstern entpuppte. »Frohe Weihnachten, Mutter, Dein Michael«, stand auf der beiliegenden Karte, die offenbar nicht von ihrem Ältesten selbst, sondern in aller Eile von einer Blumenverkäuferin geschrieben worden war. Alle haben sie an mich gedacht, versuchte sie sich selbst gut zuzureden, und dennoch konnte sie sich nicht so recht freuen.
Sie aß eine Kleinigkeit zu Mittag und legte sich danach hin, um sich von dem Spaziergang am Vormittag auszuruhen. Gegen drei Uhr stand sie wieder auf, um es sich bei Kaffee und Kuchen nun so richtig gemütlich zu machen. Sie hatte sich extra einen Dresdner Christstollen schicken lassen, der ihr an Weihnachten nicht fehlen durfte. Genüsslich schnitt sie sich zwei Scheiben ab und legte zu ihrer Kaffeestunde Bachs Weihnachtsoratorium auf. Während der zweiten Kantate holte sie das Weihnachtspaket von Jutta hervor, das schon vor einigen Tagen gekommen war, und öffnete es behut-

sam. Ihre Tochter hatte wieder einmal an alles gedacht. Eine Dose mit selbstgebackenen Weihnachtsplätzchen fand sie, das geliebte Marzipanbrot; dazu den Roman, den sie sich gewünscht hatte. Neben kleinen Basteleien der Enkel lag auch noch eine DVD in dem Päckchen. Sie stoppte die Musik und legte die DVD ein. Ihr Enkel Tobias erschien im Bild und sagte ein Weihnachtsgedicht auf. Dann folgten ganz persönliche gute Wünsche zu Weihnachten von Jutta und Harald, ihrem Schwiegersohn. Zum Schluss krähte auch ihr jüngster Enkel David ein »frohe Weihnachten, Ommi!« ins Mikrofon. Am Ende erklangen noch ein paar Weihnachtslieder, aufgenommen aus der letzten Volksmusiksendung vom vierten Advent.

Alles ist wie immer, dachte sie. Die Kaffeestunde mit Dresdner Stollen, die Blumen und Plätzchen, das Weihnachtsgedicht von Tobias. Trotzdem wollte die rechte Weihnachtsfreude noch immer nicht aufkommen. Halb unbewusst sehnte sie sich danach, dass Tobias es sich auf ihrem Schoß gemütlich machen und seine kleinen Ärmchen um sie schlingen würde. Warum hatte sie sich im vergangenen Jahr nur so darüber aufgeregt, als er dabei seinen heißen Kakao über ihr neues Seidenkleid gegossen hatte?

»Wisst ihr eigentlich, was das Kleid gekostet hat?«, hatte sie Jutta und Harald angefaucht, »könnt ihr eure Kinder nicht besser erziehen?« Wie lächerlich ihre Reaktion damals gewesen war, begann sie erst jetzt zu ahnen.

Jetzt will ich mal sehen, was es Neues in der Welt gibt, dachte sie und schaltete den Computer ein. Erfreut sah sie, dass sie eine neue Mail hatte. Sie las: »Frohe Weihnachten, Mutter, mach es Dir nur richtig gemütlich, wir denken an Dich, Stefan und Hanna, Michael und Lisa, Jutta und Harald und die Kinder.« Wie können sie mir von ihrer Hütte aus eine E-Mail schicken?, dachte sie, bis ihr einfiel, dass das heutzutage auch mit einem Handy möglich war. Per Handy hätten sie mich ja auch anrufen können, überlegte sie, wollte aber nicht ungerecht sein. Immerhin haben sie alle an mich gedacht und auf ihre Art versucht, mir zu Weihnachten Freude zu machen, ging es ihr durch den Kopf. Sie konnte aber nicht verhindern, an Else zu denken und daran, wie sie heute von ihrem Sohn und ihrem Enkel abgeholt worden war. Wie schön wäre es, wenn jetzt eine klebrige Zuckerstange an ihrem guten Kleid Spuren hinterlassen würde, kam es ihr in den Sinn.

Sie sah sich schließlich den Gottesdienst im Fernsehen an und las anschließend ein wenig in dem Roman, den Jutta ihr geschickt hatte. Gegen Abend schob sie dann das beim Metzger erstandene tiefgefrorene Festessen in die Mikrowelle. Schon nach kurzer Zeit duftete es köstlich nach gebratener Gänsekeule mit Rotkohl und Kartoffelklößen. Sie hatte sich auf dieses Essen gefreut und es schmeckte wirklich lecker, aber ihr fehlte der rechte Appetit, so dass sie kaum die Hälfte aß und den Rest in den Kühlschrank stellte. »Das kann ich mir ja morgen noch einmal heiß machen«, sagte sie leise zu sich selbst. Was ist nur los mit mir, dachte sie. Ich habe doch alles, was ich brauche, und dennoch fühle ich mich nicht so recht wohl in meiner Haut. Ob ich mir heute früh auf dem Weihnachtsmarkt eine Grippe geholt habe? Sie setzte gerade Wasser auf, um sich einen Tee zu kochen, als es klingelte.

»Nanu, wer wird denn noch zu so später Stunde etwas von mir wollen?«, dachte sie. Es war inzwischen halb elf, und sie war bereits im Bademantel.

»Frau Reimann, bitte helfen Sie mir!«, hörte sie die Stimme der jungen Frau, die über ihr wohnte, durch die Tür. Sie öffnete schnell. Frau Gebhard war in Tränen aufgelöst. »Bitte, Frau Reimann, wäre es wohl möglich, dass Sie ein paar Stunden auf meinen Kleinen, den Julian, aufpassen? Der Bastian spuckt Blut und ich muss sofort mit dem Jungen in die Klinik. Aber ich weiß nicht, wie lange das dauern wird und was ich in der Zwischenzeit mit Julian machen soll. Ich kann ihn doch nicht mit ins Krankenhaus nehmen. Bitte, helfen Sie mir!« Schnell streifte Frau Reimann den Bademantel ab und zog wieder Rock und Pulli an. Mit für ihr Alter erstaunlichem, nahezu jugendlichem Schwung sprang sie hinter Frau Gebhard die Treppen hinauf und marschierte durch die angelehnte Wohnungstür geradezu ins Kinderzimmer. Der Junge war noch wach.

»Hallo, du bist der Julian? Ich bin die Oma Reimann, die unter euch wohnt. Ich bleibe jetzt bei dir, bis deine Mama wieder zurück ist, aber das hat sie dir sicher schon gesagt.« Der Junge nickte.
»Soll ich dir etwas vorlesen?« Ohne die Antwort abzuwarten, nahm sie das erstbeste Bilderbuch und begann, die Verse darunter zu lesen. »Lieber das Märchen vom Wolf und den sieben Geißlein«, bat Julian. In dem Augenblick kam Frau Gebhard hereingestürzt, den leichenblassen Bastian auf dem Arm. »Das Märchenbuch ist hier!« Sie hatte gerade den letzten Satz Julians aufgeschnappt und drückte Frau Reimann ein völlig zerfleddertes Buch in die Hand.
»Das Taxi ist da, in ein paar Stunden bin ich wieder zu Hause, und vielen Dank auch!«, rief sie der alten Dame noch zu, bevor sie im Treppenhaus verschwand.
Julian war aber mit einem Märchen allein nicht zufrieden. Er nutzte die Gunst der Stunde, um noch einmal aus dem Bett zu klettern und seine elektrische Eisenbahn über die neuen Weichen rattern zu lassen. Nachdem zwei Züge zusammengestoßen und entgleist waren, verlor er die Lust daran und wollte fernsehen. Dabei pflanzte er sich mit ungestümer Geste wie selbstverständlich auf Frau Reimanns Schoß und kuschelte sich an sie.
»Endlich habe ich auch einmal eine Oma«, sagte er. »Unsere richtige Oma will nichts von uns wissen, weil wir unehelich sind«, setzte er altklug hinzu. »Omas erlauben nämlich immer viel mehr als die Mama, jedenfalls sagen das alle in der Kita.«
Für kurze Zeit bot das Fernsehen spannende Bilder, dann begann der Junge wieder unruhig zu werden. »Kann ich noch Schokoladencreme haben?«, bat er, »sie steht im Kühlschrank ganz unten.«
»Aber du hast doch sicher vorhin schon deine Zähne geputzt«, erwiderte Frau Reimann.
»Aber wenn du eine richtige Omi bist, dann kriege ich jetzt trotzdem noch was«, erwiderte der Kleine mit einem verschmitzten Gesichtsausdruck.
Welche »Oma« konnte da schon widerstehen. Sie spürte, wie ihr warm ums Herz wurde, ging in die Küche und füllte ein Schälchen

mit der Sahnecreme. Es kam, wie es kommen musste. Wieder auf ihrem Schoß und gleichzeitig mit Essen und Fernsehen beschäftigt, landete bereits der dritte Löffel Mousse au chocolat auf ihrem cremefarbenen Pullover. Sie ging ins Bad, um den Klecks zu beseitigen, aber ein Fleck blieb. »Nun kommt es doch heraus, dass du noch genascht hast«, meinte sie. »Dann sagen wir einfach, dass du noch Pudding gegessen hast«, erwiderte der Kleine schelmisch. »Du bist ja ein ganz schöner Schlingel«, lächelte sie. »Das machen wir nicht. Jetzt werden die Zähne eben noch einmal geputzt und dann ab ins Bett.« Erstaunlicherweise gehorchte der Junge. Kaum lag er unter der Decke, da schlief er auch schon.

Kurze Zeit später kam seine Mutter zurück. »Sie haben Bastian über Nacht in der Klinik behalten, ich fahre morgen früh gleich wieder hin. Haben Sie es denn mit meinem kleinen Räuber gut ausgehalten?«

»Wir haben uns von Anfang an prächtig verstanden«, erwiderte Frau Reimann. Die Spuren der Puddingschlacht sah Frau Gebhard in ihrer Aufregung gar nicht.

»Wenn Sie morgen früh gleich wieder in die Klinik müssen, dann kommen Sie doch mit Julian zum Frühstück zu mir. Dann haben Sie weniger Stress.«

»Ach danke, das ist lieb von Ihnen. Wenn Ihnen das wirklich nichts ausmacht, komme ich gern.«

»Und Julian können Sie am Vormittag dann auch bei mir lassen, etwas Spielzeug habe ich ja immer für die Enkel da.«

»Ich weiß nicht, wie ich das wiedergutmachen kann«, erwiderte die junge Frau.

»Da gibt es nichts wiedergutzumachen«, sagte Frau Reimann, »im Grunde genommen bin ich heute Abend beschenkt worden. Das richtige Leben ist eben doch ganz etwas anderes als das, was einem die beste Technik vermitteln kann«, sagte sie leise zu sich selbst, um an Frau Gebhard gewandt laut hinzuzufügen: »Eine richtige Oma ist eben immer im Dienst.«

Christa Spilling-Nöker

30 Wunderbare Weihnachtspost

Thema Geschenke
Vorlesedauer ca. 7 Minuten
Alter Jugendliche, Erwachsene
Impulse zur Weiterführung Wie suchen wir Geschenke aus? Nehmen wir uns Zeit zu überlegen, wie wir dem Beschenkten wirklich eine Freude machen können? Legen wir unser Herz hinein? Denken wir auch an die Menschen, an die sonst niemand denkt?
Anregungen zur Gestaltung Gemeinsam kleine Geschenke basteln und an Menschen in unserem Umfeld (oder z. B. im Seniorenheim] weiterschenken, die sonst nur wenig Besuch bekommen.

Wäre da nicht dieses plötzliche Kribbeln in der Nase gewesen und der darauf folgende, gewaltige Nieser – niemals wäre dem erfahrenen Postbeamten das passiert, was dann doch geschah: Während er sich die rechte Hand mit dem schnell hervorgezogenen Taschentuch vor den Mund hielt, drückte die linke Hand den Paketaufkleber auf das vor ihm liegende Weihnachtspäckchen. Leider nicht so akkurat wie tausende Male zuvor mit rechts geübt, sondern ungeschickterweise halb auf die erste Ziffer der Postleitzahl. So wurde, gänzlich unbemerkt, aus der gemütlichen dicken Acht eine schlanke Drei. Das Päckchen landete in der großen Transportkiste, und noch am selben Tag ging es auf die Reise quer durch das Land.
Nun weiß der geneigte Zuhörer, die geneigte Zuhörerin, dass es in wahrscheinlich jedem Land viele Ortschaften gibt, die den gleichen Namen tragen. Das kommt recht häufig vor. Allerdings ist es in diesem Falle so, dass auch der Name des Adressaten übereinstimmte. Nur die Straßenangabe, die passte nicht und war mit einem roten Fragezeichen versehen. Deshalb klingelte der Briefträger an einem dunkelgrauen Dezembermorgen bei Herrn B. Als dieser öffnete, noch im gestreiften Bademantel und unrasiert, hielt er ihm das

Päckchen entgegen. »Erwarten Sie Weihnachtspost?«, fragte er freundlich, und ehe er sich's versah, hatte Herr B. das Päckchen in der Hand. Leicht war es. Er dreht und wendete es – kein Absender! Nur ein Herzaufkleber.

Typisch, dachte er, so ist sie, meine chaotische Tochter, aber immerhin hat sie an ihren alten Vater gedacht! Er nickte dem Briefträger zu, murmelte ein »Danke« und ging zurück ins Haus. Das Packpapier raschelte, als er die Klebestreifen löste. Der rote Kater, der auf dem Sofa gedöst hatte, spitzte die Ohren. Herr B. aber roch plötzlich Tannenduft. Als er das Paket öffnete, sah er als Erstes einen Zweig mit roter Schleife und einem Stern aus Glanzpapier.

Wie hübsch sie das gemacht hat, dachte er, das sieht ihr gar nicht ähnlich! Er erinnerte sich an das letzte Päckchen, das er von ihr erhalten hatte. Pantoffeln waren darin gewesen, grau-kariert, in einer Plastiktüte, und der Preisaufkleber war noch dran gewesen.

Ach ja …, er seufzte. Neugierig geworden, schlug er das Weihnachtspapier auseinander und fand als Erstes eine runde Blechdose. Leuchtende Sterne auf blauem Grund. Fast war ihm, als wurde das ganze Zimmer mit einem Mal heller und freundlicher. Er öffnete die Dose, mmmh, Vanillekipferl, Spitzbuben mit Johannisbeergelee, Nussmakronen. Ihm wurde warm ums Herz, ganz leicht und heiter. Sie hatte Plätzchen für ihn gebacken, sogar seine Lieblingssorten! Dass sie das noch wusste!? Sanft streichelte er dem Kater über das Köpfchen, setzte Kaffeewasser auf und packte weiter aus. Als Nächstes kam ein Paar Socken zum Vorschein, so eigenwillig bunt, dass sie nur handgestrickt sein konnten! So, so, sie konnte also stricken, die Tochter, erstaunlich. Aber diese Farben! Regenbogenbunt und herrlich weiche Wolle. Er probierte einen Socken an und wackelte mit den Zehen. Gut gelaunt zog er den anderen auch noch an. Wunderbar, wie sie die Füße wärmten und nicht nur die Füße! Ganz unten im Päckchen gab es noch etwas Buntes. Es war ebenfalls geschmückt mit einem roten Band. Eine Engelsfigur aus Schokolade war daran befestigt und ein Geschenkanhänger. Auf dem stand in goldenen Buchstaben: Frohe Weihnachten!

Sonst nichts, aber der Punkt unter dem Ausrufungszeichen war ein Herz! Herr B. löste das Band, sein eigenes Herz klopfte ungeduldig. Dann hielt er ein paar Handschuhe in den Händen, wie er noch keine gesehen hatte. Jeder einzelne Finger war in einer anderen Farbe gestrickt! Die Handrücken waren grün, auf den Handinnenseiten jedoch waren große rote Herzen eingestrickt! Als er mit seiner Hand in den rechten Handschuh hineinschlüpfen wollte, bemerkte er einen Widerstand. Ein Zettel, darauf wiederum in goldenen Buchstaben die Worte: Nimm dein Herz in die Hand, verschenke Liebe mit vollen Händen. Du hast so viel davon! Rätselhaft – was meinte sie damit?

Als er später mit dem Kater auf dem Schoß seinen Kaffee trank und die Nussmakronen probierte, wusste er plötzlich, was zu tun war. Er suchte die Adressen aller Freunde und Verwandten heraus und begann Weihnachtspost zu schreiben. Das hatte er viele Jahre lang nicht getan. Für seine Tochter packte er ein Paket, in das er das selbst gemalte Bild tat, das er als junger Mann für seine Frau, ihre Mutter, gemalt hatte. Es hatte ihr immer so gut gefallen, aber er hatte sich bisher nie davon trennen können. »Von Herzen danke für deine lieben Weihnachtsgrüße, ich habe mich sehr gefreut«, schrieb er dazu und brachte es gleich zur Post. Bei den Nachbarn zur Rechten und zur Linken klingelte er auf dem Nachhauseweg und lud sie kurz entschlossen für den nächsten Adventssonntag zu sich ein. Das hatte er schon lange einmal tun wollen. Und die Cousine im Altenheim, auch das nahm er sich fest vor, würde er gleich am nächsten Tag besuchen und ihr wieder einmal vorlesen. Im neuen Jahr, er blickte dem Kater fest in die Augen, würde er auch wieder im Tierheim mitarbeiten, ehrenamtlich, so wie früher. Versprochen!

So hatte das Weihnachtspäckchen das erreicht, was ein Weihnachtspäckchen im besten Fall bewirken soll: Freude! Und die vermehrt sich bekannterweise, wenn sie weiter verschenkt wird!

Was aber, fragen Sie sich bestimmt, ist mit dem rechtmäßigen Adressaten des Päckchens? Es war von einer jungen Frau für ihren

Liebsten gedacht gewesen. Nach einem Streit sollte es Versöhnung bringen. Nun bekam der Liebste das Päckchen zwar nicht, aber seltsam, er war in diesen Tagen so oft in Gedanken bei seiner Liebsten, dass er es nicht länger aushielt und sie anrief. Sie fragte sich und sagte: »So hast du also meine Botschaft bekommen und verstanden, das ist wunderbar! Das Leben ist doch viel zu bunt, um im Grau zu verharren!« Der junge Mann wunderte sich ein bisschen. Konnte sie Gedanken lesen? Wahrscheinlicher war, dass sie die ganze Zeit seinem Herzen viel näher gewesen war, als er es geahnt hatte!

»Nur die Liebe zählt«, sagte er, und sie erwiderte: »Ja, nur die Liebe zählt!«

Und über das Päckchen, das wegen des Niesers eines erkälteten Postbeamten mehr als einem Menschen unerwartete Weihnachtsfreude bereitet hatte, darüber haben sie vermutlich nie miteinander gesprochen!

Angelika Wolff

31 Tommys Brief ans Postamt

Thema Der Glaube kann wahre Wunder wirken

Vorlesedauer ca. 4 1/2 Minuten

Alter alle Altersstufen (Erwachsene: mit Humor)

Impulse zur Weiterführung Kinder schreiben häufig einen Wunschbrief oder Wunschzettel ans Christkind. Hier schreibt ein Junge in seiner Not mit großem Vertrauen an den Weihnachtsmann (leicht übertragbar). Mit einem überraschenden Ende für alle! – *Für Erwachsene*: Wer diese humorvolle Geschichte nicht einfach für sich sprechen lassen möchte, kann weiterfragen: Was halten wir von einem solch naiven Kinderglauben? Ist uns der Glaube an Wunder abhandengekommen oder lassen wir uns überraschen, was das Leben für uns an Wunder bereithält?

Tommy freute sich gar nicht auf Weihnachten. Es war für jedes einzelne Mitglied seiner Familie ein sehr schweres Jahr gewesen, und es gab nicht das geringste Anzeichen, dass es in nächster Zukunft besser werden würde.

Als Weihnachten immer näher rückte, fingen alle anderen Kinder in Toms Schulklasse an, davon zu reden, was für einen Spaß sie haben und was sie alles spielen würden, was es Leckeres zu essen geben würde und welche Geschenke sie machen und bekommen wollten. Tom versuchte einzustimmen, aber es machte ihn nur traurig. Schließlich dachte er sich Ausreden aus, um sich ans andere Ende des Spielplatzes zurückzuziehen oder hinaus zur Toilette zu gehen, wenn es kalt und regnerisch war und die Klasse während der Pause drinnen bleiben musste. Am liebsten hätte er gar nicht über Weihnachten nachgedacht, so sehr regte es ihn auf.

Als er an einem Wochenende zu Hause in seinem Zimmer saß und Hunger hatte, weil es nicht viel Geld für Essen gab, und fror, weil die Heizung abgestellt worden war, nachdem seine Eltern die Stromrechnung nicht hatten bezahlen können, beschloss er, dem

Weihnachtsmann einen Brief zu schreiben, um ihm zu erklären, was für Probleme seine Familie hat, und ihn um ein wenig Hilfe zu bitten. In diesem Brief schrieb er Folgendes:

Lieber Weihnachtsmann,
ich weiß nicht, ob Du diesen Brief jemals bekommen wirst, aber danke fürs Lesen, falls doch. Falls nicht, mach Dir keine Gedanken. Ich schreibe Dir, um Dir mitzuteilen, dass es bei uns zu Hause ziemlich mies läuft. Mein Papa war sehr krank und hat sein ganzes Geld verloren, weil sein bester Freund, mit dem er zusammengearbeitet hat, nach Südamerika abgehauen ist und Papas ganzes Geld mitgenommen hat. Jetzt geht es Papa so schlecht, dass er nicht arbeiten kann, und darum hat er kein Geld für Weihnachten. Mama würde ja arbeiten gehen, aber sie hat sich wehgetan, als sie über Papa stolperte, als er verzweifelt auf der Treppe saß, und man hat ihr gesagt, dass sie sich hinlegen muss und sich sechs Wochen lang nicht bewegen darf. Mein Bruder hatte einen guten Job, aber vor zwei Wochen hat man irgendwas mit ihm gemacht, »rationalisiert« oder so, und jetzt hat er einen Haufen Schulden, die er nicht abzahlen kann, weil er nichts mehr verdient, und muss sich verstecken. Unser Hund ist krank und müsste behandelt werden, aber wir können uns keinen Tierarzt leisten, und unser Dach hat ein Loch, und im Wetterbericht haben sie gesagt, es gibt Regen.
Bitte, könntest Du uns hundert Pfund schicken, damit wir wenigstens ein bisschen nett Weihnachten feiern können?
Alles Liebe – Tommy

Als Tommys Brief im Postamt ankam, adressiert an den Weihnachtsmann, Grönland, machte ihn einer der Männer, die in der Sortierung arbeiteten, auf und zeigte einigen seiner Freunde, was Tommy geschrieben hatte.
»Guckt mal, Jungs«, sagte er, »der kleine Bursche hier braucht ein bisschen Hilfe. Wollen wir nicht im Büro eine kleine Sammlung halten und ihm das Geld schicken? Seine Adresse steht auf dem

Brief; wir können ihm das Geld also einfach so schicken, als käme es vom Weihnachtsmann. Was meint ihr?«

Diese Idee fanden alle großartig. Bis zum Abend hatten sie achtzig Pfund gesammelt, die sie Tommy schicken wollten. Am nächsten Morgen steckte einer von ihnen es ihm durch den Briefschlitz, zusammen mit einem kleinen Zettel, auf dem stand:

»Bitte sehr, Tommy.
Alles Liebe, Dein Weihnachtsmann.«

Zwei Tage später erreichte das Postamt ein weiterer Brief an den Weihnachtsmann, Grönland. Die Postbeamten öffneten ihn rasch, begierig, Tommys Dankesbrief zu lesen. Sie lasen Folgendes:

»Lieber Weihnachtsmann,
hab ganz herzlichen Dank für das Geld. Ich habe zwar nur achtzig Pfund davon bekommen, aber du weißt ja, was das für räuberische Halunken auf dem Postamt sind …«

Adrian Plass

32 Weihnachten ist heute

Thema Es kommt auf den richtigen Zeitpunkt an. Das Kind in der Krippe erwartet uns – heute

Vorlesedauer ca. 1 ½ Minuten

Alter ab 10 Jahre, alle Altersstufen

Impulse zur Weiterführung Diese russische Legende gibt es auch in anderen Versionen. Immer geht es darum, den richtigen Zeitpunkt, den Kairos, nicht zu verpassen, und damit um die Frage: Was ist jetzt wichtig? Das kann auch gerade in den Wochen vor Weihnachten in Familien zu einer großen Frage werden. Bleibt alles oberflächliche Hektik oder nehmen wir uns füreinander Zeit?

Eine Legende aus Russland erzählt vom Mütterchen Babuschka:
In einer kalten Winternacht schickt sie sich gerade an, ins warme Bett zu schlüpfen, als es an die Tür klopft. Sie hört nicht darauf. Das Klopfen wird lauter. Schließlich öffnet sie die Tür. Draußen stehen Hirten mit roten Nasen und Schnee im Haar. Aufgeregt erzählen sie dem Mütterchen von einem königlichen Kind, das nicht weit entfernt in eben dieser Nacht geboren wurde.
»Komm schnell, Babuschka«, sagt der Ältere, »komm schnell, du kannst mit Kindern umgehen.«
Babuschka schüttelt den Kopf. Zu warm ist das Bett und zu kalt pfeift der Wind durch den Türspalt. »Morgen«, sagt das Mütterchen, »wartet bis morgen.«
Die Hirten ziehen enttäuscht ab. Kurz darauf klopfen sie wieder an die Tür. Um einen Korb betteln sie, um etwas Fleisch oder Brot. Sie wollen es selbst zum Kind bringen. »Morgen«, sagt Babuschka.
Am nächsten Tag hält sie tatsächlich ihr Wort. Sie packt einen Beutel mit Geschenken: einen Schal für die Frau, einen silbernen Löffel für den Jungen, Spielzeug und Schachfiguren aus Elfenbein.
Aber als sie ankommt, ist der Stall leer. Er ist leer.

Nach einer alten Legende

33 Die vergoldeten Nüsse

Thema Zwei Nüsse, die eine Nuss golden, die andere mit schmackhaftem Kern, zeigen, worauf es wirklich ankommt

Vorlesedauer ca. 1 Minute

Alter alle Altersstufen

Impulse zur Weiterführung Lassen wir uns vom glanzvollen Äußeren blenden, sind wir zu sehr auf den äußeren Schein fixiert – bei Menschen, in unseren Lebenssituationen? Was ist wirklich wichtig, was steckt hinter den Dingen? Die kleine humorvolle Geschichte hinterfragt unsere Einstellung.

Anregungen zur Gestaltung Für jeden eine Nuss oder eine »goldene« Nuss.

Dem kleinen Ben stachen die vergoldeten Nüsse am Weihnachtsbaum in die Augen. Die wollte er haben, nicht die braunen. Wie süß müssen erst die Kerne der *goldenen* Nüsse schmecken! Er quengelte und quengelte darum.
Schließlich gab die Mutter nach und gab ihm schmunzelnd eine goldene Nuss; die braunen verteilte sie an die Geschwister.
Ben klopfte die goldene Nuss sofort begierig auf: Doch sie war hohl. Die Geschwister lachten ihn aus.
»Ja«, sagte der Vater, »die goldene Nuss war nur zum Anschauen da, »ich habe zwei Nussschalen zusammengeleimt und mit Goldfarbe überzogen. Aber es soll dir eine Lehre sein: Es gibt viele Dinge in der Welt, die außen wie Gold glänzen, innen aber hohl sind!«
Christoph von Schmid

»Und ihr werdet ein Kind finden ...«

Von Maria, Josef, den Hirten und vielen anderen Menschen im Stall von Bethlehem

34 Das Geschenk des kleinen Hirten

Thema Ein Geschenk, das von Herzen kommt

Vorlesedauer ca. 5 Minuten

Alter ab Kindergartenalter (ca. 4 Jahre)

Impulse zur Weiterführung Was hättet ihr dem Kind gegeben? Was können wir anderen schenken, wenn wir nichts besitzen?

Es war in der heiligen Nacht. Damals leuchtete der Himmel, und die Erde wurde hell, als wäre die Sonne hinter den Hügeln hochgestiegen.

Nur der kleine Hirte merkte nichts davon. Er schlief so fest wie ein Murmeltier im Winter. Selbst die Engel, die am Himmel erschienen, verschlief er.

Erst als ein Käuzchen schrie, erwachte der kleine Hirte und wickelte sich aus seiner Decke. Dann schob er das Fell beiseite, das vor dem Zelteingang hing.

Erstaunt sah er den letzten Schimmer des großen Lichtes. Ein silberner Streifen lag noch über der Schafweide und wies hinunter in das Tal. Dort wurde es schon wieder dunkel.

Vergeblich rief der kleine Hirte nach den anderen Hirten. Mitten in der Nacht hatten sie ihn verlassen. Aber wohin waren sie aufgebrochen?

Die Herde lag ruhig im Schutz des Steinwalles, und das Feuer knisterte. Außerdem hielten die Hunde Wache. Bei jedem fremden Geräusch hoben sie aufmerksam den Kopf.

Der kleine Hirte wusste, dass er die Schafe unbesorgt zurücklassen konnte. Während er seinen warmen Pelz über die Schultern legte, murmelte er schläfrig: »Ich will den anderen Hirten folgen. Bestimmt sind sie ganz in der Nähe.«

Immer noch schläfrig stieg er auf den kleinen, grauen Esel.

Der Esel war der Stolz der Hirten. Halb verhungert hatten sie ihn in den Bergen gefunden und wieder gesund gepflegt. Jetzt schleppte er alle Lasten, die sie ihm aufbürdeten. Besonders gern trug er den kleinen Hirten auf seinem Rücken.
Die beiden folgten dem silbernen Licht. Täuschte sich der kleine Hirte oder war diese Nacht lebhafter als sonst? Es trippelte, es huschte und flatterte um ihn herum, und aus den Bäumen tönte der Gesang der wach gewordenen Vögel.
Im Tal entdeckte der kleine Hirte die anderen Hirten. Sie gingen hintereinander über die Schafweiden. Sorgsam schützten sie ihre Laternen gegen den Wind.
Vor einem alten Stall, der dem Wirt von Betlehem gehörte, blieben sie stehen. Das Holz des Stalles war morsch, und wenn es regnete, tropfte es durch das Dach. Den Wirt kümmerte das nicht. Längst hatte er sich einen neuen, größeren Stall gebaut …
»Was tut ihr hier?«, fragte der kleine Hirte, als er seine Gefährten eingeholt hatte. Aber er bekam keine Antwort.
Irgendjemand war in dem Stall. Sie hörten flüsternde Stimmen, und durch die Ritzen der Bretter drang ein dünner Lichtschein. Bevor die Hirten anklopften, schüttelten sie den Staub aus ihren Umhängen.
»Ihr da drinnen!«, rief Simon, der älteste der Männer. »Fürchtet euch nicht! Wir sind friedliche Leute und kommen mit Geschenken.«
Erst jetzt wandte er sich an den kleinen Hirten. »Heute Nacht wurde in diesem Stall ein Kind geboren«, erklärte er leise. »Gott hat es zu uns gesandt.«
Da staunte der kleine Hirte. Während er schlief, musste etwas Wunderbares geschehen sein. So feierlich kannte er die großen Hirten gar nicht. Sogar ihre Augen glänzten.
Ein Mann öffnete die Tür des Stalles. Er sah sorgenvoll aus und trotzdem glücklich. Seine Frau saß auf dem Lehmboden neben der Krippe. Im harten Stroh, geschützt durch eine Windel, lag ihr Kind.

Als die Hirten das Neugeborene erblickten, beugten sie die Knie. Auch der kleine Hirte spürte, wie sein Herz schlug, und kniete nieder.
»Du sollst nicht frieren. Deshalb habe ich dir Schafwolle mitgebracht«, sagte Simon.
»Von mir bekommst du einen Krug mit Milch«, fuhr Andreas fort, und Joachim flüsterte: »Das Licht dieser Lampe soll dich in der Dunkelheit begleiten.«
»Nur ich habe nichts für das Kind«, dachte der kleine Hirte beschämt. Er schaute auf seine leeren Hände. Plötzlich sagte er: »Sieh her: Ich schenke dir den Esel. Er ist sanft und trägt dich, wohin du willst.«
Kaum hatte der kleine Hirte zu Ende gesprochen, erschrak er über sich, denn der Esel gehörte auch den großen Hirten. Bestimmt waren sie zornig auf ihn.
Doch zu seiner Verwunderung freuten sie sich und nickten ihm zu. Ihre Gesichter leuchteten. Auf einmal fing Simon an zu singen, und die anderen fielen ein. Ganz zuletzt erklang auch die helle Stimme des kleinen Hirten.
Da lächelte das Kind in der Krippe, bevor es müde die Augen schloss. Der Esel aber gab acht, dass es von keiner Fliege gestört wurde.

Erich Jooß

35 Der kleine Hirte und der große Räuber

Thema Das Kind in der Krippe kann Menschen verwandeln

Vorlesedauer ca. 7 Minuten

Alter ab 5–6 Jahre, alle Altersstufen

Impulse zur Weiterführung Der kleine Hirte bringt, ohne es zu wissen, dem Kind in der Krippe ein großes Geschenk. – Die Kraft der Verwandlung: Wie aus einem großen Räuber ein großer Hirte wurde.

In jener Nacht, als die Schafweide vom Glanz der himmlischen Boten erfüllt war, hörte auch ein kleiner Hirte die Nachricht von der Geburt des Gottessohnes. Er stand auf, rollte seine Decke zusammen, füllte einen Krug mit Milch und packte Brot und Schinken in ein Bündel. Das alles wollte er dem göttlichen Kind als Geschenk mitbringen. Voller Freude machte er sich auf den Weg nach Bethlehem.

In dieser Gegend hauste ein großer Räuber. Von seiner Höhle aus sah er den hellen Schein über der Schafweide. Er hörte jubelnden Gesang, aber er konnte die Worte nicht verstehen. Er dachte: »Die feiern ein Fest, ich aber sitze allein in meiner Höhle, und mein Magen knurrt vor Hunger. Ich will mich anschleichen und sehen, was ich rauben kann.«

Kaum war der große Räuber aus seiner Höhle herausgekommen, da musste er sich hinter einem Baum verstecken. Denn einer nach dem anderen zogen die Hirten an ihm vorbei. Sie schleppten Körbe mit Käse und Honig, sie trugen Rucksäcke voll Wolle, und einer führte sogar ein Lamm mit sich. Der Letzte in der Reihe war der kleine Hirte. Er ging langsam, denn seine Last war schwer. In der einen Hand trug er das Essensbündel, in der anderen den Krug, und die Rolle mit der Decke hatte er sich um die Schultern gelegt. Der Räuber sah, wie der Abstand zwischen dem kleinen Hirten und seinen Gefährten immer größer wurde.

»Das ist mir recht«, dachte der große Räuber. Und er schlich dem kleinen Hirten nach und lauerte auf eine Gelegenheit, ihn zu überfallen.

In dieser Nacht aber herrschte ein seltsames Kommen und Gehen auf allen Wegen. Gerade die Ärmsten im Lande konnten nicht schlafen. Viele krochen aus ihren Hütten, sahen zum Himmel hinauf und fragten, ob etwas Besonderes geschehen sei. Auch ein alter Mann stand vor seiner Tür, als der kleine Hirte vorüberging. Der alte Mann schlug die Hände um seinen Leib, und er trat von einem Bein auf das andere.

»Was ist mir dir?«, fragte der kleine Hirte. »Ich friere«, sagte der alte Mann. »Vor Kälte kann ich nicht schlafen.«

Da nahm der kleine Hirte die Decke von seinen Schultern und gab sie dem alten Mann. »Nimm nur«, sagte er, »dem kleinen Gottessohn ist es sicher recht, wenn du seine Decke hast.« Der große Räuber, der dem kleinen Hirten nachgeschlichen war, ärgerte sich. »Schenkt der die Decke her, die ich rauben will!«, dachte er.

Bald darauf fand der kleine Hirte ein Mädchen, das saß vor seiner Hütte und weinte. »Was ist mit dir?«, fragte er.

»Ich habe Durst«, klagte das Mädchen. »Vor Durst kann ich nicht einschlafen. Und der Weg zum Brunnen ist weit und finster.«

Der kleine Hirte gab dem Mädchen den Krug mit der Milch. »Nimm nur«, sagte er, »dem kleinen Gottessohn ist es sicher recht, wenn du seine Milch trinkst.«

Das kleine Mädchen freute sich, aber der Räuber, der dem kleinen Hirten nachgeschlichen war, ärgerte sich noch mehr. »Schenkt der die Milch her, die ich rauben will!«, dachte er. »Ich muss mich beeilen, dass ich wenigstens das Bündel erwische.« Und sein hungriger Magen knurrte laut in der stillen Nacht. Bei der nächsten Wegbiegung sprang der Räuber mit einem gewaltigen Satz auf den kleinen Hirten los.

Der kleine Hirte sah den großen Räuber an. »Ist das dein Magen, der so schrecklich knurrt?«, fragte er. »Die ganze Zeit schon höre ich dieses Knurren hinter mir. Du tust mir leid. Da, nimm und iss!

Dem kleinen Gottessohn ist es sicher recht, wenn ich dir sein Essen gebe.« Der Räuber aß das Brot und den Schinken und ließ nicht das kleinste Stückchen übrig, aber es wurmte ihn, dass er das Essen geschenkt bekommen hatte.
»Jetzt muss ich mit leeren Händen vor dem kleinen Gottessohn stehen«, sagte der Hirte traurig. »Aber hingehen und ihn begrüßen will ich doch und ihm sagen, dass ich mich über seine Geburt freue.« Und er erzählte dem Räuber, was die himmlischen Boten verkündet hatten. Der Räuber dachte: »Wenn Gottes Sohn geboren ist, kommen bestimmt auch alle reichen Leute, und es wird ein herrliches Fest. Ob da für mich was abfällt?«
»Komm doch mit!«, sagte der kleine Hirte mitten in die Gedanken des großen Räubers, und der große Räuber ging mit ihm. Als sie aber in Bethlehem angekommen waren, staunte der Räuber sehr. Denn da fanden sie nur einen Stall, in dem die Hirten ein- und ausgingen, und eine junge Mutter, die aus der Hirtenwolle eine kleine Decke webte, und einen armen Mann, der Bretter zu einem kleinen Bett zusammenfügte. Das göttliche Kind lag in einer Krippe, mit nichts als ein bisschen Stroh und ein paar Windeln unter sich.
»Diesem Kind habe ich das Brot und den Schinken weggegessen«, dachte der große Räuber und schämte sich.
»Schau, Jesus«, sagte die Mutter Maria, »da ist ein kleiner Hirte zu dir gekommen; er hat dir einen großen Räuber mitgebracht.«
Die Mutter Maria lächelte den kleinen Hirten an, und der verstand auf einmal, dass er doch nicht mit leeren Händen gekommen war. Und die Mutter Maria lächelte den großen Räuber an, und der war ganz verwirrt und dachte: »Da stimmt etwas nicht! Große Räuber tun keinem leid, bekommen nichts geschenkt und werden von niemandem angelächelt. Mir scheint, ich bin gar kein großer Räuber mehr.«
»Mir scheint, du könntest ein großer Hirte werden«, sagte da die Mutter Maria. »Du bist so stark, und starke Hirten braucht man immer.«

»Ich will's versuchen«, brummte der große Räuber, der eigentlich schon keiner mehr war. Und sie verabschiedeten sich und gingen den Weg zu der Schafweide zurück: ein kleiner Hirte und ein großer Hirte.

Lene Mayer-Skumanz

36 Melechs Weg zur Krippe

Thema Engel als Helfer und treue Begleiter
Vorlesedauer ca. 8 Minuten
Alter alle Altersstufen
Impulse zur Weiterführung Gott schickt dem zornigen und verzweifelten kleinen Hirten einen Engel als Helfer an die Seite. – Der Gang nach Bethlehem zum göttlichen Kind in der Krippe soll für alle möglich sein, besonders für die Kleinen und Benachteiligten.

Melech trat zornig auf den lehmigen Boden, in seinen Augen funkelten Tränen.
»Unverschämtheit«, schimpfte er. »Weil ich der kleinste unter den Hirten bin, haben sie mich zurückgelassen. Die anderen gehen frohgelaunt nach Bethlehem, um den Messias zu sehen. Warum müssen immer die Kleinen zurückstecken?«
Melech blickte zum Himmel auf, der sternenübersät war. So klar und weit wie heute war der Himmel selten über den Hirtenfeldern.
»Unverschämtheit!«, wiederholte Melech. »Ich könnte diesen Boas vierteilen! Macht sich noch über mich lustig und sagt: ›Sing den Schafen ein Wiegenlied vor, dann wird es dir nicht langweilig.‹ Und stößt mich in die Rippen und macht sich mit den anderen davon.«
Melech erschrak. Was hatte er da gesagt? Vierteilen? Das hässliche Wort tilgte er schnell aus seinem Wortschatz. Nein, in dieser Nacht konnte er nichts Böses denken, geschweige denn tun. Er dachte an den Engel, der vor einer halben Stunde plötzlich vor den Hirten gestanden hatte. Mann, hatten sie sich erschrocken! So mir nichts, dir nichts erschien er plötzlich vor den verschlafenen Hirten. Jerobeam, der doch sonst immer den Mund so voll nimmt, versteckte sich ausgerechnet hinter mir, dem kleinen Melech. Aber dann war es plötzlich mit der Angst vorbei. »Fürchtet euch nicht! Ich verkünde euch eine große Freude!« Das war ein Wort, das Wunder

wirkte. Nein, niemand verspürte mehr Angst. Alle waren im Herzen so glücklich und ausgefüllt, vor allem, nachdem der Engel von der Geburt des Heilandes, des Messias in der Stadt Davids erzählt hatte! »Dieses Glück lasse ich mir nicht nehmen«, sagte Melech, während er seinem Hirtenhund das Fell streichelte, »auch wenn die anderen gleich aufgebrochen sind und mich hier zurückgelassen haben.«

Melech fuhr herum. Jemand hatte ihn an der Schulter berührt. Im ersten Augenblick sah er nur in eine Flamme aus Licht. Es war eine Helligkeit, die seinen Augen nicht schmerzte, sondern warm in sein Herz floss. Je länger Melech in das Licht sah, umso deutlicher erkannte er die Umrisse einer kleinen Gestalt. »Wer bist du denn?«, fragte Melech. »Fast hättest du mich erschreckt.«

»Ich bin ein Engel«, sagte die Lichtgestalt.

»Ein Engel? Du? Vorhin habe ich einen gewaltigen Engel gesehen. Groß und leuchtend wie Feuer. Aber du?«

»Ich bin ein kleiner Engel, so wie du ein kleiner Hirt bist.«

Melech maß die kleine Gestalt mit den Augen. »Haben sie dich auch nicht mitgenommen?«

Der Engel schüttelte lächelnd den Kopf. »Ich bin zurückgekommen.«

»Zurückgekommen?«

»Ja, Melech. Ich sah, dass du traurig warst, weil du nicht mitgehen durftest in den Stall von Bethlehem. Dabei soll sich doch alle Welt freuen! Da wurde mein Herz schwer.«

Melech staunte: »Und du bist wirklich meinetwegen hier?«

»Ja, Melech. Eigentlich sollte ich jetzt mit den anderen Engeln singen und musizieren. Doch ich habe mich heimlich aus dem Staub gemacht.«

»Bist du getürmt?«, rief Melech überrascht.

»Nicht gerade getürmt. Ich habe fest an dich gedacht – und jetzt bin ich hier.«

»So einfach ist das?«

»Ja«, nickte der kleine Engel, »so einfach. Ich glaube aber nicht, dass mich die anderen vermissen werden. Der kleine Stall ist jetzt voller Menschen, die den Messias sehen wollen. Deine Brüder sind auch dabei.«

»Sie haben mich einfach hier gelassen«, maulte Melech. »Ich muss auf die Herde aufpassen.«

Der kleine Engel lächelte. »Ich werde dafür sorgen, dass du auch zum göttlichen Kind in der Krippe kommst.«

»Wirklich? Wie willst du das denn anstellen, kleiner Engel?«

»Lass mich nur machen, Melech.«

Der kleine Engel klopfte Melech vertrauensvoll auf die Schulter. Melech spürte, wie ihm heiß wurde. »Hab Vertrauen! Ich lasse dich nicht im Stich.«

Melech schloss selig die Augen, und als er sie wieder öffnete, war der Engel verschwunden. »Habe ich geträumt?«, fragte sich der kleine Hirte.

Aber da stürmten seine Brüder den Berg herauf, Jerobeam vornweg, hinter ihm Mose, Boas und Simson.

»Ein solches Kind habe ich noch nie gesehen!«, rief Jerobeam. »Melech, du hast echt etwas verpasst.«

»Und seine Eltern! Maria und Josef sind ein hübsches Paar!«, schwärmte Boas.

»Nun kriegt euch mal wieder ein«, murrte Melech. »Erst lasst ihr mich hier, und dann malt ihr mir die Begegnung mit dem Messias in den herrlichsten Farben aus.«

»Einer musste nun mal bei der Herde bleiben«, rechtfertigte Mose die Entscheidung der älteren Brüder.

»Ausgerechnet der Kleinste! Und wenn ein Wolf gekommen wäre, was dann?«, ereiferte sich Melech.

»In einer solchen Nacht kommen keine Wölfe«, meinte Jerobeam großspurig.

»Mein Gott!«, rief Simson und schlug die Hände vor's Gesicht. »Wir sind die größten Esel! Wir haben dem Kind kein Geschenk mitgebracht, nicht einmal ein Stück Käse oder einen Krug voll Milch!«

Die Brüder starrten sich wortlos an.
»Einsicht ist der erste Schritt zur Besserung«, trumpfte Melech auf. Er erntete strenge Blicke der anderen Hirten.
»Wir müssen zurück!«, sagte Boas entschieden. »Die Schande dürfen wir nicht auf uns sitzen lassen.«
»Jetzt, Boas? Der Tag dämmert herauf, und die Herde wird unruhig.«
»Ich spüre meinen Ischiasnerv«, jammerte Jerobeam. »Noch einmal werde ich den Weg nicht schaffen.«
»So schicken wir Melech«, entschied Simson. »Melech hat die jüngsten Beine. Hast du verstanden, Bruder?«
»Ich bin ja nicht taub«, erwiderte Melech und tat, als sei er von dem Vorschlag überhaupt nicht begeistert, obgleich es in Wirklichkeit in ihm jubelte und triumphierte.
»Mose, pack Käse und Brot in den Korb, und du, Simson, fülle ein Krüglein Milch ab«, befahl Boas. »Wenn Melech sich gleich auf die Reise begibt, kann er bei Sonnenaufgang in Bethlehem sein.«
»Ob Melech den Weg zum Stall findet?«, fragte Mose besorgt.
»Und ob ich ihn finde!«, rief Melech. »Schließlich habe ich einen treuen Begleiter!«
»Wen?«, riefen Jerobeam, Mose, Boas und Simson wie aus einem Munde.
Melech lachte und sah den kleinen Engel vor sich, wie ihm seine Lichtgestalt den Weg wies zum göttlichen Kind in der Krippe.

Hermann Multhaupt

37 Der neue König braucht auch Tölpel

Thema Jesus ist besonders zu den Ausgegrenzten gesandt

Vorlesedauer ca. 3 1/2 Minuten

Alter ab Grundschulalter, alle Altersstufen

Impulse zur Weiterführung »Der neue König braucht auch Tölpel« – jeder kann etwas beitragen. Ermutigung, die eigenen geschenkten Gaben und Talente einzusetzen (vgl. auch Matthäusevangelium 25,14–30), und umgekehrt: sich nicht durch andere, die scheinbar größere »Talente« haben, entmutigen zu lassen. – Wie gehe ich mit anderen um, die vielleicht vieles nicht so gut können wie ich? – *Hinweis:* Eventuell sind unbekannte Begriffe, wie z. B. »Tölpel«, zu erklären.

Unter den Hirten auf dem Feld von Bethlehem war auch ein Einfältiger. Er wurde von den anderen nur Tölpel genannt. Als eines Nachts der Engel des Herrn erschien, um ihnen die Geburt Christi anzukündigen, begriff der Tölpel seine Worte nicht. Aber überwältigt von dem Glanz, der von dem Engel ausging, fiel auch er, im Innersten erschrocken, auf die Knie. Und als die anderen, wie der Engel es ihnen gesagt hatte, sich aufmachten, das Kind zu finden, wollte auch er mit ihnen gehen. Aber die Hirten schämten sich seiner, denn sein Gewand war zerrissen, sein Bart struppig und der Ausdruck seines Gesichts blöd.

»Bleib du hier bei den Schafen und beim Feuer«, sagten sie. »Das Kind, das wir suchen, ist kein gewöhnliches Kind, sondern ein König. Einen Tölpel, wie du einer bist, kann er nicht brauchen.« Doch der Tölpel ließ sich von ihren Worten nicht einschüchtern. Er lief ihnen nach, auch wenn er Mühe hatte, zu folgen. »Was willst du ihm denn schenken?«, spotteten sie. Da sah der Tölpel erst, dass sie alle beladen waren, mit Milch und Honig, mit Wolle von den Schafen, mit Käse und Brot. Daran hatte er nicht gedacht. Er wurde sehr betrübt. – Aber auf einmal heiterte sich seine Miene auf, und er rief voller Stolz: »Ich könnte die Fliegen von seinem Gesicht verscheuchen.«

»Was glaubst du eigentlich!«, riefen die anderen zurück. »Dazu sind die Engel da!« Der Tölpel wurde sehr traurig. Aber auf einmal heiterte sich seine Miene wieder auf, und er rief voller Stolz: »Ich könnte seine Füße reiben, um sie zu wärmen.«

»Was glaubst du eigentlich!«, riefen die anderen zurück. »Dazu sind die Engel da!« Der Tölpel fing an zu weinen. Aber auf einmal heiterte sich seine Miene zum dritten Mal auf, und er rief voller Stolz: »Ich könnte ihm ein Lied singen, damit es schlafen kann.«

»Was glaubst du eigentlich!«, riefen die anderen zurück. »Dazu sind die Engel da!« – Der Tölpel war nun sehr betrübt, sehr traurig und weinte. Aber er gab nicht auf. Er wollte den König und die Engel, die von seinem Gesicht die Fliegen verscheuchten, die seine Füße rieben und ihm ein Lied sangen, wenigstens von Weitem sehen.

Endlich standen die Hirten vor dem Stall, und sie fanden das Kind in einer Krippe liegen, arm und bloß. Maria und Josef hatten mit den vielen Gästen alle Hände voll zu tun, denn nicht nur die Hirten, sondern auch die drei Könige hatten den Weg zur Krippe gefunden.

»Ach«, seufzte Maria, »wenn ich nur jemanden hätte, der dem Kind die Fliegen verscheuchte, der ihm die Füße reibt und ihm ein Schlaflied singt!«

Da trat der Tölpel näher. Und als er weit und breit keine Engel sah, da wischte er seine Tränen ab, lachte vor Freude und kniete vor der Krippe nieder. Er verscheuchte die Fliegen. Er rieb dem Kind die Füße, um es zu wärmen, und sang ihm ein Lied, bis es einschlief.

Maria und Josef und die drei Könige staunten. Die Hirten aber schämten sich und nahmen ihn auf dem Heimweg in ihre Mitte. Sie wussten nun, dass der neue König auch den Tölpel braucht.

Max Bolliger

38 Der mürrische Hirte

Thema Der Glaube an das Kind in der Krippe kann Hass und Härte überwinden

Vorlesedauer ca. 3 1/2 Minuten

Alter ab ca. 10 Jahre (ältere Schulkinder), alle Altersstufen

Impulse zur Weiterführung Um Gott zu erfahren, müssen wir unser Herz öffnen für die Nöte und Sorgen anderer. Dann wird Gott auch unser Herz verwandeln.

In der Nacht, als Jesus geboren wurde, machte Josef sich auf den Weg. Auf dem Feld war ein Hirte, der verbittert und zu sich selbst nie barmherzig gewesen war. Der sah den Mann kommen, der mitten in der Nacht von Haus zu Haus ging und um Feuer für seine Familie bat. Aber alle schliefen und niemand antwortete ihm.

Als der Mann näher kam, erwachten seine drei Schäferhunde und stürzten sich auf den Fremden. Dieser rief sie nicht zurück, bemerkte aber erstaunt, dass den Tieren die scharfen Zähne nicht gehorchten; denn der Mann reagierte auf keinerlei Weise, obwohl ein Hund nach seinem Bein schnappte, der zweite nach seiner Hand und der dritte sich sogar an seine Kehle hängte.

Nun war der Mann ganz nahe gekommen und sagte zu ihm: »Guter Freund, hilf mir und leih mir ein wenig Feuer. Meine Frau hat eben ein Kindchen geboren, und ich muss Feuer machen, um sie und den Kleinen zu wärmen.«

Da erwachte in dem Hirten wieder der alte Hass auf alles, was Mensch heißt, und weil er wusste, dass weit und breit kein Eimer oder eine Schaufel waren, worin die glühenden Kohlen hätten getragen werden können, deutete er aufs Feuer und sagte: »Nimm, so viel du brauchst!« Und er freute sich insgeheim, dass der Mann kein Feuer wegtragen konnte. Der aber beugte sich hinunter, holte die Kohlen mit bloßen Händen aus der Asche und legte sie in seinen

Mantel. Und die Kohlen versengten weder seine Hände, noch brannten sie sich durch seinen Mantel. Der Mann trug das Feuer fort, als wenn es Nüsse oder Äpfel gewesen wären.
Als der mürrische Hirt das sah, wunderte er sich zutiefst: Was ist das für eine Nacht, in der die Hunde den Mann nicht beißen und das Feuer brennt, aber nicht verbrennt? Er rief den Fremden zurück und fragte: »Was ist das für eine Nacht, in der alles Barmherzigkeit zeigt?«
Da gab der Mann zur Antwort: »Mit Worten kann ich das nicht sagen, du musst es selber wahrnehmen!« Und er ging seiner Wege.
Der Hirte aber wollte den seltsamen Mann nicht aus den Augen verlieren. Er musste erfahren, was das alles bedeutet. So stand er auf und ging ihm nach, bis er dorthin kam, wo der Fremde daheim war.
Da sah der Hirt, dass der Mann nicht einmal eine Hütte hatte, um darin zu wohnen. Er hatte seine Frau mit dem Kind in einer Berggrotte liegen, wo es nichts anderes gab als nackte, kalte Steinwände. Hier konnte das arme unschuldige Kind vielleicht erfrieren. Da wurde die Seele des harten Mannes berührt, als er das Kind sah. Er löste seinen Ranzen von der Schulter und nahm ein weiches, leichtes weißes Schaffell heraus. Das gab er dem fremden Mann und sagte, er möge das Kind darunter betten.
In dem Augenblick traten Tränen in seine Augen. Er war selbst überrascht, dass er barmherzig sein konnte. Und plötzlich erwachte seine Seele; er konnte fühlen und ganz anders hören und sehen. Und er fiel auf die Knie – vor diesem Kind.

Nach Selma Lagerlöf

39 Der Hirt mit den Krücken

Thema Die Weihnachtsbotschaft kann die Herzen der Menschen verwandeln; Von der heilenden Kraft des Glaubens

Vorlesedauer ca. 3 Minuten

Alter ab 10 Jahre, alle Altersstufen

Impulse zur Weiterführung Krankheiten und Schmerzen können uns hart machen und Glaube, Hoffnung und Liebe im Menschen verkümmern lassen. Die Weihnachtsbotschaft hat die Macht, zu verwandeln und unsere Seele zu heilen, auch wenn das Kind in der Krippe uns nicht – wie in der Geschichte – die körperlichen Gebrechen wegnimmt. – Wo bewegen wir uns in unserem Leben nur noch mit »Krücken«, mit Gehhilfen, vorwärts? Brauchen wir den handfesten Glauben, oder genügt uns auch eine »Kuhle aus Stroh«?

Anregungen zur Gestaltung In einem Kreis, einer Gruppe, die sich gut kennt: eine Krücke auf den Boden legen oder aufrecht hinstellen; auf Zetteln Sorgen, Nöte, Ängste und Gebrechen aufschreiben und an der Krücke befestigen. Diese in eine Kuhle aus Stroh legen.

Es war einmal ein Hirte. Der lebte auf einem Felde in der Nähe Bethlehems. Er war groß und stark, aber er hinkte und konnte nur an Krücken gehen. Darum saß er meistens mürrisch am Feuer und sah zu, dass es nicht ausging. Die anderen Hirten fürchteten ihn.
Als den Hirten in der Heiligen Nacht ein Engel erschien und die frohe Botschaft verkündete, da wandte er sich ab. Und als sie sich aufmachten, das Kind zu finden, so wie es ihnen der Engel gesagt hatte, blieb er allein am Feuer zurück. Er schaute ihnen nach, sah, wie das Licht ihrer Lampen kleiner wurde und sich in der Dunkelheit verlor. »Lauft, lauft! Was wird es schon sein? Ein Spuk, ein Traum!«
Die Schafe rührten sich nicht. Die Hunde rührten sich nicht. Er hörte nur die Stille. Er stocherte mit der Krücke in der Glut. Er vergaß, frisches Holz aufzulegen.

Und wenn es kein Spuk, kein Traum wäre? Wenn es den Engel gab? Er raffte sich auf, nahm die Krücken unter die Arme und humpelte davon, den Spuren der anderen nach.
Als er endlich zu dem Stall kam, dämmerte bereits der Morgen. Der Wind schlug die Tür auf und zu. Ein Duft von fremden Gewürzen hing in der Luft. Der Lehmboden war von vielen Füßen zertreten. Er hatte den Ort gefunden.
Doch wo war das Kind? Der Heiland der Welt, Christus, der Herr in der Stadt Davids?
Er lachte. Es gab keine Engel. Schadenfroh wollte er umkehren. Da entdeckte er die kleine Kuhle, wo das Kind gelegen hatte, sah das Nestchen im Stroh. Und da wusste er nicht, wie ihm geschah.
Er kauerte vor der leeren Krippe nieder. Was machte es aus, dass das Kind ihm nicht zulächelte, dass er den Gesang der Engel nicht hörte und den Glanz Marias nicht bewunderte! Was machte es aus, dass er nun nicht mit den anderen in Bethlehem durch die Straßen zog und von dem Wunder erzählte!
Was ihm widerfahren war, konnte er nicht mit Worten beschreiben. Staunend ging er davon. Er wollte das Feuer wieder anzünden, bevor die anderen Hirten zurückkamen. Doch als er eine Weile gegangen war, merkte er, dass er seine Krücken bei der Krippe vergessen hatte. Er wollte umkehren. Warum denn? Zögernd ging er weiter, dann mit immer festeren Schritten.

Max Bolliger

40 Wie die Christrose entstanden ist

Thema Legende um die »Entstehung« der Christrose

Vorlesedauer ca. 1 Minute

Alter ab Kindergartenalter, alle Altersstufen

Impulse zur Weiterführung Die Christrose ist eine typische Pflanze der Advents- und Weihnachtszeit. Die Legende erzählt von ihrer Entstehung und wie aus Trauer und Tränen Freude erwachsen kann.

Anregungen zur Gestaltung Eine Christrose in die Mitte stellen.

In der Heiligen Nacht sprachen die Hirten zueinander: »Kommt, lasst uns nach Bethlehem gehen und sehen, was da geschehen ist.« Und sie machten sich eilends auf. Jeder nahm ein Geschenk mit: einen Krug Milch, Honig, Wolle vom Schaf und ein warmes Lammfell.

Nur ein Hirtenjunge hatte gar nichts zum Schenken. Was sollte er nur mitbringen? Er suchte auf der Winterflur nach einem Blümchen. Er fand keins. Da wurde der Hirtenjunge sehr traurig und weinte. Die Tränen fielen auf die harte Erde. Und dort, wo seine Tränen auf den Boden fielen, begannen Blumen zu wachsen, die trugen Blüten wie Rosen. Fünf Blütenblätter, zart und weiß, standen zum Kelch zusammen, daraus ein Kranz von goldenen Staubgefäßen, die wie eine Krone hervorleuchteten. Voll Freude pflückte der Junge die Blumen und brachte sie dem Kind in der Krippe. Das Jesuskind schaute die Blumen an, es freute sich und lächelte.

Seit der Zeit blüht diese Blume jedes Jahr um die Weihnachtszeit auf, und die Menschen nennen sie die Christrose.

Legende

41 Geteiltes Licht brennt heller

Thema Teilen; Rettung durch das Kind in der Krippe

Vorlesedauer ca. 3 ½ Minuten

Alter ab Grundschule, alle Altersstufen

Impulse zur Weiterführung Wärme kann man teilen (an den hl. Martin erinnern) und meist wird sie dadurch nicht weniger, sondern bewirkt mehr: Sie erwärmt das eigene Herz! – Gott, der als kleines hilfloses Kind in einem Stall geboren wurde, kann unsere Sichtweise verändern.

Anregungen zur Gestaltung Mit verteilten Rollen lesen, mit Krippenfiguren oder biblischen Erzählfiguren die Geschichte oder Teile davon gestalten. – *Mit kleineren Kindern*: aufzählen, welche Tiere sonst noch bei der Krippe sein können.

Es war einmal ein Mann. Er besaß ein Haus, einen Ochsen, eine Kuh, einen Esel und eine Schafherde.

Der Junge, der die Schafe hütete, besaß einen kleinen Hund, einen Rock aus Wolle, einen Hirtenstab und eine Hirtenlampe.

Auf der Erde lag Schnee. Es war kalt, und der Junge fror. Auch der Rock aus Wolle schützte ihn nicht.

»Kann ich mich in deinem Haus wärmen?«, bat der Junge.

»Ich kann die Wärme nicht teilen. Das Holz ist teuer«, sagte der Mann und ließ den Jungen in der Kälte stehen.

Da sah der Junge einen großen Stern am Himmel. »Was ist das für ein Stern?«, dachte er. Er nahm seinen Hirtenstab, seine Hirtenlampe und machte sich auf den Weg.

»Ohne den Jungen bleibe ich nicht hier«, sagte der kleine Hund und folgte seinen Spuren.

»Ohne den Hund bleiben wir nicht hier«, sagten die Schafe und folgten seinen Spuren.

»Ohne die Schafe bleibe ich nicht hier«, sagte der Esel und folgte ihren Spuren.

»Ohne den Esel bleibe ich nicht hier«, sagte die Kuh und folgte seinen Spuren.
»Ohne die Kuh bleibe ich nicht hier«, sagte der Ochse und folgte ihren Spuren.
»Es ist auf einmal so still«, dachte der Mann, der hinter seinem Ofen saß. Er rief nach dem Jungen, aber er bekam keine Antwort. Er ging in den Stall, aber der Stall war leer. Er schaute in den Hof hinaus, aber die Schafe waren nicht mehr da.
»Der Junge ist geflohen und hat alle meine Tiere gestohlen«, schrie der Mann, als er im Schnee die vielen Spuren entdeckte.
Doch kaum hatte der Mann die Verfolgung aufgenommen, fing es an zu schneien. Es schneite dicke Flocken. Sie deckten die Spuren zu. Dann erhob sich ein Sturm, kroch dem Mann unter die Kleider und biss ihn in die Haut. Bald wusste er nicht mehr, wohin er sich wenden sollte. Der Mann versank immer tiefer im Schnee. »Ich kann nicht mehr!«, stöhnte er und rief um Hilfe.
Da legte sich der Sturm. Es hörte auf zu schneien, und der Mann sah einen großen Stern am Himmel. »Was ist das für ein Stern?«, dachte er. Der Stern stand über einem Stall, mitten auf dem Feld. Durch ein kleines Fenster drang das Licht einer Hirtenlampe.
Der Mann ging darauf zu. Als er die Tür öffnete, fand er alle, die er gesucht hatte, die Schafe, den Esel, die Kuh, den Ochsen, den kleinen Hund und den Jungen.
Sie waren um eine Krippe versammelt. In der Krippe lag ein Kind. Es lächelte ihm entgegen, als ob es ihn erwartet hätte.
»Ich bin gerettet«, sagte der Mann und kniete neben dem Jungen vor der Krippe nieder.
Am anderen Morgen kehrten der Mann, der Junge, die Schafe, der Esel, die Kuh, der Ochse und auch der kleine Hund wieder nach Hause zurück.
Auf der Erde lag Schnee. Es war kalt.
»Komm ins Haus«, sagte der Mann zu dem Jungen, »ich habe Holz genug. Wir wollen die Wärme teilen.«

Max Bolliger

42 Nur ein Strohhalm

Thema Gerade das Kleine und Unscheinbare kann Zeichen für Gottes Gegenwart sein

Vorlesedauer ca. 3 Minuten

Alter ab 10 Jahre, alle Altersstufen

Impulse zur Weiterführung Die Weihnachtsbotschaft: »Gott braucht das Kleine, das Wertlose. Ja, Gott braucht uns, die Kleinen, die gar nicht viel können, nicht viel wert sind!«

Anregungen zur Gestaltung Strohsterne basteln und später in den Weihnachtsbaum hängen. Oder mit Strohsternen Weihnachtskarten gestalten und als Gruß an Menschen verschicken, denen man sonst nicht oder nur selten schreibt.

Die Hirten sind gekommen und dann wieder gegangen. Vielleicht haben sie damals Geschenke mitgebracht, aber gegangen sind sie mit leeren Händen. Ich kann mir vorstellen, dass vielleicht ein Hirte, vielleicht ein ganz junger, etwas mitgenommen hat von der Krippe. Ganz fest in der Hand hat er es gehalten. Die anderen haben erst nichts bemerkt.
Bis auf einmal einer sagte: »Was hast du denn da in der Hand?«
»Einen Strohhalm«, sagte der, »einen Strohhalm aus der Krippe, in der das Kind gelegen hat.«
»Einen Strohhalm«, lachten die anderen, »das ist doch nur Abfall. Wirf das Zeug weg.«
Aber er schüttelte den Kopf. »Nein«, sagte er, »den behalte ich. Für mich ist er ein Zeichen, ein Zeichen für das Kind. Jedes Mal, wenn ich diesen Strohhalm in der Hand halten werde, dann werde ich mich an das Kind erinnern und daran, was die Engel von dem Kind gesagt haben.«
Und wie ist es mit dem Hirten weitergegangen damals? Am nächsten Tag, da fragten die anderen Hirten ihn: »Hast du den Strohhalm

immer noch? Ja? Mensch, wirf ihn weg, wertloses Zeug ist das doch.«

Er antwortete: »Nein, das ist nicht wertlos. Das Kind Gottes hat darauf gelegen.«

»Na und?«, lachten die anderen, »das Kind ist wertvoll, doch nicht das Stroh.«

»Ihr habt unrecht«, sagte der Hirte, »das Stroh ist schon wertvoll. Worauf hätte das Kind denn sonst liegen sollen, arm, wie es ist? Nein, mir zeigt das, Gott braucht das Kleine, das Wertlose. Ja, Gott braucht uns, die Kleinen, die gar nicht viel können, nicht viel wert sind!«

Ja, der Strohhalm aus der Krippe, der war dem Hirten wichtig. Wieder und wieder nahm er ihn in die Hand, dachte an die Worte der Engel, freute sich darüber, dass Gott die Menschen so lieb hat, dass er klein wurde wie sie.

Eines Tages aber nahm einer der andern Hirten den Strohhalm weg und schrie wütend: »Du mit deinem Stroh! Du machst mich ganz verrückt damit!«, und er knickte den Halm wieder und wieder und warf ihn zur Erde.

Der Hirte stand ganz ruhig da, hob den Strohhalm auf, strich ihn wieder glatt und sagte zu dem andern: »Sieh doch – er ist geblieben, was er war: ein Strohhalm. Deine ganze Wut hat daran nichts ändern können. Sicher, es ist leicht, einen Strohhalm zu knicken. Und du denkst: Was ist schon ein Kind, wo wir einen starken Helfer brauchen. Aber ich sage dir: Aus diesem Kind wird ein Mann, und der wird nicht totzukriegen sein. Er wird die Wut der Menschen aushalten, ertragen und bleiben, was er ist: Gottes Retter für uns. – Nein, Gottes Liebe ist nicht kleinzukriegen.«

Helmut Siegel

43 Das Nachdenken Josefs

Thema Josef zweifelt

Vorlesedauer ca. 5 Minuten

Alter Erwachsene

Impulse zur Weiterführung Auch die Eltern Jesu hatten Probleme, Sorgen und Zweifel – und sind uns dadurch näher, weil menschlicher. Die Geschichte erzählt von den in seiner Lebenssituation durchaus nachvollziehbaren Zweifeln Josefs – und wie er wieder lernt zu vertrauen. – Kennen auch wir in unserem Leben solche Situationen?

»Ich geh ein wenig vor die Tür«, sagte Josef. Und Maria sagte: »Ja.«
»Wenn du etwas willst, brauchst du nur zu rufen«, sagte Josef. Und Maria sagte: »Ja.«
»Ich will nur ein bisschen Luft schnappen.«
Maria sagte: »Ja, Josef, geh nur. Ich brauche nichts. Es ist alles gut.«
Josef schaute über die linke Schulter zurück. Verlegen ein wenig und verworren, sah er, wie sie sich über das Kind beugte; sah, wie sie mit der Hand versuchte, es zu streicheln. Sie flüsterte etwas, aber er konnte es nicht verstehen. Er wusste nicht, was sie zu dem Kind sagte: Nur, dass er die beiden jetzt allein lassen musste, das wusste er. Dass er jetzt hier rausmusste, das wusste er. Es ging über seinen Verstand. – Nicht, dass die plötzliche Geburt ihn überrascht hatte. Das nicht. Das war kein Wunder. Die neun Monate waren um. Dazu kam die Anstrengung der letzten Tage. Und seit wann nahmen die Behörden Rücksicht auf die Leute?
Ja, ich hätte es mir damals überlegen sollen! Und Josef dachte an den Engel, der ihn aus dem Schlafe geschreckt hatte; erinnerte sich seiner Worte, dieser unglaublichen Botschaft: »Sie wird ein Kind haben ohne dich!«
»Ein Kind von einem anderen also!«

»Ja, von einem anderen. Aber nicht so, wie du denkst. Nicht von einem Manne, Josef.«
»Das soll ich verstehen? Ich bin ein Zimmermann, Engel! Ich kann nicht einmal lesen. Das ist doch kein Grund, mich zu verspotten!«
Und er quälte sich. Und er dachte: Ich träume! Biss sich in den Finger; schrie auf vor Schmerz, so biss er zu; und schwieg, als er die Stimme des Engels wieder hörte: »... die Leute werden ihn Immanuel nennen. Verstehst du jetzt, Zimmermann? Immanuel!«
Doch Josef hörte ihn nur; verstehen konnte er ihn nicht. Nicht um alles in der Welt. Tat nur, was der Engel ihm sagte. Verließ das Haus, ging zu ihr und sagte: »Komm zu mir, Maria!« Und nahm sie schüchtern bei der Hand. – Was ist sie nur für eine Frau? – Und vertraute auf den Spruch des Engels.
Der Herr hat gesprochen. Der Herr weiß, was er tut. Der Herr wird seine Hand über uns halten.
Lange stand Josef draußen vor der Tür. Von den Bergen her kam kalter Wind. Er kühlte seine heißen Schläfen, das heftig pochende Herz. Seine zitternden Hände beruhigten sich nur langsam. Immer wieder war er versucht, die Tür einen Spaltbreit zu öffnen, um zu sehen, ob da drinnen nicht doch noch das große Wunder geschah, auf das er wartete. Das Wunder, das diesen miserablen Stall verwandelte. In eine Wohnung für Immanuel. »Wo bist du, Engel, wo ist dein Versprechen?«
Aber es gab keinen Engel, gab keine Antwort – nur den Wind. Einen kalten Wind, der kalkigen Staub mitbrachte von den Bergen, Schafsgeruch von den Herden, Hundegebell.
»Ich bin nur ein einfacher Mann, Engel!«, stöhnte Josef, »zimperlich bin ich auch nicht. Auch zu Hause hätten wir uns einen Arzt nicht leisten können. Sicher nicht. Aber zu Hause, da wären die Nachbarn da gewesen. Und vielleicht wäre auch Elisabeth für ein paar Tage herübergekommen. Aber so, wie soll ich hier, vor dieser elenden Tür, dein Versprechen deuten? Das meine halten? Ich schäme mich, Engel! Nicht einmal eine Bank in einer billigen Kneipe habe ich auftreiben können. Eine Bank neben dem Fenster, neben dem

Herd. Kein Tropfen heißes Wasser – weißt du überhaupt, was das heißt, Engel?« Josef schlug seinen Kopf gegen das Gatter und flüsterte: »Nichts als ein paar brüchige Bretterwände, die kaum die ärgste Kälte abhalten, eine Laterne mit einem Kerzenstummel, ein Ochse und ein Esel – für deinen Immanuel!«

Er spürte die Tränen nicht, die ihm übers Gesicht liefen. Er spürte den Frost nicht, der ihn schüttelte. Er fürchtete sich vor morgen und übermorgen. Maß ja alles an der Elle von heute.

Da hörte er Stimmen. Stimmen von Männern und Kindern. Und einer rief: »Dort drüben in der Hütte, dort muss es sein. Ich sehe Licht!«

Da glaubte er wieder.

Kurtmartin Magiera

Tiere an der Krippe

Von Ochs und Esel und anderen Tieren
an der Krippe

44 Maria und das schwarze Schaf

Thema Geschichte aus dem Alltag des kleinen Jesus; Ausgrenzung eines schwarzen Schafs durch die anderen Schafe
Vorlesedauer ca. 3 Minuten
Alter besonders Kindergartenalter (3–7 Jahre)
Impulse zur Weiterführung Wer hat schon einmal ein lebendiges Schaf gesehen?; Kinder erzählen lassen. – Die Schafe waren freundlich zu Maria und dem Jesuskind und gaben von ihrer Wolle ab. Aber das schwarze Schaf gehörte nicht zu ihnen. Erst als sie sahen, dass Maria aus der Wolle des schwarzen Schafes und aus ihrer Wolle eine Decke mit wunderschönem Muster gewebt hatte, freuten sie sich und akzeptierten das andersfarbige Schaf unter ihnen. – Gibt es das auch unter Menschen, dass einige anders erscheinen? Wo es möglich ist, Gespräch weiterführen, ob es das auch im Umfeld der Kinder gibt. Was kann dieses Kind vielleicht besser als andere?, usw.
Anregungen zur Gestaltung Ein Schaffell anfühlen und streicheln lassen; Bilder o. Ä. von Schafen und/oder einen Webstuhl zeigen. – Eventuell ein Freundschaftsbändchen für jedes Kind. – Die Geschichte lässt sich auch mit einfachen Hilfsmitteln (z. B. Schafsmasken aus Pappe) gut spielen.

Als der Engel Gabriel fortgegangen war, saß Maria lange da und dachte nach. Der Engel hatte sie gefragt, ob sie die Mutter des Jesuskindes werden wolle, und sie hatte Ja gesagt. Sie freute sich auf das Jesuskind. In neun Monaten sollte es zur Welt kommen. Bis dahin musste sie manches lernen und vorbereiten. Sie wollte bei anderen Müttern zusehen, wie man Babys badet und wickelt. Sie musste Windeln nähen. Sie musste eine Decke weben. Was brauchte das himmlische Kind noch? Einen Menschenvater, der es lieb hatte. Josef, der Zimmermann, sagte zu Maria. »Ich werde immer da sein für dich und dein Kind. Ich werde gut für euch sorgen.«

»Bau mir einen Webstuhl«, bat Maria, »damit ich unserem Kind eine Decke weben kann.« Josef fing an, einen Webstuhl zu bauen. Maria ging hinaus auf des Feld zu den Schafen. Sie sprach zum Hirten: »Werden mir deine Schafe ein wenig Wolle schenken?«
»Frag sie selber, junge Frau!«, sagte der Hirt. Maria ging von Schaf zu Schaf, und bat jedes Schaf um eine Flocke weicher Wolle, und jedes Schaf schenkte ihr eine.
»Zupf nur, zu-u-upf«, blökten die Schafe, »du brauchst sie doch für dein Jesuskind, den Retter und Erlöser der Welt. Zur Welt gehören auch wir Schafe. Jesus wird auch unser Freund sein. Zuuupf nur, zuuupf!«
Maria sammelte unzählige weiße Wollflocken in ihre Schürze.
Nun hätte sie genug für eine kleine Decke. Da sah sie am Rand der Weide ein schwarzes Schaf stehen. Es stand ganz allein, kein weißes Schaf wollte daneben auch nur den kleinsten Grashalm rupfen. Maria ging zum schwarzen Schaf: »Schenkst du mir ein wenig von deiner Wolle?«
»Zupf nur, zupf«, blökte das schwarze Schaf. »Nimm eine gute Handvoll, nimm, soviiiel du brauchst.«
Die weißen Schafe drängten sich aneinander. Sie blökten laut wie mit einer Stimme: »Bäh! Bäh! Bäh! Nimm nichts von diesem schwarzen Schaf! Es gehört nicht zu uns! Seine Wolle passt nicht zu unserer. Eine einzige schwarze Flocke zwischen unsere gemischt macht unsere feine weiße Wolle grau!«
Maria sagte: »Das schwarze Schaf gehört nicht zu euch? Aber zur Welt gehört es doch. Darum will ich auch seine Wolle in die Decke weben.«
Sie ging nach Hause, schleppte Wasser vom Brunnen und wusch die Wolle, erst die weiße, dann die schwarze. Sie drehte die Wolle mit dem Spinnwirtel zu weißem Faden und schwarzem Faden und grauem Faden. Der Webstuhl war schon fertig. Maria webte die Decke für das Jesuskind. Die Decke war schneeweiß, hatte einen grauen Stern in der Mitte und an den vier Seiten einen schwarzgemusterten Rand. Es war eine wunderschöne Decke.

Maria ging hinaus aufs Feld und zeigte die Decke den Schafen.
»Oooooh«, blökten die weißen Schafe, seeehr, seehr schön!«
Das schwarze stand ganz stumm vor Freude. Ein altes Mutterschaf rief: »Wenn dein Kind auf der Welt ist, schick Josef her mit einem großen Krug. Dann schenken wir dir von unserer Milch, die ist süß und weiß von allen, ob wir nun weiß sind oder schwarz.«
»Danke«, sagte Maria und ging in die Stadt zurück. Auf der Hügelkuppe drehte sie sich noch einmal um und winkte den Schafen.
Die weideten über die ganze Wiese verstreut, das schwarze mitten unter den weißen.

Lene Mayer-Skumanz

45 Warum der Bär sich wecken ließ

Thema Eine kleine Maus zeigt den anderen Tieren den Weg zur Krippe; Friede unter Tieren und Menschen

Vorlesedauer ca. 7 Minuten

Alter Kinder ab Grundschule, alle Altersstufen

Impulse zur Weiterführung Die Tiergeschichte spricht besonders die Kinder an; andere Tiere, die auf dem Weg zur Krippe sind, erfragen. Die Suche nach dem Jesuskind »eint« die Tiere, es gibt keine Unterschiede, kein »Auffressen«, es herrscht Friede. *Für Erwachsene:* vgl. Jesaja, Kap. 11: »Dann wohnt der Wolf beim Lamm, der Panther liegt beim Böcklein. Kalb und Löwe weiden zusammen, ein kleiner Knabe kann sie hüten. Kuh und Bärin freunden sich an, ihre Jungen liegen beieinander. Der Löwe frisst Stroh wie das Rind ...« Das Kind in der Krippe stellt die gewohnte »Ordnung« auf den Kopf. Es wird eine neue Schöpfung.

Anregungen zur Gestaltung *Für Kinder:* mit Gesichtsmasken die Tiere spielen.

In jener Nacht, als Engel den Hirten auf den Feldern von Bethlehem die Geburt des Heilands verkünden, hört das auch die Maus. Und sie sieht den großen Stern am Himmel leuchten. »Eine gute Nachricht«, denkt sie und läuft gleich los, es den anderen Tieren weiterzusagen.

Zuerst weckt sie den Hamster, der nicht weit von ihrem Loch wohnt. Der Hamster, der gerade mit seinem Wintervorrat zu tun hat, ist ärgerlich: »Was störst du mich mitten in der Nacht?« »Hör zu«, sagt die Maus. »Ich habe eine gute Nachricht für dich. Ein König ist geboren.« »Ein König? Muss es gleich ein König sein?«, »Ja«, antwortet die Maus, »und er ist größer und stärker als jeder andere König. Komm mit. Wir wollen ihn besuchen.« »Lass mich in Ruhe. Einer Mäuseneuigkeit glaube ich sowieso nicht.« Boshaft verzieht er sein Gesicht: »Frag mal die Katze, sie ist doch deine Freundin.«

Die Maus blickt sich um. Sie ist ganz allein. Ob der griesgrämige Bursche vielleicht doch recht hat? Für eine Maus ist es nicht ungefährlich, in dieser Jahreszeit unterwegs zu sein. Die Nacht ist kalt, und es fängt an zu schneien. Doch der Stern mit seinem hellen Licht macht der Maus Mut. Der neue König ist groß und stark, denkt sie, er wird mich beschützen.

Plötzlich funkeln zwei große Katzenaugen am Wegesrand, die Maus erschrickt. »Entschuldige«, sagt sie, »aber in dieser Nacht dürfen wir uns nicht streiten. Ich bin unterwegs zum neuen König.«

»Was für ein König?« Die Katze leckt sich das Maul. »Er ist heute geboren, und er ist stärker als du.« »Woher weißt du das?« Die Maus hebt das Pfötchen und zeigt auf den hellen Stern. »Unglaublich«, sagt die Katze, »solch ein Licht habe ich vorher nie gesehen. Eigentlich wollte ich dich fressen. Aber jetzt bin ich neugierig auf den neuen König. Weißt du den Weg?« »Ja«, sagt die Maus. »Immer dem Stern nach.«

Maus und Katze kommen zum Dorf. Im Dorf schläft Bello, der Hund, in seiner Hütte. Sofort beginnt er zu knurren. »Was wollt ihr?«, fragt er misstrauisch. »Heute Nacht ist ein König geboren«, sagt die Maus, »der ist stärker als du. Wir wollen ihn begrüßen. Kommst du mit?« »Unmöglich«, sagt der Hund. »Ich muss das Haus meines Herrn bewachen.« »Dein Herr ist schon unterwegs zum neuen König.« »Und was geschieht, wenn Diebe kommen?« »Die sind auch auf dem Weg zum König. Mach dir keine Sorgen, dem Haus wird nichts Böses geschehen.« »Wenn's wirklich so ist«, sagt der Hund, »komme ich mit.«

Die drei Tiere laufen durch die kalte Winternacht. Voran der Hund, in der Mitte die Katze und am Schluss die Maus. Im Wald treffen sie den Fuchs. Er hat sich im Dorf eine Gans geschnappt und trägt sie im Maul. »Hab Mitleid«, quäkt die Gans und flattert mit den Flügeln.

»Lass die Gans«, sagt die Maus zum Fuchs, »dazu ist jetzt keine Zeit. Wir sind auf dem Weg zum neugeborenen König.« »Ein neuer König?«, staunt der Fuchs und lässt die Gans los, »mein König ist der Wolf.« »Viel größer und stärker als der Wolf«, sagt die Maus. »Glaubst du das wirklich? Was wird der Wolf dazu sagen?« »Er wird auch mitgehen«, sagt die Maus. »Und ich fliege voraus«, schnattert die Gans und schwingt sich in die Luft. Der Fuchs ärgert sich. Misstrauisch stellt er sich hinter den Hund. Aber er geht mit.

Auf dem Berg steht der Wolf. Wild und mächtig sieht er aus. Sein Knurren ist weit zu hören. Die Maus fasst sich ein Herz. »Höre, Wolf. Kannst du uns sagen, wer dein Herr ist?« »Mein Herr ist der Bär«, antwortet der Wolf, »und ich kenne keinen, der stärker ist als er.« »Erlaube«, sagt die Maus, »wir sind auf dem Weg, einen noch mächtigeren Herrn zu besuchen. Kommst du mit?« Der Wolf überlegt. Gegen ein Abenteuer hat er nichts. Vielleicht gibt es auch etwas zu ergattern. »Los«, sagt er.

So schnell läuft der Wolf, dass die anderen Tiere ihm kaum folgen können.

Endlich kommen die Tiere zur Höhle des Bären. Zuerst hören sie ihn nur schnarchen. Er hält seinen Winterschlaf. »Ich muss ihn wecken«, denkt die Maus. Sie schlüpft in die Höhle und kitzelt den Bären mit ihrem langen Schwanz an der Nase. Da muss der Bär niesen und öffnet die Augen. »Ein König ist geboren, stärker und mächtiger als du.« Der Bär erhebt sich schwerfällig und tappt ein paarmal um sich selber. »König, hast du gesagt, stärker als ich?«

»Komm mit vor die Höhle, ich werde dir etwas zeigen. Das hast du noch nie gesehen«, sagt die Maus. Der Bär folgt der Maus aus der dunklen Höhle. »Siehst du den Stern am Himmel?« Der Bär brummt. »Du hast recht, Maus, da muss etwas ganz Besonderes geschehen sein.«

Mit schwerem Schritt macht sich der Bär auf den Weg. Er geht als Erster. Hinter ihm läuft der Wolf, der Fuchs hat sich jetzt vor den Hund gestellt. Katze und Maus folgen am Schluss.

Von überall kommen Menschen und Tiere über die Berge und Felder. Darüber wundert sich der Bär: »Die Hirsche, die Rehe, die Kühe, die Hasen, die Schafe! Die Bauern, die Hirten und die Kinder! Wollen die alle zum neugeborenen König?« »Ja«, sagt die Maus,

»das wollen sie.« Da trabt der Bär los. Seine Sohlen wirbeln den Schnee auf.

Hinter dem Berg liegt ein Stall. Die Gans hat ihn schon entdeckt. »Ist hier der neugeborene König?«, fragt sie den Engel. Der Bär hört das nicht. Er reckt sich zu seiner ganzen Größe auf und drängt sich nach vorn. Erschrocken machen die Tiere und Menschen ihm Platz. Da trippelt die Maus los. »Habt keine Angst«, ruft sie. »Der Bär tut euch nichts. Er will nur den neugeborenen König sehen.« »Ja«, brüllt der Bär, »das will ich. Wo ist er, der größer und stärker sein soll als ich?«

»Da«, sagt die Maus. Der Bär sieht, dass der Stern über dem Stall stehen geblieben ist. Er sieht die Krippe und in der Krippe ein kleines Kind. »Das soll der neugeborene König sein?«, denkt der Bär. Das Kind schaut auf den Bären und streckt seine Hände nach ihm aus.

»Siehst du, wie das Kind leuchtet?«, sagt die Maus. Da schämt sich der Bär, weil er so laut gebrüllt hat und weil er den König nicht gleich erkannte. Er beugt sich nieder und macht sich ganz klein. Die Maus ist glücklich. Sie trippelt zurück und setzt sich wieder hinter der Katze in den Schnee.

»Seltsam«, denkt sie, »dass ich es war, die zuerst die gute Nachricht gehört hat. Mäuse sind sonst die kleinsten und nichtsnutzigsten Geschöpfe. Und doch habe ich sie alle zur Krippe gebracht. Hat man so etwas schon mal gehört?«

Rudolf Otto Wiemer

46 Ein Riss in der Mauer

Thema Jesus kam besonders zu den Ausgegrenzten

Vorlesedauer ca. 3 1/2 Minuten

Alter Erwachsene

Impulse zur Weiterführung Ein Hund und ein Mensch – ein struppiger Köter und ein Trinker und Possenreißer –, beide auf ihre Weise ausgegrenzt und verachtet, finden zueinander und auf Umwegen gemeinsam zur Botschaft von Bethlehem: dass Gott gerade zu denen kommt, die von anderen geringgeschätzt und verlacht werden. Der Riss in der Mauer mag hier symbolisch sein: Selbst eine Mauer kann den Zugang zu Gott nicht verwehren – seine Liebe reißt die trennende Mauer ein.

Er war den Hirten, die in der Nähe Bethlehems ihre Schafe hüteten, eines Tages zugelaufen, ein struppiger Hund, ein Köter nur.
Weil dieser Hund als Wächter für die Herde nichts zu taugen schien, jagten sie ihn davon, warfen Steine nach ihm. Doch er kam immer wieder. Die Männer wussten nicht, dass einer von ihnen, ein Trinker und Possenreißer, dem Hund hin und wieder einen Bissen Brot oder ein Stück Käse zuschob, sich nicht davor scheute, ihn auch zu streicheln.
So kam es, dass in jener Nacht der Engel des Herrn nicht nur den Hirten auf dem Felde, sondern auch einem Hund erschien. Auch er sah, wie der Himmel sich öffnete und ein lichtes Wesen eine Botschaft verkündete.
Verstehen konnte er sie nicht. Doch wie die Hirten fürchtete er sich sehr.
Als der Engel, begleitet von himmlischen Heerscharen, wieder zum Himmel auffuhr und es dunkel wurde wie zuvor, beobachtete der Hund, wie die Hirten aufgeregt nach Fellen suchten, Wolle bündelten, ihre Taschen mit Brot und Käse füllten und sich der Jüngste unter ihnen ein neugeborenes Lamm um die Schultern legte. »Und

nun lasst uns, so schnell uns unsere Füße tragen, nach Bethlehem laufen«, sagten sie.

Auch diese Worte verstand er nicht. Doch neugierig, wie Hunde sind, folgte er ihnen, und niemand vermochte ihn zurückzuhalten, auch nicht der Trinker und Possenreißer, der allein am Feuer sitzen blieb.

Zugleich mit den Hirten kam auch der Hund zu einem elenden Stall. Aus seinem Versteck hinter einem Olivenbaum sah er sie vor einer Futterkrippe knien, sah eine Frau und einen Mann und über dem Stall am Himmel einen Stern, leuchtend und schön.

Er schlich sich näher, umkreiste den Stall, bis ihm auf seiner Rückseite ein Riss in der Mauer den Blick ins Innere gewährte. Nun sah er die Gesichter der Hirten, in Andacht versunken, und entdeckte das Kind auf Heu und auf Stroh. Und dieses Kind streckte ihm, unsichtbar für alle anderen, die Ärmchen entgegen, ihm ganz allein, dem struppigen Hund, einem Köter nur.

Durch den Riss in der Mauer entdeckte er Ochs und Esel, erlebte die Ankunft der drei Könige; erlebte, wie die Frau das Kind auf die Arme nahm, um es in den Schlaf zu wiegen.

Erst als der Morgen dämmerte, die Hirten sich längst auf dem Heimweg befanden, die drei Könige weitergezogen waren und auch der Mann und die Frau mit dem Kind die Flucht ergriffen hatten, um es vor Herodes zu schützen, erst jetzt wagte er sich aus seinem Versteck hervor.

Doch als er in den Stall kam, war er nicht allein. Vor der leeren Krippe stand der Trinker und Possenreißer. »Dich habe ich gesucht«, lachte er.

Begleitet von einem Duft aus Weihrauch und Myrrhe kehrten sie aufs Feld zurück, wo sie jubelnd empfangen wurden, wo die Hirten sie beide in ihre Mitte nahmen, den Trinker und Possenreißer zusammen mit dem struppigen Hund, einem Köter nur.

War ein Wunder geschehen?

Max Bolliger

47 Was passiert, wenn Schafe träumen

Thema Ein Schaf weist den Weg zur Krippe; Engel

Vorlesedauer ca. 11 Minuten

Alter ab 8–10 Jahre, alle Altersstufen

Impulse zur Weiterführung Die Weihnachtsgeschichte aus einem ungewohnten Blickwinkel erzählt, lässt die Zuhörer/innen das bekannte Geschehen im Stall von Bethlehem anders wahrnehmen und erleben. – *Für Kinder:* Darüber sprechen, welche anderen Tiere wir aus der Weihnachtsgeschichte kennen, die ebenfalls eine große Rolle spielen (Ochs und Esel, oft ist auch noch an der Krippe bei den Hirten ein Hund zu sehen.) *Für alle:* Außerdem kann auf die Bedeutung von Träumen eingegangen werden. *Für Erwachsene:* Hinweis auf die Träume Josefs, die von der Geburt des Sohnes Gottes sprechen und ihn zur Flucht nach Ägypten bewegen.

Es war eine dieser eiskalten Nächte am Rand der Wüste. Wir hatten uns so dicht zusammengedrängt, wie es nur ging, und sahen von Weitem bestimmt aus wie ein einziges Schafknäuel. Sogar Lazarus, der Hütehund, war ganz nah an uns herangerückt, weil er entsetzlich fror. Mein Lieblingshirte Eli saß mit den anderen Hirten ums Feuer und spielte auf seiner Flöte. »Das macht wenigstens von innen warm«, sagte er immer. Außer der Flöte hörte man nur das Knistern der Äste, die verbrannten. Selbst zum Reden war es heute zu kalt. Jeder hing seinen Gedanken nach und versuchte, sich einen warmen Ort vorzustellen.
Ich hatte das Glück, zwischen meinem Freund Isaak und meinem Papa liegen zu dürfen. So warm wie ich hatte es heute Abend wohl sonst kein einziges Schaf, und weil ich noch nicht schlafen konnte, guckte ich in den Himmel und hörte Eli beim Flöten zu.
»Schau mal, Isi«, sagte ich zu Isaak, der neben mir vor sich hinbibberte, »irgendwie sind die Sterne heute Abend heller als sonst. Ganz besonders der da vorne, siehst du?«

»Mir ist kalt«, maulte Isaak neben mir, »und die Sterne sind mir ziemlich egal. Lieber wäre mir, wenn da die Sonne stände, die macht wenigstens warm!« Da brauchte ich gar nicht weiterzureden. Wenn Isi schlecht gelaunt war, schmeckte ihm das fetteste Gras nicht und alles war plötzlich doof. Also war ich lieber still und guckte weiter in den Sternenhimmel.

Da war wirklich einer, der viel heller strahlte als die anderen! Wenn ich das richtig sehen konnte, hatte er sogar so was wie einen Schwanz, der sich über den Himmel zog. Und wenn ich mir das auch nur einbildete: Ich hatte das Gefühl, dass von ihm tatsächlich Wärme ausging, so als wäre er eine kleine Nachtsonne.

Irgendwann muss ich über diese schöne Vorstellung wohl eingeschlafen sein, denn plötzlich fand ich mich vor einem dieser alten, wackligen Ställe wieder, in denen die Bauern ihre Tiere unterbringen. Der Stern stand genau über dieser Hütte und strahlte noch heller als vorher. Die Tür war nur angelehnt, und weil ich ein schrecklich neugieriges Schaf bin, ging ich hinein. Da lag ein Kind in einer Futterkrippe und strahlte mich an. Ich war ganz fasziniert von seinen Augen, sie sahen beinah aus wie der Stern, der draußen leuchtete. Neben der Krippe standen ein alter Esel, der an einem Stück redete, und ein Ochse, der versuchte, den Esel zum Schweigen zu bringen. Außerdem schlief eine Frau im Stroh, die schrecklich erschöpft aussah. Und ein alter Mann saß an der Krippe beim Kind. Er hatte seinen Mantel über den Kleinen gebreitet und lächelte stumm vor sich hin. Ich wollte noch näher rangehen, da wurde es auf einmal schrecklich hell und von irgendwo kam eine Stimme: »Fürchtet euch nicht, denn euch ist heute in der Stadt Davids der Heiland geboren.« Was sollte das denn? Jetzt verstand ich gar nichts mehr. Und dann taten mir auf einmal schrecklich meine Rippen weh. Eine zweite Stimme sagte: »Los, du blödes Schaf, wach endlich auf! Das wirst du mir sonst nie glauben!« Endlich wurde ich wach.

Isaak schubste mich so fest, dass ich auf die andere Seite rollte und mir die Beine in die Luft standen. »Sag mal, bist du betrunken oder

warum muss ich dich treten, damit du aufwachst?«, fauchte er mich an. Ich kam mir vor wie eine hilflose Schildkröte.
»Isi, ich muss dir sofort erzählen, was ich geträumt habe, ich habe gesehen, wie …« »Später, jetzt guck doch endlich mal!«, sagte er ganz aufgeregt. Da fiel mir erst auf, dass es irgendwie noch immer genauso hell war wie in meinem Traum und alle Schafe und Hirten zum Himmel starrten. Und dann sah ich ihn auch!
Ich kann es gar nicht beschreiben. Es sah aus wie ein helles Licht in Menschenform. Und Flügel hatte es auch. Die Hirten hatten ziemlich große Angst und manche warfen sich auf den Boden. Andere flüsterten: »Ein Engel! Es ist ein Engel!« Jetzt sagte das helle Wesen genau wie in meinem Traum: »Heute ist euch in der Stadt Davids der Heiland geboren. Und das soll euch zum Zeichen sein: Ihr werdet ein Kind finden, in Windeln gewickelt und in einer Krippe liegend.« Und plötzlich waren da noch viel mehr von diesen Engeln, sie alle zusammen jubilierten: »Ehre sei Gott in der Höhe und Frieden den Menschen auf Erden, die guten Willens sind.«
Dann war alles vorbei: keine hellen Wesen mehr, kein Licht mehr, keine Stimme. Wir Schafe schauten uns ratlos an. Die Hirten rieben sich die Augen. Sie hatten wohl das Gefühl, dass sie so wie ich gerade aus einem Traum erwacht waren.
»Na ja, wärmer ist mir jetzt davon auch nicht«, sagte Isaak missmutig. Manchmal hätte ich ihn treten können! Wenn er schlechte Laune hatte, war er wirklich unerträglich. Aber auch die Hirten wussten einfach nicht, was sie jetzt tun sollten. »Das haben wir doch alle nur geträumt! Kommt, lasst uns schlafen und morgen früh werden wir feststellen, dass uns die Nacht einen Streich gespielt hat«, sagte einer von ihnen gerade in die Runde. Aber Eli war da anderer Meinung. »Kommt, lasst uns nach Bethlehem gehen, das ist schließlich die Stadt Davids. Es ist nicht weit von hier und so wird uns wenigstens warm. Wenn wir das Kind finden, dann wissen wir, dass wir nicht geträumt haben. Dann wissen wir, dass der Engel recht hat und der Heiland geboren ist. Wenn das kein Grund ist, zumindest einmal nachzuschauen!«

»Und wie stellst du dir das vor?«, fragte der andere wieder. »Sollen wir in Bethlehem an jedem Haus die Tür aufreißen und fragen, ob da ein Kind geboren wurde?« »Es ist nicht in einem Haus«, erwiderte Eli. »Der Engel hat doch gesagt: ›in einer Krippe liegend‹, das heißt, wir müssen in einem Stall nachschauen.«

Und da fiel es mir plötzlich wie Schuppen von den Augen: Ich wusste, wie der Stall aussah! Ich hatte doch alles im Traum gesehen! Aber wie sollte ich das jetzt Eli und den anderen klarmachen? Ich sagte zu Isaak: »Pass auf, du musst mir jetzt vertrauen. Lenk sie ein bisschen ab und dann bring sie dazu, mir so schnell es geht zu folgen.«

»Häh? Was?«, fragte Isaak verdattert, »ist das wieder eine von deinen tollen Ideen, die damit enden, dass wir uns in der Wüste verlaufen und Eli uns finden muss?«

»Manchmal frage ich mich, warum du mein Freund bist«, sagte ich ein bisschen beleidigt.

»Schon gut, schon gut. Ich mach's, was auch immer dabei herauskommt«, lenkte er schnell ein. Meine Freundschaft wollte er dann doch nicht aufs Spiel setzen. Also machte er einen von seinen Affentänzen, blökte ein bisschen herum und wagte sogar, Lazarus zu ärgern, was ihn ein Stück Wolle kostete. Ich rannte dagegen einfach los.

Wo es nach Bethlehem ging, wusste ich, da waren wir am Tag zuvor hergekommen. Und als ich weit genug weg war vom Lager, fing ich an zu blöken. Eli hatte amüsiert der Show von Isaak zugeschaut, aber jetzt hörte er meine Stimme sofort. »Mimi, komm sofort wieder her! Was tust du da?«, rief er aufgeregt. In der Gegend gab es schrecklich viele Wölfe, und denen war nicht nur kalt, die waren auch hungrig. »Los, Lazarus, komm mit, und ihr anderen auch, wir müssen Mimi wieder einfangen!«

Ich hatte es geschafft! Alle folgten mir, auch wenn ich jetzt ganz schön rennen musste, damit Lazarus mich nicht einholte. Ich spurtete über die Felder. Irgendwann waren Eli und die anderen so nah, dass ich dachte: Jetzt haben sie mich, und wir sind noch nicht am

Ziel. Doch da sah ich den Stern am Himmel leuchten, noch heller als eben und noch wärmer als in meinem Traum. Er stand tatsächlich über einem Stall, aus dem ein schwacher Lichtschimmer kam.
Wir waren jetzt am Dorfrand von Bethlehem angekommen, und als die anderen mich einholten, stand ich vor der Stalltür. Eli sah mich schräg von der Seite an. »Woher wusstest du das, Mimi?«, fragte er. Aber im selben Moment umarmte er mich und nahm mich auf seine Schultern, wie er es schon so oft getan hatte, wenn ich mich mal wieder verlaufen hatte. Als Lazarus mit dem Rest der Herde und den anderen Hirten beim Stall angekommen war, klopfte Eli vorsichtig an die Tür.
Jemand öffnete einen Spalt breit und im Türrahmen erschien das Gesicht des Mannes, den ich im Traum gesehen hatte. Ich war völlig verblüfft und blökte leise. »Schschsch«, machte er, »das Kind schläft!«
»Wir haben einen Engel gesehen!«, flüsterte Eli dem Mann zu. »Er hat uns hierher geschickt!« »Na, dann kommt mal rein, aber macht keinen Lärm!« Und als wir in den Stall kamen, war alles genau so wie in meinem Traum. Na ja, wir versuchten alle, leise zu sein, aber habt ihr schon mal eine Herde Schafe getroffen? Und ein paar Hirten? Selbst wenn sie versuchen, mucksmäuschenstill zu sein, hört es sich noch immer an wie ein mittleres Erdbeben. Erst wurde die Frau wach. Und dann fing der Esel an zu quasseln. Schließlich wurde natürlich auch das Kind wach. Aber es war ganz still und sah uns alle nur mit großen blauen Augen an. Da fiel Eli vor der Krippe auf die Knie und sagte: »Alles, was der Engel gesagt hat, stimmt. Du bist der Heiland!« Und plötzlich knieten alle Hirten und lobten Gott und den Engel, der ihnen von dem Kind erzählt hatte.
»Wie heißt er denn?«, fragte Eli nach einer Zeit. »Jesus«, antworteten der Mann und die Frau gleichzeitig. Darüber mussten sie beide lächeln. Die Frau hatte Jesus auf den Arm genommen, und jetzt hüllte der Mann die beiden in seinen weiten Mantel und hielt sie ganz fest.

Leise – und dieses Mal wirklich leise! – verschwand einer nach dem anderen aus dem Stall, Hirten wie Schafe, und ließ die drei allein. Man hatte das Gefühl, sie merkten es nicht einmal.

»Was für ein schönes Kind! Was für eine Nacht!«, schwärmte Isaak, als wir wieder draußen in der Kälte standen. »Und du vergeudest sie mit Schlafen und Weglaufen«, sagte er vorwurfsvoll zu mir. »Bestimmt hast du irgendeinen Unsinn von grünen Wiesen und Schäfchenzählen geträumt, das wolltest du mir doch eben erzählen, oder? Und dann hättest du beinah den Engel verpasst. *Den Engel,* verstehst du? Wenn du mich nicht hättest …« Er drehte sich um und trabte Richtung Herde. Ich war so verblüfft, dass ich nicht mal »Mäh« sagen konnte.

Marlene Fritsch

48 Damals in Bethlehem

Thema Ein alter Esel lernt die Geburt und das Leben Jesu aus dessen Sicht zu sehen: Jesus wird mitten in eine Welt voller Armut und Not geboren

Vorlesedauer ca. 4 Minuten

Alter besonders Erwachsene

Impulse zur Weiterführung Der Esel ist ein Tier, das wir aus ganz verschiedenen biblischen Geschichten kennen, nicht zuletzt, weil es im Orient ein beliebtes Lasttier ist: z. B. die Bileamgeschichte im Alten Testament (Num 22), seine Rolle bei der Geburt Jesu, der Flucht nach Ägypten oder beim Einzug in Jerusalem am Palmsonntag. – Die Geschichte lässt dem Esel sehr menschliche Fragen und Erlebnisse durch den Kopf gehen, die uns ebenfalls beschäftigen und »an der Weisheit Gottes zweifeln lassen«: Was ist das für ein Gott, der sich erniedrigt, dessen Sohn in einem Stall zur Welt kommt und schmählich am Kreuz hingerichtet wird?

Der Esel im Stall von Bethlehem konnte lange keinen Schlaf finden. Zu ungewöhnlich waren die Ereignisse heute Nacht gewesen, und auch er hatte nicht alles gleich begriffen, obwohl Esel im Allgemeinen viel klüger sind, als die Menschen ahnen. Dreimal hatte der Esel an der göttlichen Weisheit gezweifelt, und nur weil er es gewohnt war zu gehorchen, hatte er mitgespielt in jener denkwürdigen Weihnachtsgeschichte, in der seitdem auch ein Esel seinen festen Platz hat.

Es hatte damit angefangen, dass er sich weigern wollte, die Heilige Familie nach Bethlehem zu tragen. Nicht dass ihm Maria zu schwer gewesen wäre, auch wenn sie ein Kind erwartete und ein paar Pfund mehr wog als früher! Nein, das war es nicht. Aber dass jenes Kind kein würdigeres Reittier finden sollte als ihn, das wollte dem Esel nicht in den Kopf. Denn er wusste natürlich längst, wen er da tragen sollte, und da wäre ihm ein edles Reitpferd oder ein kostbar aufgezäumtes Wüstenkamel wesentlich geeigneter erschienen als ein einfacher alter Esel. Doch der Erzengel Gabriel wollte es nun einmal so, und seit wann sollen Esel klüger sein als Engel?

Und ein zweites Mal schüttelte der Esel widerstrebend seine graue Mähne: Da nämlich, als Josef ihn auf einen alten Stall zulenkte, um dort das Nachtlager aufzuschlagen. Der Esel wusste ja schließlich, wer da in dieser Nacht geboren werden sollte, und da wäre ihm ein Königspalast oder wenigstens ein vornehmes Landhaus wesentlich geeigneter erschienen als ein einfacher alter Stall. Doch Maria und Josef wollten es nun einmal so, und seit wann sollen Esel klüger sein als zwei so heilige Menschen, bei denen der Erzengel Gabriel ein und aus geht?

So waren sie denn im Stall angelangt und in der Nacht gebar Maria ihren Sohn, den Erstgeborenen. Und als der Esel ihn so vor sich in der Krippe liegen sah, da wurde es ihm merkwürdig warm ums Herz, und er war froh, dass dieses Kind, das der Engel »Sohn Gottes« genannt hatte, hier geboren war und nicht in einem Königspalast. Hier lag es im Stroh, mitten in einem Stall, mitten in einer Welt voll Armut und Not, und selbst ein alter Esel wie er durfte dabeistehen und das Wunder bestaunen, das in dieser Nacht geschehen war.

Ein drittes Mal schließlich brummte der Esel ein missmutiges Iaah, als in der Nacht die Tür aufging und Hirten von dem Felde hereinkamen, um das Kind zu sehen und vor ihm ihr Knie zu beugen. »Mussten es ausgerechnet diese einfachen Hirten sein, die als Erste dem Kinde huldigten?«, dachte der Esel bei sich. »Hätte nicht eine edlere Gesandtschaft von Boten der Welt die Nachricht verkünden können?« Doch allmählich begriff der Esel, der – wie gesagt – klüger war, als die Menschen ahnten, dass alles so sein sollte, wie es war. Hier im Stall war der Platz des neugeborenen Königs, hier bei den Hirten, hier, mitten im Dunkel der Welt.

Und als der Esel schließlich doch einschlief, hatte er einen merkwürdigen Traum. Er träumte, dass das Kind in der Krippe zu einem Mann herangewachsen war. Und wieder wurde er von einem Esel getragen, hinein in die Stadt Jerusalem. Die Menschen an der

Straße breiteten Palmzweige aus und jubelten ihm zu. Doch nicht lange dauerte der Jubel und sie führten ihn hinaus vor die Stadt, ein Kreuz auf seiner Schulter. Doch das ist eine andere Geschichte, und sie soll ein andermal erzählt werden. Der Esel wusste nichts mehr von dem Traum, als er erwachte. Das Heu, das Josef ihm reichte, schmeckte seltsam süß und bitter zugleich. Der Esel ahnte, dass Betlehem erst der Anfang war. Die Geschichte dieses neugeborenen Kindes hatte gerade erst begonnen.

Klaus Roos

49 Warum an Weihnachten heilige Nacht ist

Thema Die Geburt Jesu aus der Sicht des Ochsen erzählt. Das Kind in der Krippe kann verwandeln
Vorlesedauer ca. 11 Minuten
Alter ab Grundschulalter
Impulse zur Weiterführung Die Weihnachtsgeschichte aus einem anderen Blickwinkel, dem des Ochsen, erzählt, lässt das bekannte Geschehen im Stall von Bethlehem anders wahrnehmen und erleben. Gerade für kleinere Kinder wird die Geschichte so greifbarer. Der »störrische Esel« wird durch die Geburt und das Baby verwandelt. – Wer von den Kindern hat ein kleines Geschwisterchen und weiß etwas von der Geburt oder der Zeit kurz nach der Geburt zu erzählen?
Anregungen zur Gestaltung Ochs und Esel aus der Weihnachtskrippe in die Mitte stellen. Bevor die Geschichte vorgelesen wird, erfragen, was die Kinder von den beiden Tieren und ihrer Rolle beim Weihnachtsgeschehen wissen.

Es war mein »freier Tag«, das heißt, ich war allein im Stall. Mein Freund Bilbo, der Esel, den alle nur Billy nennen, war draußen und musste dem Bauern beim Mehlmahlen helfen. Gestern war ich auf dem Feld zum Pflügen gewesen und Billy hatte frei gehabt. Diese Regel fand ich sehr gerecht, und ich war höchst zufrieden, mal einen Tag meine Ruhe vor diesem Quälgeist Billy zu haben. Wir sind beide schon nicht mehr ganz jung und haben unser halbes Leben gemeinsam in diesem Stall gewohnt. Eigentlich mögen wir uns auch sehr, wenn wir nicht so verschieden wären. Ich bin ein Ochse, der gerne seine Ruhe hat. Ich nehme mir Zeit, um auf jedem einzelnen Halm herumzukauen, und trinke mein Wasser in kleinen Schlucken, damit mir nicht schlecht wird. Am liebsten liege ich im Stroh und döse vor mich hin, hänge meinen Tagträumen nach und genieße das Leben, so wie es ist. Billy ist eigentlich genau das Gegenteil. Er quasselt an einem Stück, und wenn niemand zuhört, spricht er auch gerne mal mit sich selbst, Hauptsache, er kann reden. Er schlingt sein Futter herunter, dass ich immer Angst habe, er bekommt einen Knoten in den Bauch (abgesehen davon, dass ich mich immer beeilen muss, um überhaupt noch etwas abzubekommen), und beschäftigt sich den ganzen Tag damit, entweder rumzujammern oder über alles, was ihm unter die Nase kommt, laut nachzudenken. Und dazu immer dieses nervige »Iiii-Aaa«! Wenn ich die richtigen Arme dazu hätte, würde ich ihm das Maul zuhalten. Aber da ich die nicht habe, bin ich inzwischen Meister im Weghören. Ich muss dann nur aufpassen, im richtigen Moment doch mitzubekommen, was er sagt, sonst ist Billy beleidigt, dass ich nicht zugehört habe. Und ein beleidigter Esel ist fast noch schwerer zu ertragen als ein quasselnder Esel.

Wie gesagt: An diesem einen Tag hatte ich »eselfrei« und widmete mich ganz meiner Lieblingsbeschäftigung. Ich lag auf dem Stroh – endlich war mal Platz in der Hütte, Billy macht sich immer so breit! – und guckte den Schwalben zu. Die hatten ihr Nest bei uns im Stall und flogen immer ein und aus. Wenn ich Schwalben beim Rein- und-Rausfliegen zuschaue, stelle ich mir immer vor, ich hätte auch Flügel. Und dann mache ich mich auf und davon, die Welt mal von oben zu sehen. Ich beobachtete also die Schwalben und war gerade dabei, über Afrika zu fliegen. Ich sah eine Elefantenherde und Giraffen und Löwen, und als die Affen vor mir auftauchten, ging die Stalltür auf. Ich fiel aus allen Träumen. »Was kommt denn jetzt? Hoffentlich ist Billy nicht schon fertig!«, dachte ich. Da erst fiel mir auf, dass die Sonne schon untergegangen war. Tja, wenn man in Afrika ist, vergeht die Zeit ganz schön schnell!

Aber es war gar nicht Billy, sondern ein ziemlich alter Mann und eine junge Frau. Beide sahen schrecklich müde aus. Die Frau hatte einen ganz dicken Bauch und konnte kaum noch gehen. Unschlüssig standen sie dort und schauten sich um. Der Bauer stand noch in der Tür. »Wenn ihr wollt, könnt ihr hier bleiben. Es ist nicht gerade ein Luxushotel, aber besser, als auf der Straße zu schlafen. Ich

bringe euch gleich noch etwas zum Abendbrot. Viel ist es nicht, was wir haben, aber es wird schon für uns alle reichen«, sagte er. Die beiden nickten ihm stumm zu und der Bauer schloss die Tür.
»Was wird das denn?«, dachte ich. »Hier ist es ja schon mehr als voll, wenn wir nur zu zweit sind. Und jetzt noch zwei mehr? Das kann ja ein schöner Abend werden!« Ich war ganz schön brummelig, weil die beiden mich so unsanft aus meinen Träumen gerissen hatten. Aber sie waren so müde und schauten so traurig, dass ich bald meine schlechte Laune vergaß und versuchte, ihnen ein bisschen Platz zu machen. »Maria, leg dich hierhin auf das Stroh, schau, es ist noch ganz frisch«, sagte der Mann zu seiner Frau.
Sie lächelte ihn nur scheu an und ließ sich schwer auf dem Stroh nieder. Der Mann setzte sich hinter sie und massierte ihr die Schultern. Dann kam der Bauer und brachte für jeden zwei Scheiben Brot und frisches Wasser. »Wie gesagt: Es ist nicht viel, aber vielleicht reicht es, um heute Abend satt zu werden. Es wird eine kalte Nacht, ich werde sehen, ob ich nicht noch ein paar Decken für euch auftreiben kann«, sagte er. »Und macht euch nichts aus den Tieren. Ich bringe nachher auch noch einen Esel. Sie sind beide alt und werden euch nicht weiter stören.« »Danke! Gott vergelt's euch«, sagte der Mann.
»Das ist ja nett, dass er so über uns denkt. Aber er kennt Billy nicht«, dachte ich. »Wenn der nachher kommt, wird er einen Aufstand proben, wenn er sieht, dass diese Frau auf seinem frischen Stroh liegt. Er meint immer, er hätte ein Recht darauf, wenn er den ganzen Tag in der Mühle eingespannt war. Nun ja, wir werden sehen.«
Als der Bauer gegangen war, schob der Mann ganz unauffällig seiner Frau eine seiner Brotscheiben zu. »Lass nur, Josef«, sagte Maria, »ich habe sowieso keinen Hunger.« Josef zog die Augenbrauen nach oben, sagte aber nichts. Und so wurde es wieder still im Stall. Josef aß schweigend sein Brot.
»Na, das sind ja nette Zeitgenossen«, dachte ich, »die Leute sind ganz nach meinem Geschmack.« Und so machte ich mich wieder mit

den Schwalben auf die Reise nach Afrika. Gerade als ich bei den Affen angekommen war, stöhnte Maria laut auf.
»Warum immer, wenn ich gerade bei den Affen bin?«, grummelte ich. Aber Maria stöhnte noch einmal. »Josef, es ist so weit. Das Kind kommt!«, sagte sie. Josef wurde ganz aufgeregt. »Ausgerechnet jetzt, ausgerechnet in diesem traurigen Stall! Wie soll das werden?« Josef rang die Hände.
»Das hilft jetzt nichts, Josef. Geh zum Bauern und bitte ihn um die Decken. Heißes Wasser brauchen wir auch und ein paar Windeln. Geh, ich komm schon zurecht!« Josef sah so aus, als wäre er nicht böse, dass er gehen konnte. Mir tat Maria so leid, dass sie hier ganz alleine ihr Kind auf die Welt bringen musste! »Was kann ich nur für sie tun?«, dachte ich. Aber es ging alles so schnell, und als Josef zurückkam, war das Kind da. Und es brüllte ganz schön laut! Josef war völlig außer sich, aber dann nahm er es in die Arme, wusch es ein bisschen ab und legte es Maria auf den Bauch. Auch wenn Maria völlig fertig war: Sie strahlte ihr Kind an und streichelte den kleinen Kerl. »Jesus soll er heißen«, sagte sie zufrieden. »Und jetzt gibt mir die Windeln, Josef, der arme Wicht wird ja ganz kalt!«
Als Maria Jesus gewickelt hatte und er zufrieden an ihrer Brust nuckelte, ging die Stalltür wieder auf. Josef sprang auf – ich glaube, er hatte Angst um seine kleine Familie. Aber es war nur der Bauer, der jetzt Billy zurück in den Stall brachte.
»Auch das noch«, dachte ich, »jetzt macht euch auf was gefasst.« Leider habe ich immer recht, was Billy angeht. Er war noch nicht zur Tür herein, da ging es schon los: »Was soll das denn jetzt? Sind wir seit Neuestem eine Pension? Vermieten wir jetzt schon das Stroh, weil wir so arm sind? He, sag diesem Menschenwesen, es soll sofort von dem Strohballen aufstehen! Das ist meiner, ich habe dafür den ganzen Tag geschuftet, mir die Klauen wundgelaufen, immer im Kreis, weißt du Mensch überhaupt, was das heißt?«
Hier musste selbst der dümmste Esel der Welt einmal Luft holen. Und in diesem Moment legte Maria den kleinen Jesus in unsere Futterkrippe. Er war gerade ganz satt und zufrieden eingeschlafen.

»Das ist ja wohl die Höhe!« – Leider hatte das Luftholen nicht lange gedauert, und so wetterte Billy gleich weiter. »Was würdest du Mensch denn sagen, wenn ich meine Kinder auf euren Esstisch legen würde, häh? Würde dir das vielleicht gefallen?«

Da drehte sich Josef plötzlich mit einer schnellen Bewegung um und schrie Billy an: »Halt mal den Rand, du dummer Esel! Siehst du nicht, dass das Kind schläft? Wir sind den ganzen Tag gelaufen, von Nazaret bis hierher nach Bethlehem. Ich habe wunde Füße und meine Frau hat gerade ein Kind zur Welt gebracht, verstehst du? Wenn du hier weiter so rumblökst, zieh ich dir die Ohren noch länger, als sie schon sind!« Josef war ganz rot angelaufen vor lauter Wut.

Und dann geschah ein wahres Wunder: Billy war sprachlos. Er schaute Josef völlig verdutzt an – und war einfach still. Ich hatte die ganze Szene aus meiner Stallecke beobachtet und konnte jetzt einfach nicht anders. Ich musste kichern. Ich konnte gar nicht mehr aufhören damit, aber ihr hättet mal das Gesicht von Billy sehen müssen! Ich dachte noch: »Diesen Spruch muss ich mir merken, vielleicht funktioniert das ja bei mir auch mal!« Als ich endlich wieder Luft bekam, war Billy noch immer stumm. Aber jetzt war er einfach nur fasziniert. Er stand da und schaute auf das schlafende Kind, schaute und schaute. Dann machte er zwei Schritte nach vorne und ging ganz nah an die Krippe heran. Maria wollte schon aufspringen, aber Josef hielt sie zurück. »Lass ihn, er tut ihm nichts«, sagte er.

Billy schaute Jesus an und bekam ganz feuchte Augen. »Johny, komm her, sieh dir das an!«, flüsterte er. Ich stand auf und ging zu ihm hin, auch wenn ich nicht genau wusste, was er wollte. Das war ein Kind, ja und? »Schau mal, wie klein es ist, sieh mal diese winzigen Finger!« »Dem muss doch kalt sein«, sagte ich, »hier ist es wirklich nicht warm!«

Da hatte Billy eine Idee. »Pass mal auf!«, sagte er. Und ganz sanft schnaubte er seinen warmen Atem über das Kind. Dem standen die drei Haare zu Berge, die es auf dem Kopf hatte. Und es bewegte sich im Schlaf. Billy schnaubte noch einmal. Diesmal machte Jesus seine Händchen auf und zu. »Los, hilf mir!«, sagte Billy zu mir. Und so spielten wir ein bisschen Heizung und schnaubten beide unseren Atem über Jesus. In diesem Moment schlug er die Augen auf – und lächelte. Zum ersten Mal, seit er auf der Welt war. »Sieh mal, er lächelt, wir haben ihn zum Lächeln gebracht! Was für ein süßes Kind, schau doch …«, flüsterte Billy ganz aufgeregt. »Schschsch«, machte Maria, »weckt ihn nicht auf!« Billy war ein bisschen verlegen und gleich wieder still.

Aber den Rest der Nacht verbrachten wir beide neben Jesus. Es war wirklich eine kalte Nacht. Josef hielt Maria warm und wir beide ihr Kind. Ich habe Billy nie vorher und nie mehr hinterher so erlebt wie in dieser Nacht. Dieses Kind hat ihn verzaubert, hat aus einem alten störrischen, nörgeligen Esel ein Wesen gemacht, das, ohne zu meckern, die ganze Nacht seine Wärme und sein Stroh für ihn hergab. Nicht nur, aber auch deshalb war diese Nacht eine heilige Nacht.

Marlene Fritsch

50 Der uralte Hirte und der Wolf

Thema Ein Großvater schlüpft in die Rolle eines Hirten und geht mit zum Stall von Bethlehem
Alter ab Grundschulalter
Vorlesedauer ca. 5 Minuten
Impulse zur Weiterführung Der Legende nach sollen an Weihnachten alle Tiere friedlich gewesen sein. In der Geschichte schlüpft ein Großvater in die Rolle des Hirten und geht zum Stall – und der Wolf hütet die Schafe. Ein Rollentausch, der sagt: An Weihnachten verkehren sich die Dinge, Gott wird Mensch, die verachteten Hirten schauen zuerst das göttliche Kind und ein Wolf bewacht die Schafe. *Für Erwachsene:* vgl. Jesaja, Kap. 11: »Dann wohnt der Wolf beim Lamm, der Panther liegt beim Böcklein. Kalb und Löwe weiden zusammen, ein kleiner Knabe kann sie hüten. Kuh und Bärin freunden sich an, ihre Jungen liegen beieinander. Der Löwe frisst Stroh wie das Rind …« Das Kind in der Krippe stellt die gewohnte »Ordnung« auf den Kopf. Es wird eine neue Schöpfung.

Micha möchte gern wissen, ob der Großvater an der Krippe von Betlehem dabei gewesen ist.
»O ja, ich war dort«, sagt der Großvater. »Aber das ist lange her.«
»Wann?«, fragt Micha.
»Als ich noch ein Hirt war«, sagt Großvater.
»Hast du das geträumt?«
»Nein«, sagt der Großvater, »das denke ich mir aus. Und wahrscheinlich bin ich ein Schafhirt gewesen.«
»Ein Schafhirt in Betlehem?«
»Ja, so stelle ich mir das vor«, sagt der Großvater. »Uralt war ich und sehr misstrauisch. Deshalb dachte ich auch gleich an den Wolf.«
»Warum an den Wolf?«, fragt Micha.
»Hirten müssen immer an den Wolf denken. Hast du nie davon gehört?«

»Doch«, sagt Micha. »Der Wolf schleicht nachts um die Herde und will eins von den kleinen Lämmern fressen, wenn keiner aufpasst!«
Der Großvater nickt. »Deshalb sagte ich ja auch: Einer muss doch bei den Schafen bleiben, wenn ihr alle zur Krippe gehen wollt. Damit die Herde nicht ohne Schutz ist.«
»Und du bist bei den Schafen geblieben?«, fragt Micha.
»Ja«, sagt der Großvater. »Ganz allein saß ich in der Hürde und stützte den Kopf in die Hände. Ein Feuerchen brannte, weil es kalt war in dieser Nacht. Um mich herum hatten die Schafe sich zusammengedrängt und ruhten sich aus. Manchmal hörte ich sie leise schnaufen.«
»Und dann? Ist der Wolf dann gekommen?«
»Ja! Plötzlich stand er vor mir. Ich muss wohl doch ein wenig eingenickt sein. Da schreckte ich hoch und sah seine großen Augen.«
»Was wollte der Wolf?«
»Er hatte gar keine Angst vor mir. Dicht heran kam er und fragte mit seiner rauen Stimme: ›Weshalb bist du nicht bei der Krippe?‹
Ich sagte: ›Weil ich auf dich gewartet habe.‹ ›Auf mich hast du gewartet?‹, fragte der Wolf. ›Warum auf mich?‹
Ich antwortete: ›Ich kenne dich doch. Ich weiß, dass du Hunger hast und dass du ein gefährlicher Räuber bist. Aber sieh dich vor! Ich leide es nicht, wenn du dich in die Herde einschleichst!‹ Dabei griff ich zu meiner scharf geschliffenen Axt.«
»Sah der Wolf wirklich so böse aus?«, fragt Micha.
Der Großvater besinnt sich eine Weile. »Viele Wölfe habe ich gekannt, solange ich Schafhirt war. Nie habe ich etwas anderes gehört, als dass sie Bösewichte sind. Aber seltsam, dieser Wolf kam mir anders vor. Scheu blickte er mich an und schwieg. Deshalb fragte ich ihn: ›Bist du denn nicht gekommen, mir ein Schaf oder ein Lamm wegzurauben?‹ Der Wolf schüttelte den Kopf. ›Nein‹, sagte er, ›ein Schaf hätte ich doch längst rauben können, während du schliefst. Meinst du nicht, alter Hirt?‹ Ja, müde und wenig wachsam war ich, das musste ich zugeben. Ich stellte die Axt auf

die Seite. Fast schämte ich mich vor dem grauen, zottigen Tier. Ich sagte: ›Das begreife ich nicht, Wolf. Weshalb bist du denn heute so anders?‹«

»Und was sagte der Wolf?«

»›Diese Nacht ist doch auch anders‹, sagte er. Eine hochheilige Nacht hat er sie genannt oder so ähnlich. Ich fragte ihn, woher er denn das so genau wüsste. ›Oh‹, sagte der Wolf, ›der Stern war sehr groß, und der Engel stand leibhaftig auf der Erde. Hast du beides nicht bemerkt?‹ Ich sagte: ›Uralte Hirten sind schwerhörig und fast schon blind. Misstrauisch sind sie obendrein.‹ Da kam der Wolf noch näher ran und sagte: ›Du musst nach Betlehem gehen, du schwerhöriger Hirt! Denn ich bin auch im Stall an der Krippe gewesen. Daher weiß ich, dass dies eine besondere, eine hochheilige Nacht ist!‹«

Micha sagt: »Hat der Wolf das Jesuskind gesehen?«

»Ja, er hat es gesehen, mit Maria und Josef. Dicht vor der Krippe hat er gestanden. Um ihn herum die Hirten. Und Ochs und Esel und viele andere Tiere: Katze und Maus, Fuchs und Hase, Löwe und Lamm. Sie alle hockten friedlich nebeneinander, behauptete der Wolf. Keins hat das andere gefressen. Nein, in dieser hochheiligen Nacht waren sie alle wie Bruder und Schwester.«

»Schade«, sagt Micha, »dass es nicht immer so blieb!«

»Recht hast du!«, ruft der Großvater. »Und recht hatte auch der Wolf. ›Geh ohne Sorge‹, sagte er, ›ich will, solange du fort bist, auf die Schafe und Lämmer achtgeben. Damit ihnen nichts Böses geschieht.‹«

»Bist du dann hingegangen, Großvater?«

»Ja, ich bin zur Krippe gegangen und habe das Jesuskind gesehen.«

»Und der Wolf hat die Schafe gehütet?«

Der Großvater lacht. »Was meinst du, so etwas Merkwürdiges habe ich noch nie erlebt, so uralt ich auch war. Bedenke doch, Micha: ein Wolf als Schafhirt! Nein, unmöglich kommt mir das vor, sooft ich daran denke. Und es ist trotzdem wahr.«

Rudolf Otto Wiemer

51 Der Wolf an der Krippe

Thema Verwandlung; das Kind in der Krippe kann heilen

Vorlesedauer ca. 2 ½ Minuten

Alter ab Kindergartenalter (ca. 6 Jahre), alle Altersstufen

Impulse zur Weiterführung Die Geschichte hat klassische Motive eines Märchens: Ein Mensch, der durch irgendeinen unbekannten Fluch zum bösen Tier – hier zum Wolf – wurde, vielleicht auch durch böse Taten, ein schlimmes Verbrechen oder einfach durch den Hass und die Lieblosigkeit anderer, wird durch die Liebe von seinem »Fluch« erlöst. Obwohl er sich als Wolf verhält, erkennt das Jesuskind in ihm den an seinem Schicksal und an der Lieblosigkeit leidenden Menschen. Sein Wort schenkt ihm sein eigentliches Leben zurück und macht ihn zum Boten für das Weihnachtswunder: »Dieses göttliche Kind kann dich und jeden erlösend berühren!«

Es war einmal ein Wolf. Der lebte in der Gegend von Bethlehem. Die Hirten wussten um seine Gefährlichkeit und waren deshalb jeden Tag damit beschäftigt, ihre Schafe vor ihm in Sicherheit zu bringen. Stets hielt einer von ihnen Wache, denn der Wolf war hungrig, listig und böse.

Es war in der Heiligen Nacht. Gerade war der himmlische Gesang der Engel verstummt. Ein Kind sollte geboren worden sein, ein Knabe. Der Wolf wunderte sich sehr, dass die rauen Hirten allesamt hingingen, um ein Kind anzusehen. »Wegen eines neugeborenen Kindes solch ein Getue«, dachte der Wolf. Aber neugierig geworden und hungrig, wie er war, schlich er ihnen nach. Beim Stall angekommen, versteckte er sich und wartete.

Als die Hirten nach der Huldigung des Jesuskindes sich von den Eltern verabschiedeten, hielt der Wolf seine Zeit für gekommen. Er wartete noch, bis Maria und Josef eingeschlafen waren; die ausgestandene Sorge und die Freude über das Kind hatten sie sehr müde gemacht.

»Umso besser«, dachte der Wolf, »ich werde mit dem Kind beginnen.« Auf leisen Pfoten schlich er in den Stall. Niemand bemerkte sein Kommen. Nur das Kind. Es blickte voll Liebe auf den Wolf, der, Tatze vor Tatze setzend, sich lautlos an die Krippe heranschob. Er hatte den Rachen weit geöffnet, und die Zunge hing ihm heraus. Er war schrecklich anzusehen. Nun stand er dicht neben der Krippe.
»Ein leichtes Fressen«, dachte der Wolf und schleckte sich begierig die Lefzen. Er setzte zum Sprung an.
Da berührte ihn behutsam und liebevoll die Hand des Jesuskindes. Das erste Mal in seinem Leben streichelte jemand sein hässliches, struppiges Fell, und mit einer Stimme, wie der Wolf sie noch nie vernommen, sagte das Kind: »Wolf, ich liebe dich.«
Da geschah etwas Unvorstellbares – im dunklen Stall von Bethlehem platzte die Tierhaut des Wolfes – und heraus stieg ein Mensch. Ein wirklicher Mensch. Dieser sank in die Knie, küsste die Hände des Kindes und betete es an.
Alsdann verließ er den Stall – lautlos, wie er zuvor als Wolf gekommen war – und ging in die Welt, um allen zu künden: Dieses göttliche Kind kann dich erlösend berühren!
Überliefert

52 Die Legende vom Jesuskind und der Spinne

Thema Wertschätzung für die Natur; die ganze Schöpfung wird »erlöst«
Vorlesedauer ca. 1 Minute
Alter alle Altersstufen
Impulse zur Weiterführung Die Spinne ist für viele ein Tier, das negative Empfindungen auslöst. Auch in der Geschichte wird es als »Ungeziefer« eingestuft und getötet. Die Legende beschreibt, dass Jesus in diesem Augenblick zum ersten Mal mit dem Tod, dem Bösen, der Ausübung von Macht und der Zerstörung der Schöpfung konfrontiert wird. Der »heilige Moment« der Geburt, der Zauber der Unschuld geht in diesem Moment verloren – und doch heißt die Botschaft von Bethlehem: Gott möchte die ganze Schöpfung erlösen.

Als Jesus neugeboren und rosig im Stall in Bethlehem lag, da versammelten sich alle Lebewesen, die gerade zufällig in der Nähe waren, um die Krippe. Die Tiere des Stalles, vom Esel bis zum Mäuschen, die Hirten, sie standen und staunten. Bald sollten selbst Könige in diesem Stall niederknien …
Doch in den ersten Minuten, als außer Maria und Josef, den Hirten und ein paar Tieren noch niemand die Ruhe störte, da wollte auch eine Spinne ihre Hochachtung und ihr Glück bezeugen. Sie krabbelte die Wand entlang über den Kopf des Kindes und seilte sich langsam ab, langsam, damit das Menschenkind sich nicht fürchtete. Das Baby hob seine Hand, streckte sie dem schwarzen Tier entgegen.
Ein Hirte sah das, und mit einem Finger schnitt er den Faden der Spinne ab, warf sie auf den Boden. So schnell konnte die Spinne gar nicht flüchten, da war sie auch schon zertreten.
In diesem Augenblick weinte Jesus zum ersten Mal.
Legende

53 Der störrische Esel und die süße Distel

Thema Ein störrischer Esel wird auf dem Weg nach Ägypten vom Jesuskind »gezähmt«

Alter ab Kindergartenalter, alle Altersstufen

Vorlesedauer ca. 6 Minuten

Impulse zur Weiterführung Die klassische und humorvolle Geschichte von Karl Heinrich Waggerl (1897–1973) erzählt von der Verwandlung des störrischen Esels durch das Jesuskind auf der Flucht nach Ägypten. Die »Distel«, die er vom Kind zum Fressen erhält, schmeckt nach süßem Honigklee: Nicht alles, was uns im Leben dornig erscheint, ist von vornherein schlecht; manches Mal täuscht das Äußere. Gott hat die Macht, »Dornenreiches« in unserem Leben zu verwandeln.

Als der heilige Josef im Traum erfuhr, dass er mit seiner Familie vor der Bosheit des Herodes fliehen müsse, in dieser bösen Stunde weckte der Engel auch den Esel im Stall.
»Steh auf!«, sagte er von oben herab, »du darfst die Jungfrau Maria mit dem Herrn nach Ägypten tragen.« Dem Esel gefiel das gar nicht. Er war kein sehr frommer Esel, sondern eher ein wenig störrisch im Gemüt. »Kannst du das nicht selber besorgen?«, fragte er verdrossen. »Du hast doch Flügel, und ich muss alles auf dem Buckel schleppen! Warum denn gleich nach Ägypten, so himmelweit!?«
»Sicher ist sicher!«, sagte der Engel, und das war einer von den Sprüchen, die selbst einem Esel einleuchten müssen.
Als er nun aus dem Stall trottete und zu sehen bekam, welch eine Fracht der heilige Josef für ihn zusammengetragen hatte, das Bettzeug für die Wöchnerin und einen Pack Windeln für das Kind, das Kistchen mit dem Gold der Könige und zwei Säcke mit Weihrauch und Myrrhe, einen Laib Käse und eine Stange Rauchfleisch von den Hirten, den Wasserschlauch und schließlich Maria selbst mit dem Knaben, auch beide wohlgenährt, da fing er gleich wieder an,

vor sich hin zu maulen. Es verstand ihn ja niemand außer dem Jesuskind.

»Immer dasselbe«, sagte er, »bei solchen Bettelleuten! Mit nichts sind sie hergekommen, und schon haben sie eine Fuhre für zwei Ochsen beisammen. Ich bin doch kein Heuwagen«, sagte der Esel, und so sah er auch wirklich aus, als ihn Josef am Halfter nahm; es waren kaum noch die Hufe zu sehen.

Der Esel wölbte den Rücken, um die Last zurechtzuschieben, und dann wagte er einen Schritt, vorsichtig, weil er dachte, dass der Turm über ihm zusammenbrechen müsse, sobald er einen Fuß voransetzte. Aber seltsam, plötzlich fühlte er sich wunderbar leicht auf den Beinen, als ob er selber getragen würde; er tänzelte geradezu über Stock und Stein in der Finsternis.

Nicht lange, und es ärgerte ihn auch das wieder. »Will man mir einen Spott antun?«, brummte er. »Bin ich etwa nicht der einzige Esel in Bethlehem, der vier Gerstensäcke auf einmal tragen kann?« In seinem Zorn stemmte er plötzlich die Beine in den Sand und ging keinen Schritt mehr von der Stelle.

»Wenn er mich jetzt auch noch schlägt«, dachte der Esel erbittert, »dann hat er seinen ganzen Kram im Graben liegen!«

Allein, Josef schlug ihn nicht. Er griff unter das Bettzeug und suchte nach den Ohren des Esels, um ihn dazwischen zu krauen. »Lauf noch ein wenig«, sagte der heilige Josef sanft, »wir rasten bald!« Daraufhin seufzte der Esel und setzte sich wieder in Trab. »So einer ist nun ein großer Heiliger«, dachte er, »und weiß nicht einmal, wie man einen Esel antreibt!«

Mittlerweile war es Tag geworden, und die Sonne brannte heiß. Josef fand ein Gesträuch, das dürr und dornig in der Wüste stand; in seinem dürftigen Schatten wollte er Maria ruhen lassen. Er lud ab und schlug Feuer, um eine Suppe zu kochen; der Esel sah es voll Misstrauen. Er wartete auf sein eigenes Futter, aber nur, damit er es verschmähen konnte. »Eher fresse ich meinen Schwanz«, murmelte er, »als euer staubiges Heu!«

Es gab jedoch gar kein Heu, nicht einmal ein Maul voll Stroh. Der heilige Josef in seiner Sorge um Frau und Kind hatte es rein vergessen. Sofort fiel den Esel ein unbändiger Hunger an. Er ließ seine Eingeweide so laut knurren, dass Josef entsetzt um sich blickte, weil er meinte, ein Löwe säße im Busch.

Inzwischen war auch die Suppe gar geworden, und alle aßen davon, Maria aß, und Josef löffelte den Rest hinterher, und auch das Kind trank an der Brust seiner Mutter, und nur der Esel stand da und hatte kein einziges Hälmchen zu kauen. Es wuchs da überhaupt nichts, nur etliche Disteln im Geröll.

»Gnädiger Herr!«, sagte der Esel erbost und richtete eine lange Rede an das Jesuskind, eine Eselrede zwar, aber ausgekocht scharfsinnig und ungemein deutlich in allem, worüber die leidende Kreatur vor Gott zu klagen hat. »I-A!«, schrie er am Schluss, das heißt: »So wahr ich ein Esel bin!«

Das Kind hörte alles aufmerksam an. Als der Esel fertig war, beugte es sich herab und brach einen Distelstängel, den bot es ihm an.

»Gut!«, sagte er, bis ins Innerste beleidigt. »So fresse ich eben eine Distel! Aber in deiner Weisheit wirst du voraussehen, was dann geschieht. Die Stacheln werden mir den Bauch zerstechen, sodass ich sterben muss, und dann seht zu, wie ihr nach Ägypten kommt!«

Wütend biss er in das harte Kraut und – sogleich blieb ihm das Maul offen stehen. Denn die Distel schmeckte durchaus nicht, wie er es erwartet hatte, sondern nach süßestem Honigklee, nach würzigstem Gemüse. Niemand kann sich etwas derart Köstliches vorstellen, er wäre denn ein Esel.

Für diesmal vergaß der Graue seinen ganzen Groll. Er legte seine langen Ohren andächtig über sich zusammen, was bei einem Esel so viel bedeutet, wie wenn unsereins die Hände faltet.

Karl Heinrich Waggerl

54 Eine Weihnachtsfabel

Thema Was ist die zentrale Weihnachtsbotschaft? Was erwarten wir von Weihnachten?

Vorlesedauer ca. 1 Minute

Alter ab Grundschule, alle Altersstufen

Impulse zur Weiterführung *Für Kinder:* Was könnten andere Tiere für Weihnachtswünsche haben? *Für Erwachsene:* Was den Tieren in dieser Fabel in den Mund gelegt wird, kommt uns bekannt vor. Denn ähnlich wie beim Märchen verbergen sich dahinter zeitlose Weisheiten. – Was ist an Weihnachten die Hauptsache? Worum geht es eigentlich? Die Tiere haben ganz menschliche Antworten parat: gutes Essen, Schnee an den Festtagen, Stimmung, wertvolle Geschenke, festliche Garderobe, Süßigkeiten und »Saufen«. Das alles ist uns vertraut und verleiht dieser Zeit eine besondere Atmosphäre, die die allermeisten nicht missen möchten. Und es ist gut, wenn Menschen sich noch berühren lassen. Vielen scheint das zu genügen, sie haben keine andere Erwartung an diese besondere Zeit. Andere spüren vielleicht eine unbestimmte Sehnsucht, die darüber hinausgeht. Es erinnert ein wenig an Menschen, die ihre aufwendig verpackten Geschenke gar nicht öffnen wollen, weil sie so wunderschön aussehen. Die Verpackung ist wichtiger als das Geschenk. – Wie ist das bei uns? Wollen wir das Geschenk, das Gott uns an Weihnachten in die Krippe legen möchte, »auspacken«? – Was erwarten wir von Weihnachten?

Die Tiere diskutierten einmal darüber, was an Weihnachten die Hauptsache sei.

»Na klar, Gänsebraten«, sagte der Fuchs. »Was wäre Weihnachten ohne Gänsebraten!?«

»Schnee«, sagte der Eisbär, »viel Schnee: Oh, weiße Weihnachten!«

»Und ein paar Kerzen«, heulte die Eule, »schön schummrig und gemütlich; Stimmung muss sein.«

»Aber so hell, dass man mein neues Kleid sehen kann«, sagte der Pfau, »sonst ist für mich kein Weihnachten.«
»Und Schmuck!«, krächzte die Elster. »Zu Weihnachten kriege ich immer was: einen Ring, ein Armband, eine Kette und Glitzerdinge. Das ist für mich das Allerschönste zum Fest.«
»Na, aber bitte den Stollen nicht vergessen«, brummte der Bär, »der ist doch die Hauptsache! Wenn es die süßen Sachen nicht gibt, verzichte ich auf Weihnachten.«
»Mach's wie ich«, sagte der Dachs, »schlafen, schlafen, das ist das Wahre. Weihnachten heißt für mich: Mal richtig ausschlafen.«
»Und saufen«, ergänzte der Ochse, »jede Menge Glühwein saufen.« Aber dann schrie er: »Aua!«, denn der Esel hatte ihm einen gewaltigen Tritt versetzt.
»Ochs, du spinnst! Das Kind in der Krippe ist das Wichtigste an Weihnachten! Hast du das vergessen?«
Da senkte der Ochse beschämt den Kopf: »Ob die Menschen das auch wissen?«
Überliefert

Weihnachtsengel

Von kleinen und großen Engeln –
mit und ohne Flügel

55 Gabriels große Stunde

Thema Der Engel Gabriel bereitet die Geburt Jesu vor

Vorlesedauer ca. 2 1/2 Minuten

Alter Jugendliche und Erwachsene

Impulse zur Weiterführung Die Verfremdung in dieser mit einem Augenzwinkern erzählten Geschichte um die Vorbereitungen der Geburt Jesu durch den Engel Gabriel hinterfragt die bekannten Szenen. Müssten die weihnachtlichen Erzählungen nicht eigentlich genau das widerspiegeln, was Gabriel hier vorbereitet und regelt: das Kind geboren im Palast des Herodes, Posaunenklänge, Jerusalem geschmückt? Lassen wir uns noch von der so ungewöhnlichen Armutsgeschichte überraschen oder sehen wir darin nur noch die jährliche, gewohnte »Folklore«?

Gabriel hatte keine weiteren Anweisungen erhalten. Aber als Erzengel war er gewohnt, Verantwortung zu übernehmen und Dinge selbstständig zu regeln.

Es begann mit einer Botschaft, die er einem Mädchen in Nazaret ausrichten sollte. Die Geburt eines Sohnes kündigte er ihr an. »Er wird groß sein und Sohn des Höchsten genannt werden. Gott, der Herr, wird ihm den Thron seines Vaters David geben. Er wird über das Haus Jakob in Ewigkeit herrschen, und seine Herrschaft wird kein Ende haben.«

Natürlich war Maria etwas verwirrt. Ist ja auch kein Wunder. Plötzlich ein Engel vom Himmel in der Stube, und dann auch noch diese überraschende Schwangerschaft!

Da scheint wirklich eine größere Sache im Gang zu sein. Wenn er, der Erzengel persönlich, nach Nazaret … aber na ja, Bote ist schließlich sein Beruf. Zum Glück hat sich das Mädchen nicht lange geziert. Der Hinweis auf den Heiligen Geist hat sie wohl überzeugt. Aber trotzdem. Sie scheint ein wenig überfordert, die Kleine. Und Josef? Den lassen wir am besten ganz aus dem Spiel. Notfalls be-

kommt er im Traum einen Tipp, falls er Schwierigkeiten machen sollte.
Am besten ist es, die Sache gleich selbst in die Hand zu nehmen, unter Erzengelsfittiche sozusagen. Neun Monate bleiben noch Zeit. Bis dahin muss alles geregelt sein. Herodes wird seinen Palast räumen müssen, um ihn der Heiligen Familie zur Verfügung zu stellen. Vielleicht lässt sich auch ein Sternzeichen am Himmel anbringen, um die Könige und Weisen der Völker auf das Ereignis aufmerksam zu machen. Wenn sie rechtzeitig von ihren Höfen aufbrechen, kann bei der Geburt eine ansehnliche Schar zur Huldigung versammelt sein. Der Kaiser selbst muss heranpilgern. Seine Herolde werden die Nachricht im ganzen Reich verkünden, Posaunen werden erklingen, Jerusalem wird strahlen im Glanze von Blumen und Fahnen, der ganze Erdkreis wird sich rüsten …
Gabriel lächelte. Auch sein bescheidener Beitrag würde nicht vergessen werden. Voller Tatendrang breitete er seine Flügel aus und entschwebte …

Klaus Roos

56 Ein kleiner Engel macht sich Sorgen

Thema Ein kleiner Engel erfährt: Manchmal können die Menschen von den Tieren lernen
Vorlesedauer ca. 3 Minuten
Alter ab Grundschule
Impulse zur Weiterführung Ochs und Esel machen dem kleinen Engel, der die Tiere im Stall auf die Geburt Jesu vorbereiten soll, Sorgen. Und doch sind es gerade der einfältige und missmutige Ochse und der störrische, aufsässige Esel, die das Kind in Liebe empfangen und ihm im Stall zur Seite stehen. Und so gehören Ochs und Esel schon immer zur Weihnachtskrippe. – Jeder kann dem Kind in der Krippe einen herzlichen Empfang bereiten, mit seinen ganz persönlichen Begabungen. – Welche Tiere werden sonst noch in der Geschichte genannt? Welche fehlen, könnten aber auch im Stall das Kind begrüßen?
Anregungen zur Gestaltung Möglichst große Figuren von Ochs und Esel aus der Weihnachtskrippe an einen geeigneten Ort (Kreismitte) stellen.

Der kleine Engel Benjamin faltet artig seine Flügel zusammen. Er pocht vorsichtig ans Wolkentor des großen Engels Gabriel. Streng schaut ihm Gabriel entgegen.
»Hast du endlich deinen Auftrag erfüllt?«, fragt er und zieht die Augenbrauen hoch. »Sind alle Tiere da unten in dem ärmlichen Stall auf das große Fest vorbereitet?«
»Ich hab getan, was ich konnte«, flüstert der kleine Engel. »Die munteren Vögel werden ihre Schnäbel nicht zu weit aufsperren, sondern ein leises, sanftes Schlaflied für das Kind zwitschern. Die große Eule wird das Kind nicht erschrecken mit ihren dunklen Flügeln, sondern sich brav auf den Dachbalken setzen und die Nacht mit ihren glühenden Augen ein bisschen heller machen. Die Putzengel haben die frechen Fliegen und Flöhe schon herausgewedelt. Die Schlange hat strengstes Einschleichverbot. Auf die vorwitzigen

Mäuse passen die schlauen Dorfkater Mausi und Peter auf. Sie wissen ganz genau: Krallen zeigen – aber Fressverbot!
Nur Ochs und Esel machen mir Sorgen. Dieser einfältige Ochse ist ein missmutiger, langweiliger, dummer Geselle. Er wedelt mir mit seinem eklig schmutzigen Schwanz vor der Nase herum, dass mir ganz schlecht wird. Dann drückt er seinen mächtigen Körper und den Kopf an die Stallwand, dass sich die Balken biegen. Dazu schnaubt er ganz widerlich, dass der Staub aufwirbelt. An dem haben wir keine Hilfe. Und der Esel ist noch schlimmer! Er ist aufsässig und störrisch. Er besteht darauf, dass er nach der schweren Arbeit am Tag wenigstens in der Nacht in Ruhe fressen kann. Der lässt nicht den kleinsten Strohhalm in der Krippe. Und er geht bestimmt nicht vor die Tür, um seine Notdurft zu verrichten. Der Ochse übrigens auch nicht.«
»Na, das kann ja heiter werden!«, meint Gabriel. »Was sollen wir machen?«
»Ich glaube«, wagt der kleine Engel Benjamin schüchtern zu bemerken, »wenn Gott selber auf die Erde kommen will, wird er auch die störrischen Menschen und Tiere, sogar Ochs und Esel, zur Vernunft bringen.«
»Warten wir's ab!«, sagt Gabriel und faltet die Engelshände zu einem dringenden Stoßgebet. – Und dann geschieht wirklich das Wunder:
Die erschöpfte Maria, der müde aussehende Josef und das zitternde hilflose Kind rühren das Herz von Ochs und Esel und sie treten zur Seite, hauchen ihren Atem vorsichtig über die Krippe, holen immer wieder ein Maul voll frisches Stroh herbei, treten vor die Tür, wenn es sein muss, wedeln die neugierigen Mücken und Fliegen fort, die sich immer wieder hineinwagen – kurz: Sie empfangen das Kind mit aller Liebe und Sorgfalt, deren das Herz eines Ochsen und Esels fähig ist.
»Die Menschen können sich an den Tieren ein Beispiel nehmen«, denkt der kleine Engel Benjamin gerührt.

Barbara Cratzius

57 Der Engel ohne Flügel

Thema Ein Engel erhält auf dem Weg nach Bethlehem seine Flügel zurück

Vorlesedauer ca. 1 ½ Minuten

Alter alle Altersstufen

Impulse zur Weiterführung Warum mag der kleine Engel seine Flügel verloren haben? – Weil er mutlos war, weil er zweifelte? Trotzdem macht er sich auf den Weg und merkt: Er kommt sogar früher an als manche anderen Engel, denn er war aufmerksam und erlebte dadurch sogar viel Schönes. So kam er – auch innerlich – dem Kind in der Krippe immer näher. Als er dies erkennt und sich dankbar und froh vor dem Kind verneigt, wachsen ihm seine fehlenden Flügel – und er ist wieder ganz er selbst.

Als sich die Engel zum gemeinsamen Flug nach Bethlehem versammelten, war ein Engel besonders traurig, denn er hatte seine Flügel verloren. Während er daran zweifelte, dass er den weiten Weg schaffen würde, waren sie ihm unmerklich abgefallen.
Da tröstete ihn der Weihnachtsengel und sagte: »Komm! Geh deinen Weg mit kleinen Schritten, und auch du wirst das Ziel erreichen!«
Der Engel tat, wie es ihm verheißen war. Der Weg erschien ihm unendlich lang und beschwerlich. Aber er erlebte auf dem Weg auch viel Schönes, begegnete vielen Menschen und sah kleine bezaubernde Dinge am Wegesrand, die er beim Überfliegen gar nicht bemerkt hätte.
Als er schließlich in Bethlehem ankam und den Stall am Rand des Dorfes fand, war er zu seinem Erstaunen nicht der Letzte, weil manche Engel mit Lichtgeschwindigkeit losgesaust und in ihrem Übermut über den armen Stall hinweggebraust waren. So verneigte er sich dankbar und froh vor dem Kind in der Krippe. Da fühlte er plötzlich wieder seine Flügel und wusste: Mit der Freude über das Kind im Herzen würde er jetzt leichter alle Hindernisse nehmen können.

Überliefert (verändert)

58 Der Engel mit den leeren Händen

Thema Geschenke: Jeder kann dem Kind in der Krippe etwas schenken
Vorlesedauer ca. 1 1/2 Minuten
Alter ab Grundschule, alle Altersstufen
Impulse zur Weiterführung Jeder hat eine besondere Gabe, wie der kleine Engel. Welche Gaben habe ich, die auch für andere wertvoll sind? Wenn die Gruppe sich gut kennt: Welche besonderen Gaben hat mein Nachbar, meine Nachbarin? – *Für Erwachsene*: Welche Bedeutung hat der Segen für mich? Segne ich z. B. meine Kinder morgens, wenn sie das Haus verlassen, oder abends vor dem Zubettgehen? *Für ältere Menschen*: Gerade für ältere Menschen, die nicht mehr so aktiv sein können, stellt sich die Frage: Wie sieht mein »Geschenk« für die anderen, für die Gesellschaft, für die Familie aus? Was kann ich noch beitragen, wenn ich körperlich gebrechlich bin? – Was bedeutet hier: streicheln und segnen?

Im Himmel lebte ein kleiner Engel, der oft einfach übersehen wurde, weil er nicht sehr musikalisch war und auch nicht gut malen konnte. Das machte ihn manchmal traurig.
Eines Tages herrschte auf einmal große Aufregung im Himmel, weil der Erzengel Gabriel allen aufgetragen hatte, sich für die Geburt des göttlichen Kindes eine Überraschung auszudenken. Alle malten und backten schöne Sachen; nur dem kleinen Engel fiel nichts ein.
Dann kam die Heilige Nacht. Alle Engel drängten sich mit ihren schönen Geschenken um das Jesuskind. Nur der kleine Engel dachte verzagt: Am besten ist, ich verstecke mich, weil ich doch mit leeren Händen dastehe.
Das Kind in der Krippe aber beachtete kaum die schönen Geschenke der großen Engelschar; es schaute lieber den kleinen Engel an, der mit Tränen in den Augen an der Tür stand. Das gab ihm Mut, näherzutreten: Ganz vorsichtig streichelte er die Decke, in die Maria

das Kind eingehüllt hatte. Da lächelte das Gotteskind den kleinen Engel an. Sofort stieg dem Engel eine solche Liebe ins Herz, dass er eine Hand erhob und das Kind segnete.

Da wusste der kleine Engel, dass er doch etwas mit seinen ungeschickten Händen tun konnte: streicheln und segnen.

Joseph Weissmann

59 Vom Engel, der nicht mitsingen wollte

Thema Sehnsucht nach Frieden

Vorlesedauer ca. 7 Minuten

Alter ab 10 Jahre, alle Altersstufen

Impulse zur Weiterführung Auch wir leiden – selbst in dieser adventlichen/weihnachtlichen Zeit – unter dem »Zwiespalt zwischen Himmel und Erde«. Zu viel Kriege, Terror, Streit und Machtmissbrauch überdecken die frohe Weihnachtsbotschaft. Auch wir brauchen »Engel«, die uns zeigen, dass »der Friede in dieser Nacht zur Welt gekommen ist«. – Sind wir schon so einem Engel begegnet? Es gibt sie, mitten unter uns! – Kann nicht jeder von uns versuchen, solch ein Engel des Friedens zu sein?

Als die Menge der himmlischen Heerscharen über den Feldern von Betlehem jubelte: »Ehre sei Gott in den Höhen und Friede auf Erden unter den Menschen«, hörte ein kleiner Engel plötzlich zu singen auf. Obwohl er im unendlichen Chor nur eine kleine Stimme war, machte sich sein Schweigen doch bemerkbar. Engel singen in geschlossenen Reihen; da fällt jede Lücke sogleich auf. Die Sänger neben ihm stutzten und setzten ebenfalls aus. Das Schweigen pflanzte sich rasch fort und hätte beinahe den ganzen Chor ins Wanken gebracht, wenn nicht einige unbeirrbare Großengel mit kräftigem Anschwellen ihrer Stimme den Zusammenbruch des Gesanges verhindert hätten. Einer von ihnen ging dem gefährlichen Schweigen nach. Mit bewährtem Kopfnicken ordnete er das weitere Singen in der Umgebung und wandte sich dem kleinen Engel zu.

»Warum willst du nicht singen?«, fragte er ihn streng.

Er antwortete: »Ich wollte ja singen. Ich habe meinen Part gesungen bis zum ›Ehre sei Gott in den Höhen‹, aber als dann das mit dem ›Frieden auf Erden unter den Menschen‹ kam, konnte ich nicht mehr weiter mitsingen. Auf einmal sah ich die vielen römischen Soldaten in diesem Land und in allen Ländern. Immer und überall verbreiten sie Krieg und Schrecken, bringen Junge und Alte um und nennen das römischen Frieden. Und auch wo keine Soldaten sind, herrschen Streit und Gewalt, fliegen Fäuste und böse Worte zwischen den Menschen und regiert die Bitterkeit gegen Andersdenkende. Sogar dieses Paar mit dem neugeborenen Kind musste wegen der Militärsteuer nach Betlehem ziehen, und wer weiß, was die Menschen mit diesem Kind machen werden!«

»Weißt denn du es?«, unterbrach ihn der Großengel.

»Nein, ich weiß es nicht und kann es nicht voraussehen«, erwiderte der Kleine. »Aber das, was ich sehe, genügt mir. Es ist nicht wahr, dass auf Erden Friede unter den Menschen ist, und ich singe nicht gegen meine Überzeugung!« Und er zeigte ein trotziges Gesicht. Einige seiner jüngeren Nachbarn, die genauso dachten, riefen laut Beifall.

»Schweigt! Vielmehr: Singt!«, rief der große Engel ihnen zu und nahm den jungen Rebellen zur Seite. Dort sprach er zu ihm: »Du willst also wissen, was Friede ist? Du lässt zu, dass ein friedloser Gedanke durch dein Gemüt zieht, und steckst andere mit deiner Unruhe an? Du brichst die Harmonie unseres Gotteslobes und störst die Einheit der himmlischen Welt, weil dir der Unfriede der menschlichen Welt zu schaffen macht? Du verstehst nicht, was in dieser Nacht in Betlehem geschehen ist, und willst die Not der ganzen Welt verstehen?«

Der kleine Engel verteidigte sich: »Ich behaupte nicht, alles zu verstehen. Aber ich merke doch den Unterschied zwischen dem, was wir singen, und dem, was auf Erden ist. Er ist für mein Empfinden zu groß, und ich halte diese Spannung nicht länger aus.«

Der große Engel schaute ihn lange schweigend an. Er sah wie abwesend aus. Es war, als ob er auf eine höhere Weisung lauschen würde. Dann nickte er und begann zu reden: »Gut. Du leidest am Zwiespalt zwischen Himmel und Erde, zwischen der Höhe und der Tiefe. So wisse denn, dass in dieser Nacht eben dieser Zwiespalt überbrückt wurde. Dieses Kind, das geboren wurde und um dessen Zukunft du dir Sorgen machst, soll unseren Frieden in die Welt bringen. Gott gibt in dieser Nacht seinen Frieden allen und will auch den Streit der Menschen gegen ihn beenden. Deshalb singen wir, auch wenn die Menschen dieses Geheimnis mit all seinen Auswirkungen noch nicht hören und verstehen. Wir übertönen mit unserem Gesang nicht den Zwiespalt, wie du meinst. Wir singen das neue Lied.«

Der kleine Engel rief: »Wenn es so ist, singe ich gerne weiter.«

Der Große schüttelte den Kopf und sprach: »Du wirst nicht mitsingen. Du wirst einen anderen Dienst übernehmen. Du wirst nicht mit uns in die Höhe zurückkehren. Du wirst von heute an den Frieden Gottes und dieses Kindes zu den Menschen tragen. Tag und Nacht wirst du unterwegs sein. Du sollst an ihre Häuser pochen und ihnen die Sehnsucht nach ihm in die Herzen legen. Du musst bei ihren trotzigen und langwierigen Verhandlungen dabei sein und mitten ins Gewirr der Meinungen und Drohungen deine Gedanken fallen lassen. Du musst ihre heuchlerischen Worte aufdecken und die anderen gegen die falschen Töne misstrauisch machen, damit die wahre Meinung zum Vorschein kommt und sie erschrecken. Sie werden dir die Türe weisen, aber du wirst auf den Schwellen sitzen bleiben und hartnäckig warten. Du musst die Unschuldigen unter deine Flügel nehmen und ihr Geschrei an uns weiterleiten. Du wirst nichts zu singen haben, du wirst viel zu weinen und zu klagen haben.«

Der kleine Engel war unter diesen Worten zuerst noch kleiner, dann aber größer und größer geworden, ohne dass er es selber merkte. Er wollte sich gegen diese schwere Aufgabe auflehnen, aber der andere Engel sagte: »Du hast es so gewollt. Du liebst die Wahrheit mehr als das Gotteslob. Dieses Merkmal deines Wesens wird nun zu deinem Auftrag. Und nun geh! Unser Gesang wird dich begleiten, damit du nie vergisst, dass der Friede in dieser Nacht zur Welt gekommen ist.«

Während er noch redete, brach er von einer Palme einen Zweig und hauchte darauf. Und er sprach: »Nimm diesen Zweig mit dir. Er bewahrt den Geruch des Himmels und wird dich in den menschlichen

Dünsten stärken.« Dann ging er an seinen Platz im himmlischen Chor zurück und sang weiter.

Der Engel des Friedens aber setzte seinen Fuß auf die Felder von Betlehem. Er wanderte mit den Hirten zu dem Kind in der Krippe und öffnete ihnen die Herzen, dass sie verstanden, was sie sahen. Dann ging er in die weite Welt und begann zu wirken. Angefochten und immer neu verwundet tut er seither seinen Dienst und sorgt dafür, dass die Sehnsucht nach Frieden nie mehr verschwindet, sondern wächst, Menschen beunruhigt und dazu antreibt, Frieden zu suchen und zu schaffen. Wer sich diesem Engel öffnet und ihm hilft, hört plötzlich wie von fern einen Gesang, der ihn ermutigt, das Werk des Friedens unter den Menschen weiterzuführen.

Werner Reiser

60 Der störrische Engel

Thema Zeit finden – gerade in der Advents- und Weihnachtszeit

Vorlesedauer ca. 3 1/2 Minuten

Alter Jugendliche und Erwachsene

Impulse zur Weiterführung Der »neue« Engel Kasimir hetzt von einer Aufgabe zur nächsten – viele von uns kennen das. – Gemeinsam überlegen, wie man in der Adventszeit »entschleunigen« und Zeit für sich, für die Familie – und für Gott finden kann.

Anregungen zur Gestaltung Eigene »Vorsätze« als Gedächtnisstütze auf ein schön gestaltetes Blatt schreiben und zu Hause an einen geeigneten Ort stellen/legen.

»Nein, ich kann das nicht!«, protestierte Kasimir, der erst vor Kurzem Engel geworden war. Er stand, die Arme in die Hüften gestemmt, vor dem Aufgabenverteilungsengel Edmund und machte ein zorniges Gesicht. »Die Zeit abbremsen! Wie stellt ihr euch das überhaupt vor! Sie haben Atomuhren, die würde noch nicht mal ein Erdbeben anhalten! Eben war ich in einem Einkaufszentrum und habe versucht, mich den Leuten in den Weg zu stellen. Was glaubst du, tun sie? Sie rennen einen um! Ganz zu schweigen von den Großstadtstraßen! Ein Stress ist das, ein Lärm, eine Hektik! Da unten ist die Hölle los!«

»Also, ich muss doch sehr bitten«, sagte Edmund. »Nicht solche Ausdrücke in unseren himmlischen Gefilden!«

»Aber es stimmt! Sie wehren sich mit Händen und Füßen!«, schimpfte Kasimir. »Es geht nicht! Ich kann das nicht! Und warum überhaupt die Zeit abbremsen?«

»Es ist absolut notwendig«, erklärte Edmund. »Die Menschen schaffen es eben ohne uns nicht, langsamer zu werden. Und sie brauchen es so nötig.«

»Na und, wenn sie es nicht schaffen, sollen sie doch an ihrem Stress krank werden und untergehen! Setzt mich woanders ein, bitte, egal wo.«

»Egal wo, ja?«, sagte Edmund und sah Kasimir aufmerksam an. Er wusste ja, wer da vor ihm stand. Einer, der sich sein Leben lang geschunden und den härtesten Herausforderungen gestellt hatte, nach dem Motto: »Es wird einem nichts geschenkt!« Einer, der immer Überstunden geschoben und immer alles für andere getan hatte, nur um ein bisschen Anerkennung und Liebe zu bekommen. Einer, der sich immer angestrengt hatte. Das sah man schon an den zwei senkrechten Falten, die sich tief in Kasimirs Stirn eingegraben hatten. Nein, dieser Kasimir hatte sich gewiss nie ausgeruht. Er wusste gar nicht, was Muße war. Und sehnte sich doch im Grunde nach nichts anderem. Und hatte vor nichts anderem so viel Angst. Das alles sah Edmund mit einem Blick. Und Kasimir tat ihm leid.

»Gut«, sagte Edmund bedächtig und wiegte seinen Kopf hin und her, »ausnahmsweise, weil du noch neu bist …, habe ich tatsächlich eine andere Aufgabe für dich. Aber ich weiß nicht recht. Sie scheint mir, speziell für dich, fast noch schwerer zu sein.«

»Das macht nichts!«, rief Kasimir. »Das macht mir gar nichts! Ich kenne mich aus mit schweren Aufgaben. Ich schaffe das. Ich mache alles, solange es nicht dieses dumme Zeit-Abbremsen für Menschen ist. Versprochen. Also, worum geht's?«

»Deine Aufgabe«, sagte Edmund und strich sich das Gewand glatt, »deine Aufgabe …«, er lächelte, beinahe hätte man sagen können: süffisant, wenn Engel zu so etwas in der Lage wären, »ist es dann also, dich ab sofort einmal richtig auszuruhen. Gar nichts zu tun.«

Kasimir erbleichte. »Aber … ich denke, ihr braucht jeden, da kann ich doch nicht … Und außerdem – ich weiß gar nicht …«

Er wankte. »Bitte«, sagte er, »nicht doch vielleicht etwas anderes? Aber das kann ich nicht …«, flüsterte er. »Das kann ich nicht.«

»Eben«, sagte Edmund. »Ich finde auch, dass es an der Zeit ist, dass du das lernst.«

Doris Bewernitz

61 Der Engel und der Hirtenjunge

Thema Ein besonderer Auftrag – ein kleiner Engel und ein kleiner Junge machen sich auf den Weg zum Stall in Bethlehem

Vorlesedauer ca. 5 Minuten

Alter ab Grundschulalter

Impulse zur Weiterführung Eigentlich sollte der kleine Engel gar nicht mit nach Bethlehem und stört zunächst die erfahrenen größeren Engel bei der Ausübung ihrer Engelspflichten. Aber dann erhält er eine wichtige Aufgabe: Er führt einen kleinen Jungen zum Kind in der Krippe. Alle sind vor Gott wichtig, die Großen und Kleinen, die Kinder und die kleinen Engel. Zu allen ist Jesus gekommen. – Und: Gemeinsam geht alles besser.

Unter den vielen großen herrlichen Engeln, die den Hirten auf dem Feld in der Weihnachtsnacht die Frohe Botschaft brachten, befand sich auch ein ganz kleiner. Eigentlich war er noch viel zu klein für die weite Reise. Seine großen Brüder hatten ihn deshalb gar nicht mitnehmen wollen.

»Du hast noch nie in unserem Chor mitgesungen«, hatten sie gesagt. »Du spielst kein einziges Instrument. Und den Text der Frohen Botschaft bringst du immer durcheinander.«

Der kleine Engel hatte oben im Himmel nicht zu widersprechen gewagt, aber aufgegeben hatte er nicht. Er wollte unbedingt mit nach Bethlehem. Und weil er ein ziemlich schlauer kleiner Engel war, gelang es ihm, sich beim Aufbruch seiner großen Brüder zwischen den weiten, weißen Gewändern und im Rauschen der goldenen Flügel zu verstecken. So flog er mit auf die Erde.

Sobald er festen Boden unter den Füßen hatte, hüpfte er vergnügt über die Wiese, auf der er gelandet war. Neugierig sah er sich um.

»Aha, das sind also die Schafe!«, rief er entzückt. »Das sind die Hirten! Und das schiefe Häuschen dahinten ist wohl der Stall. Da kann ich sicher gleich hingehen und das Jesuskind anschauen.«

Seine großen Brüder waren nicht sehr erfreut, als sie den kleinen Engel entdeckten. Und dass er so neugierig war und so viel plapperte, gefiel ihnen erst recht nicht.

Der Erzengel Michael nahm ihn beiseite und legte den Finger über die Lippen. »Schscht!«, machte er. »Wenn du schon nicht singen und musizieren und die Frohe Botschaft verkünden kannst wie wir, dann sei wenigstens ruhig!«

Der kleine Engel gehorchte. Er setzte sich zwischen die Schafe und war mucksmäuschenstill. Während die anderen auf ihren Instrumenten spielten und ihre wunderbaren Lieder sangen, gab er keinen Ton von sich. Und bei der Verkündigung der Frohen Botschaft bewegte er nur lautlos die Lippen.

Erst als die Hirten sich auf den Weg zur Krippe machten, wurde er wieder munter. Er wollte sofort hinter ihnen her und das Jesuskind sehen. Außerdem wollte er Maria und Josef die Hand geben. Und den Ochsen und den Esel streicheln.

Der Erzengel Michael erwischte ihn gerade noch rechtzeitig am Ärmel. »Nein, du bleibst hier!«, sagte er streng. »Ich habe eine Aufgabe für dich.«

Der jüngste der Hirten, ein neunjähriger Junge, war nämlich vom Musizieren der Engel und von der Verkündigung der Frohen Botschaft nicht aufgewacht. Er lag noch zwischen den Schafen und schlief.

»Bei ihm bleibst du sitzen!«, bestimmte der Erzengel. »Er ist noch ein Kind und soll sich ausruhen. Wenn er aufwacht, erzählst du ihm, was geschehen ist, und führst ihn zum Stall.«

Der kleine Engel war froh und stolz, dass er nun eine richtige Aufgabe hatte. »Ist gut!«, sagte er. »Du kannst dich auf mich verlassen. Und den Heimweg finde ich auch.« Während seine großen Brüder in den Himmel zurückkehrten, setzte er sich neben den Hirtenknaben und wartete.

Er wartete lange Zeit. Der Morgen graute schon, als der Junge endlich die Augen aufschlug. Als er den kleinen Engel an seiner Seite erblickte, war er zwar ziemlich überrascht, aber kein bisschen er-

schrocken. »Wer bist du denn?«, rief der Junge. »Ein großer Schmetterling vielleicht? Ist der Frühling schon da?«
»Ich bin kein Schmetterling«, antwortete der kleine Engel. »Und wir haben erst Ende Dezember. Aber in der letzten Nacht wurde dein König und Heiland geboren. Er heißt Jesus und liegt dahinten im Stall zwischen Ochs und Esel in einer Krippe. Ich bin ein Engel und soll dich hinbringen.«
Sofort sprang der Junge auf und reichte dem kleinen Engel die Hand. Zusammen machten sie sich auf den Weg. Einer war so fröhlich und neugierig wie der andere.

Ingrid Uebe

62 Herzenswärme

Thema Füreinander Engel sein

Vorlesedauer ca. 4 Minuten

Alter ab ca. 9 Jahre, Erwachsene aller Altersstufen

Impulse zur Weiterführung Stelle ich mir so Engel vor? Welche Vorstellungen haben wir von einem Engel? – Für andere Engel sein – gerade in der Advents- und Weihnachtszeit

Glasglitzergleißend funkelt die von einer harschen Schneekruste bedeckte Wiese im Sonnenlicht des Dezembertages. In kleinen Wölkchen gefriert der Atem vor Mund und Nase, doch Jonas kümmert das ebenso wenig wie die festlich geschmückten Häuser und der riesengroße Tannenbaum auf dem Marktplatz. Kein bisschen weihnachtlich ist ihm zumute!

Die Strickmütze tief in die Stirn gezogen und die Hände warm verpackt in den Handschuhen, bei deren Entstehen er im letzten Winter den flinken Fingern der Großmutter staunend zugesehen hatte, macht er sich auf den Weg.

Staunen wird sie, die Großmutter, wenn er sie ganz allein im Krankenhaus besucht!

Und gemeinsam werden sie sich freuen aneinander, so wie sie es immer tun, und die Großmutter wird mit ihren sehnigen, abgearbeiteten Händen seine Kinderwangen streicheln, ganz zart, und doch wird er die Schwielen fühlen können und sich dennoch gerne an sie schmiegen.

Ach, wenn sie doch endlich nach Hause käme! Drei Wochen war sie nun schon fort, seit dem Sonntag, an dem die erste Kerze auf dem Adventskranz angezündet worden war. Manchmal hörte Jonas abends die Eltern mit sorgenvollen Gesichtern leise miteinander über die Großmutter sprechen, und wenn sie ihn sahen, hörten sie auf damit und versuchten, fröhlich auszusehen.

Jonas seufzt. Gemeinsam singen und Plätzchen backen so wie jedes Jahr im Advent und die schönen alten Geschichten hören, während Großmutters Stricknadeln emsig klappern, das wäre schön! Mutig schluckt er den Tränenkloß hinunter, atmet tief ein und betritt leise das Krankenzimmer 114.

Da liegt sie, im Bett am Fenster in ihrem Nachthemd, und ihre aufgelösten Haarflechten breiten sich auf dem Kopfkissen aus wie ein weißgoldener Strahlenkranz. So klein sieht sie aus, so zierlich; ihre Wangen sind rosig und um die geschlossenen Augen tanzen tausend Fältchen.

Wie ein kleiner alter Engel, denkt Jonas, der sich im Advent überanstrengt hat und sich nun dringend ausruhen muss. Vorsichtig legt er seine Hände auf die der Großmutter, die auf der Bettdecke ruhen, und erschrickt: Ganz kalt sind sie, und bläulich schimmern die Adern durch die pergamentdünne Haut. Sie friert, die Großmutter, sie friert! Das darf nicht sein, sie soll doch gesund werden! Schnell zieht Jonas seine gestrickten Fäustlinge aus der Jackentasche und streift sie vorsichtig über die alten kühlen Hände. Auch seine Mütze setzt er ihr unendlich sanft auf den Scheitel, und obenauf steckt er den Stern aus blaugoldenem Glanzpapier, den er in der Schule gemacht hat. Als er fertig ist, muss er doch ein bisschen lachen: Über den alten kleinen Engel vor ihm im Krankenbett, der statt Heiligenschein eine rotblau geringelte Mütze mit Bommel und Stern und an den Händen rote Fäustlinge trägt.

Da öffnet sie die Augen, ein Strahlen huscht über ihr Gesicht, als sie ihn sieht. Verwundert blickt sie auf ihre Hände und streckt sie nach ihm aus. »Da bist du ja, Jonas, mein Engel«, sagt sie, »gerade habe ich von dir geträumt und mir war so warm ums Herz geworden, dass ich davon aufgewacht bin!«

»Selber Engel«, sagt Jonas, auch ihm ist ganz leicht und warm ums Herz, und plötzlich kann er es wieder deutlich spüren, dieses unbeschreiblich schöne Gefühl, wenn Weihnachten ganz nahe ist.

Angelika Wolff

63 Leons Weihnachtsfest

Thema Die Zuneigung zu einem Menschen kann unsere Sichtweise verändern – auch die zum Weihnachtsfest

Vorlesedauer ca. 4 1/2 Minuten

Alter Jugendliche, Erwachsene

Impulse zur Weiterführung Vielen Jugendlichen mag es wie dem 16-jährigen Leon gehen: Sie mögen Weihnachten nicht – zu viel Zwang, zu viel Stress und zu viele Gefühle, die sie möglicherweise verunsichern, die sie nicht zeigen können oder wollen. Anders ist es, wenn sich die Gefühle auf eine andere Person richten und »Romantik« gar nicht mehr schlimm ist. Die junge Türkin Leila aus Leons Klasse verändert die Einstellung des Jugendlichen zu Gefühlen, zu seiner Familie und zum Fest. Ihre Fragen lassen auch ihn das Fest neu sehen. Kennen wir das: Ein Besuch verändert die ganze Atmosphäre – nicht nur an Weihnachten? – Der eigene Glaube kann sich verändern, wenn wir anderen von ihm erzählen.

Leon mag Weihnachten nicht. Kein Bock auf kitschige Lieder und Gefühlsduselei. Schon der Advent geht ihm gehörig auf den Wecker. Mit seinen 16 Jahren hat er wenig übrig für Weihnachtsbeleuchtung und goldene Engel in den Schaufenstern. Fromm zugetextet werden mag er erst recht nicht. Nur dem Glühwein kann er etwas abgewinnen. Mit seinen Kumpels um ein Blechfass stehen, aus dem die Flammen eines kleinen Feuers lodern, zusätzlich die Hände an der heißen Glühweintasse wärmen – das hat schon was. Daheim gibt es doch nur Stress: An seinen Noten wird gemeckert, die Mutter schimpft, wie sein Zimmer schon wieder aussieht, die jüngeren Geschwister nerven, und ständig der Streit, wie lange er abends fortbleiben darf. Weihnachten in der Familie – nein danke! Zum Glück kann er sich in sein Zimmer zurückziehen. Da hat er wenigstens seine Ruhe.

Nur wenn er an Leila aus seiner Klasse denkt, kommt bei Leon ein Hauch von Romantik auf. Mit ihr durch den Schnee zu wandern, das könnte er sich vorstellen. Und keiner seiner Kumpels bräuchte dabei zu sein …

Leila lebt allein bei ihrer Mutter. Sie ist in Deutschland geboren und aufgewachsen, aber ihre Eltern stammen aus der Türkei und der Vater hat die Familie schon lange verlassen, um in die alte Heimat zurückzukehren. Am Tag vor Heiligabend passiert es: Leilas Mutter rutscht auf dem Heimweg von der Arbeit auf einer Eisplatte aus und bricht sich das rechte Wadenbein und das Sprunggelenk. Die Ärzte raten ihr dringend, über die Feiertage in der Klinik zu bleiben.

Leons Herz hämmert, als seine Eltern vorschlagen, Leila könne doch an Weihnachten zu ihnen kommen, und Leilas Mutter ist glücklich, dass ihre Tochter an den Feiertagen nicht allein sein muss.

Leilas Ankunft verändert das Familienleben. Es gibt viel weniger Zoff als üblich und Leon, der sonst oft mit seinen jüngeren Geschwistern in Streit gerät, zeigt sich von seiner besten Seite. Er weiß selbst nicht, was mit ihm los ist. Leila hilft sogar in der Küche mit und sie drückt auch Leon ein Messer in die Hand, damit er das Obst für den Fruchtsalat klein schneidet. Als Leons Vater mit den jüngeren Geschwistern den Christbaum schmückt und vorsichtig bei Leon anfragt, ob er vielleicht die Krippe aufbauen könne, da liegt ihm das Nein schon auf der Zunge, als er einen leichten Rippenstoß von Leila verspürt und zu seinem eigenen Erstaunen ein »Ja, klar doch!« stammelt.

Erst ist Leon ein bisschen verlegen, als er die Krippenfiguren vom Dachboden holt, doch Leila geht ihm neugierig zur Hand. Sie ist mit dem christlichen Glauben wenig vertraut und in Bezug auf Weihnachten ziemlich ahnungslos. Als Leon den Stall und die ersten Figuren aus der Schachtel holt, denkt sie zuerst, ein Bauernhof solle aufgebaut werden. Es gibt ja immerhin eine Menge Schafe, einen Ochsen und einen Esel und mehrere bärtige Männer. Leon erklärt ihr, dass es um etwas anderes geht. Er erzählt ihr von Maria, der ein Engel die Geburt eines Sohnes verkündet hatte, von Kaiser Augustus und der Herbergssuche in Bethlehem. Er erzählt ihr von den Hirten auf dem Felde und von dem Engel, der ihnen zurief: »Heute ist euch der Retter geboren.« Und Leila hört zu und betrachtet still das Kind, das Leon in die kleine Holzkrippe gelegt hat. Leon ist es kein bisschen peinlich, über diese Dinge zu reden, über die er sonst nie geredet hätte. Und während er davon erzählt, ist es ihm, als höre er selbst die alte Geschichte mit neuen Ohren und als sehe er das Kind im Stall mit anderen Augen, und am Ende stehen sie beide einfach da vor der Krippe und betrachten ihr Werk, und das ist der Augenblick, wo Leon zum ersten Mal seit Langem richtige Weihnachtsstimmung empfindet.

Als er kurz danach an der Küchentür vorbeigeht, hört er, wie seine Mutter dem Vater halblaut zuraunt: »Diese Leila ist wirklich ein Engel.«

Klaus Roos

64 Der Junge aus dem Chaco

Thema »Weihnachten« sieht für viele Menschen auf der Welt anders aus – den Blick für Menschen in Not nicht verlieren

Vorlesedauer ca. 7 Minuten

Alter ab 10 Jahre, Jugendliche, Erwachsene

Impulse zur Weiterführung Finanzielle Hilfen sind wichtig und Zeichen christlicher Nächstenliebe, aber wichtiger ist es, bei allen Zahlen, allgemeinen Informationen und Aufrufen im Blick zu behalten, dass dahinter Menschen mit ganz persönlichen Nöten und Lebensgeschichten stehen. Die Geschichte kann dafür sensibilisieren. – Gibt es Projekte in unserem Umfeld, die auf diese Weise Menschen in schwierigen Lebensumständen unterstützen?

Trotz des flimmernden Sternenhimmels war es in der Heiligen Nacht schon gegen zehn Uhr fast stockdunkel, als es an der Tür des Pfarrhauses schellte. Auf der Schwelle stand ein junger Mann, vielleicht achtzehn oder neunzehn Jahre alt. Die flache Flurlampe warf ihr Licht auf ein schmales, bleiches Gesicht.
»So spät noch unterwegs?«, fragte der Padre freundlich und blickte auf die Uhr, denn in einer Stunde sollte die Christmette beginnen. Die Frage klang weder verwundert noch erstaunt; Bittsteller um diese Zeit waren in Gemeinden mit sozialen Brennpunkten nicht selten. Mancher nutzte die Dunkelheit, damit der Nachbar nicht sehen konnte, dass ihn die Not ins Pfarrhaus trieb. Der Priester stellte seine Frage auch nicht aus Neugier, sie war gleichsam eine Brücke, über die er die Besucher ins Haus zog.
»Komm«, sagte er lediglich, »was kann ich für dich tun?«
Erst jetzt fiel sein Blick auf den verbundenen rechten Arm des jungen Mannes. Aus dem Ärmel der Windjacke schaute ein Stück Verbandsstoff, bedeckte einen Teil des Handrückens, leicht angegraut zwischen Daumenwurzel und Handfläche.

»Oh, du bist verletzt?« Der Besucher nickte. Er sieht aus wie ein Junge, dachte der Priester; er ist ein Junge, auch wenn er schon achtzehn ist.
»Gequetscht?«
»Nein, gebrochen.«
»Gebrochen?«
»Ja.«
»Mein Gott!«
Das Teewasser, das der Padre auf die kleine Platte des Elektrokochers gestellt hatte, summte schon. Er hatte nicht einmal bewusst wahrgenommen, wie er den verbeulten, aluminiumbleichen Wasserkessel gefüllt und die Teemischung bereitgelegt hatte, bevor er zur Tür gegangen war. Diese Handlung war zu einem Routinegriff geworden, sie lief mechanisch ab, vollzog sich gewissermaßen wie ein Ritual: Es klingelte spätabends, er stand auf, griff nach dem Wasserkessel …
Denn sie kamen öfter zu ihm in letzter Zeit: Menschen aller Altersstufen, Männer vor allem ohne Arbeit und ohne Lichtblick für den nächsten Tag. Wenn sie im Pfarrhaus erschienen, war es fünf vor zwölf, das wusste der Padre. Dann hatten sie sich tagelang vor den Fabriktoren die Füße steif gestanden oder vor Behördenzimmern die Klinken in die Hand gegeben. Sie hatten die Instanzenwege abgeklappert und wussten nicht mehr, wohin sie sich noch wenden sollten – es sei denn, an die Adresse der Kirche. Hier, das hatte sich herumgesprochen, gab es wenigstens Verständnis für ihre Lage, ein aufmunterndes Wort vom Padre und auch vielleicht ein paar Pesos, die für eine warme Mahlzeit reichten. Denn viel besaß der Priester selbst nicht, das sah man seinem Haus an, das nicht anders gebaut war als die Holz- und Wellblechhütten in den Barrios, den Elendsvierteln ringsum.
»Gebrochen also.«
»Ja.«
»Du musst zum Arzt, junger Freund. Mit einer Binde ist es nicht getan.«

Der Padre schenkte Tee ein und schob seinem Gast die Tasse über den Tisch.
»Da war ich«, sagte der Junge und blickte auf den Arm, als ob er sich seiner schämte.
»Ja, und der Arzt hat dir keinen Gipsverband angelegt?«
Das Nicken kam zaghaft und wie das Eingeständnis von Schuld.
»Jetzt aber heraus mit der Sprache. Was ist mit dem Arm?« Der Priester zog seinen Stuhl dicht an den des nächtlichen Besuchers heran.
Die Zunge löste sich langsam, als taue sie stückweise aus einer Vereisung auf.
Er stammte aus dem Chaco, im Norden Argentiniens. Der Padre wisse doch, dass es sommertags manchmal lange Trockenperioden gäbe, die bis zu sechs Monaten dauern könnten. Er habe zunächst auf den Baumwollfeldern gearbeitet. Aber bei 40 Grad und mehr im Schatten sei ihm das Klima nicht bekommen. Sein Freund habe ihn, Pedro, überredet, zu den »Chaquenos« zu gehen, die in ihren großen Meilern Holzkohle gewinnen. Aber die Köhler hätten keine Hilfskräfte mehr gebraucht, ihr Gewerbe sei mangels Nachfrage ohnehin vom Aussterben bedroht. Nach Gelegenheitsarbeiten in der Mais- und Tabakernte sei er schließlich nach Buenos Aires gekommen, in die »Capital federal«, die Landeshauptstadt, die auf viele Menschen bekanntlich eine magische Anziehungskraft ausübe. Denn hier erhoffe sich mancher die Erfüllung beruflicher Träume durch menschenwürdigere Arbeit.
Der Junge hatte, wie er weiter schilderte, zunächst auch eine Beschäftigung gefunden. Aber schon am dritten Tag brach er sich den rechten Arm. Er stand wieder auf der Straße. Überall, wo er anklopfte, beschied man ihm erbarmungslos: Wie willst du arbeiten können mit einem gebrochenen Arm? Wir können dich nicht gebrauchen.
Der Arzt hatte ihm einen Gipsverband angepasst, und dieser Gipsverband sollte Pedros Verhängnis sein? Er zerschnitt die Bandage, um den Bruch zu verbergen, und versah den Arm mit einer unauf-

fälligen Binde. Jedoch wie sollte er in diesem Zustand Ziegel schleppen können? Die Schmerzen waren nicht zu ertragen; Pedro gab auf.

Und jetzt saß der Junge im Haus des Pfarrers, ein Häufchen Elend, arm, allein und heimwehkrank und wusste sich keinen Rat mehr.

»Euer Quebrachoholz, das ihr im Chaco schlagt, ist hart und schwer wie Eisen«, sagte der Geistliche und lächelte versonnen. »Und du hast geglaubt, du wärst aus diesem Holz und hast dir das Leben hier zugemutet. Aber ich sehe schon, du hast nicht an dein Herz gedacht, dein Herz, das für deine Heimat im Chaco schlägt …«

Pedro begann zu schluchzen, aber er antwortete nicht.

»Es gibt zwei Möglichkeiten, mein Freund. Du kurierst deinen Arm nach ärztlicher Vorschrift und versuchst dein Glück abermals in der Stadt – keine Angst, in der Zwischenzeit kannst du täglich zu mir zum Essen kommen –, oder ich bringe dich morgen früh zum Bahnhof, sorge für Reiseproviant und zahle dir die Fahrkarte – zurück nach Resistencia. Du hast eine Nacht Zeit, dich zu entscheiden. Selbstverständlich kannst du bei mir schlafen.«

Der Tee in der Tasse des Jungen war kalt geworden. Über das Erzählen hatte er vergessen, ihn zu trinken. Aber das fiel ihm nicht weiter auf, während er jetzt einen langen befreienden Schluck nahm. Während die kleine Glocke begann, die Gläubigen zur Christmette einzuladen, sah er den Bahnhof vor sich und das Gleis, das im Sonnenglanz nach Norden führte …

Hermann Multhaupt

65 Der Weihnachtsfrieden 1914

Thema Die Weihnachtsbotschaft kann stärker sein als Krieg, Not und Hass – und darauf verweisen, dass Frieden möglich ist

Vorlesedauer ca. 1 ½ Minuten

Alter Jugendliche, Erwachsene, ältere Menschen

Impulse zur Weiterführung »Der Weihnachtsfrieden« von 1914 geht auf eine historische Begebenheit zurück, die allerdings viele Ausschmückungen erfahren hat. Sie wurde immer wieder und neu erzählt, vielleicht auch, weil sie so viel Tröstliches und Menschliches mitten in einem Krieg hatte, bei dem es nur Verlierer geben konnte. – Kann noch jemand aus eigenen Erfahrungen oder aus Erzählungen von Eltern und Verwandten berichten, wie Weihnachten in den Kriegs- oder Nachkriegsjahren erlebt wurde? Gab es auch da solche kleinen Zeichen des Friedens und Verstehens?

Anregungen zur Gestaltung Als Reportage gestalten.

Es gibt verschiedene Versionen von dem, was sich am ersten Weihnachtstag im Ersten Weltkrieg bei Ypern an der Nordsee abspielte, eine davon ist:

Die Front der kämpfenden Deutschen und Engländer war bei Ypern nur 25 Meter auseinander. Von den deutschen Linien kamen die Klänge »Stille Nacht, Heilige Nacht«. Am Ende riefen die deutschen Soldaten: »Komm, Tommy, jetzt bist du dran!«, und die Briten antworteten mit ihren Weihnachtsliedern.

So gingen die Lieder hin und her, bis eine deutsche Stimme wieder rief: »Komm, Tommy, steh auf!« Aber kein Brite wagte es, sich zu erheben, weil überall Scharfschützen lauerten.

Bis die britischen Soldaten plötzlich die Umrisse eines Deutschen vor dem eisigen Winterhimmel bemerkten. Er schwenkte einen Weihnachtsbaum und sang »Stille Nacht«. Misstrauisch – eine Falle? – und mit verständlicher Vorsicht krochen jetzt die Soldaten beider Seiten aus ihren Gräben.

Der bunte Haufen von Feinden versammelte sich mitten in einem Granattrichter. Fotos wurden gemacht, selbst in den schnauzbärtigen Gesichtern strenger Offiziere sah man hier und dort ein Lächeln. Der unheimliche Waffenstillstand weitete sich ungefähr auf zwei Meilen entlang der Front aus. Es fand sogar ein Fußballspiel statt, in dem die Sachsen die Angelsachsen 3:2 schlugen. In einzelnen Abschnitten dauerte der Waffenstillstand bis zum neuen Jahr. – Nur die Oberkommandos reagierten wütend. Jegliche weitere Verbrüderungen wurden untersagt.

Überliefert

Der Sternenspur folgen

Von kleinen und großen Sternen, Königen und weisen Sterndeutern aus dem Morgenland

66 Der kleine Weihnachtsstern

Thema Ein kleiner, verbeulter Stern wird durch die Liebe eines Kindes wieder zum Weihnachtsstern; der persönliche Wert der Dinge

Alter Kindergarten- und Grundschulalter (4–8 Jahre)

Vorlesedauer ca. 4 Minuten

Impulse zur Weiterführung Was für den einen wertlos ist, hat für andere große Bedeutung. Wertvoll ist für uns das, was wir lieben und schätzen, denken wir z. B. an die oft unansehnlich gewordenen Schmusetiere. – Kinder fragen, ob sie ein Schmusetier oder ein Spielzeug haben, das sie lieben, obwohl es schon alt und unansehnlich ist. – Manchmal brauchen wir viel Geduld und die Wende kommt genau dann, wenn wir gerade die Hoffnung aufgeben wollen.

Anregungen zur Gestaltung Weihnachtssterne basteln und verschenken.

Es war Anfang Dezember, so um den ersten Advent. In einem schönen, großen Haus am Rande der Stadt wurde der Weihnachtsschmuck vom Speicher geholt. Aber einen kleinen Weihnachtsstern aus glänzendem Metall, ja den ließ man einfach in einer Ecke liegen. Man wollte ihn am Heiligen Abend nicht mehr als Weihnachtsschmuck verwenden. Der kleine Weihnachtsstern wurde sehr traurig. »Vielleicht haben sie mich ja nur vergessen und wollen mich später holen«, dachte er. Aber auch am nächsten und übernächsten Tag holte man ihn nicht vom Speicher. Dabei wollte der Stern doch so gerne noch einmal am Weihnachtsabend erstrahlen.

Als einige Tage vergangen waren, machte sich der Stern auf die Reise. Er wollte sich irgendwo einen neuen Weihnachtsbaum suchen.

Die Natur legte sich leise und sacht schlafen, die ersten Schneeflocken fielen, es wurde kalt, der Winter zog ins Land. Der kleine Stern trottete nun viele Tage durch die Einkaufsstraßen, in der

Hoffnung, einen Weihnachtsbaum zu finden. Oft bekam er von hektisch umhereilenden Menschen einen kräftigen Tritt. Einmal verbog es ihm sogar eine seiner sechs Spitzen. Er musste weinen. »Einen Stern mit verbogener Spitze, den wird gewiss keiner mehr an den Weihnachtsbaum hängen!« Jeden Abend legte er sich auf eine Bank im Park und träumte vom Weihnachtsfest. Manchmal, wenn er ganz einsam und verlassen war, kam ein Hund vorbei, schnupperte kurz und lief weiter. Aber der kleine Stern gab nicht auf. An einem kalten Wintertag marschierte er erneut los. Diesmal suchte er sich ein großes Haus mit großen Fenstern aus, an denen viele Sterne in allen Größen klebten. »Das wäre fein«, dachte sich der Stern. »Da könnte man mich sicher noch gebrauchen.«
Während er so dastand und die bunten Fenster betrachtete, bemerkte er nicht, dass sich ein Auto näherte. Er konnte nicht mehr ganz ausweichen und »rumms« streifte der Wagen den kleinen Weihnachtsstern.
Auweia, jetzt waren erneut zwei seiner Spitzen verbogen. Eine große, dicke Träne tropfte auf den kalten Schnee und versickerte. Der kleine Weihnachtsstern schlich traurig weiter durch die kalten Straßen. Nun glaubte er nicht mehr daran, dass er jemals wieder an einem Weihnachtsbaum hängen würde. Die Zeit verging, der Heilige Abend stand vor der Tür. Da legte sich der kleine Weihnachtsstern wieder einmal müde in eine Ecke eines Hinterhofes. Es hatte zu schneien begonnen. Dicke lustige Flocken fielen vom Himmel. Da hörte er plötzlich, wie sich die Schritte eines Kindes näherten. Ein kleines Mädchen blieb vor ihm stehen, bückte sich und hob ihn auf. »Ach, du bist ja ganz verbogen! Du tust mir leid. Dich nehme ich mit!« Lange betrachtete das Mädchen den Weihnachtsstern.
»Ich heiße Lilly, und du gehörst jetzt zu mir!«, sagte es, lächelte ihn an und trug ihn vorsichtig ins Haus. Dem kleinen Stern wurde warm ums Herz. Zu Hause versuchte Lilly den Stern zurechtzubiegen. Viel Zeit nahm sie sich, bis der Stern wieder schön aussah. Als Lilly fertig war, lief sie schnell zu ihren Eltern, um ihnen den Stern zu zeigen. »Dieser Stern ist wunderschön«, meinte der Vater. »Den

kannst du am Heiligen Abend an den geschmückten Baum hängen.« Lilly ging an diesem Tag glücklich und zufrieden schlafen. Ihren Stern legte sie neben ihr Bett auf das Tischchen.

Am nächsten Tag war Heiligabend. Nun stellt euch vor, was passierte, als die kleine Lilly ihren Weihnachtsstern an einen Ast des Weihnachtsbaumes hängte. Als Dank für ihre Liebe erstrahlte er heller und schöner als all die vielen anderen Sterne und Lichter am Baum. Von da an schmückte nun der kleine Weihnachtsstern als erster Stern den Weihnachtsbaum.

Ingeborg Irlesberger

67 Den Glanz des Sterns weiterschenken

Thema Ein kleiner Stern will Weihnachtsfreude schenken, die er bei den Menschen vermisst
Vorlesedauer ca. 6 Minuten
Alter alle Altersstufen
Impulse zur Weiterführung Echte Weihnachtsfreude kommt von innen, sie lässt sich nicht mit Geschenken oder weihnachtlichen Dekorationen und Liedern erzwingen. Der kleine Engel will den Menschen bei ihrer Suche nach der Weihnachtsfreude helfen, die letztlich nur vom Kind in der Krippe geschenkt werden kann. Von dort kommt das Licht, das die Welt und unser Leben froh und hell machen kann.
Anregungen zur Gestaltung Wie können wir anderen Weihnachtsfreude bringen? – Wer eine Idee hat, schreibt sie auf gelbe Zettel, die in Form eines Sternes ausgeschnitten und mit einem Faden/einer Kordel versehen sind. Anschließend alle an einen Zweig oder an einen kleinen Tannenbaum hängen.

Dunkel war die Dezembernacht. Ein eisiger Wind trieb die Wetterwolken über den Häusern der Stadt zusammen. Ab und zu riss er ein Loch in die dunklen Wolken. Dann blitzte ein Stück Sternenhimmel auf, freundlich glänzend. Ein kleiner Stern ganz am Rand der Deichsel des großen Wagens versuchte, durch das Wolkenloch zu blinzeln. Aber was er da unten bei den Menschen sah, machte ihn so traurig, dass er immer wieder schnell die Augen schloss.
»Nur noch wenige Tage bis Weihnachten!«, dachte der kleine Stern. »Überall in der Welt sollten die Menschen doch frohe Gesichter haben! Wenn ich noch an das erste Weihnachten damals in Betlehem denke! Wie da die grauen Gesichter der Hirten geleuchtet haben vor Freude, als sie an der Krippe knieten.
Und die Weisen aus dem Morgenland! Müde waren sie gewesen nach der langen Reise, aber ihre Augen glänzten, als sie dem Kind in der Krippe ihre Geschenke brachten. Und die Kinder in Betle-

hem! Jubelnd sind sie mit den Hirten ins Dorf zurückgelaufen und haben es den Menschen zugerufen: ›Das Christkind ist geboren! Gott hat aller Welt eine große Freude geschenkt!‹

Und ich habe damals gefunkelt und gestrahlt, dass die Sterne auf dem Hirtenfeld und die Blätter der Olivenbäume silbrig schimmerten in der dunklen Nacht. Aber was ist aus der Weihnachtsfreude geworden? Wenn ich doch hinunterschweben und den Menschen in der Dunkelheit neue Hoffnung schenken könnte!

Eigentlich meine ich ja nicht die Dunkelheit in den Straßen da unten«, dachte das Sternchen. »Nein, da sind überall Lichterketten aufgespannt und funkelnde Sterne an den Kaufhäusern angebracht. Aber die Menschen in der Stadt! Die haben so dunkle, gehetzte Gesichter, so ohne Freude. Die Einkaufstaschen sind bis obenhin vollgepackt, die Verkäuferinnen haben geschwollene Füße vom langen Stehen; die Mütter können gar nicht mehr schlafen, weil sie so viel Arbeit haben vor den Feiertagen. Keiner, keiner hat mehr wirklich Zeit; ganz dunkel ist es tief in ihren Herzen. Und wenn sie dann am Heiligabend die Kerzen am Baum anzünden wollen, sind sie alle so müde, dass sie sich gar nicht mehr richtig freuen können.

Ich muss hinunter«, seufzte das Sternchen, »wenn ich doch wenigstens einem Menschen ein Weihnachtslicht anzünden könnte! Ein Licht, das Hoffnung gibt, an dem sich auch andere wärmen können.«

Das Sternchen rückte und rüttelte an der Deichsel des großen Wagens, und wirklich – als leuchtend helle Bahn zog es über den Nachthimmel. Es schaute in viele Fenster hinein. Die Menschen schliefen einen traumlosen, erschöpften Schlaf. Da war niemand, der den kleinen Stern erwartete und ihn hereinlassen konnte.

In einem Fenster des großen Krankenhauses brannte noch Licht. Ein alter Mann konnte nicht schlafen. Er schaute in die Dunkelheit hinaus und erblickte die leuchtende Sternschnuppe am Nachthimmel. »Einen Wunsch aussprechen!«, dachte er, »und daran glauben, wie ich es als Kind auch getan habe.«

»Warum sprichst du ihn nicht aus?«, flüsterte der kleine Stern ganz nahe an seinem Ohr, »bald ist Weihnachten. Da ist das Kind in Bet-

lehem geboren. Es will Freude in die Herzen der Menschen tragen. Hoffnung will es schenken und Trost.«
»Ich bin sehr allein und traurig«, sagte der alte Mann. »Gewiss, meine Kinder und Enkelkinder haben mich oft hier besucht im Krankenhaus. Eigentlich hat es mich gewundert, dass sie immer wieder kamen, obwohl ich so brummig bin. Ich mag auch nichts abgeben von meinem Geld. Wenn man im Leben so gespart hat, dann fällt es einem schwer, sich zu ändern, wenn man alt und krank ist. Mit den Krankenschwestern und Ärzten meckere ich auch immer herum. Ich glaube, mich kann hier so keiner recht leiden.«
»Hab doch Vertrauen!«, sagte der kleine Stern, »bald ist Weihnachten. Das Christkind ist auch für dich geboren. Sag deinen Wunsch!«
»Ich möchte noch einmal gesund werden«, flüsterte der alte Mann, »zu Weihnachten möchte ich nach Hause kommen. Wenn meine Tochter sich so abhetzt, möchte ich ihr helfen. Mit den Enkelkindern möchte ich basteln und spielen und ihnen Geschichten vorlesen. Und einen großen Baukasten werde ich ihnen kaufen und den Weihnachtsbaum schmücken mit all den silbernen Engeln und glitzernden Vögeln. Sie sind seit Jahren verpackt in der Kiste oben auf dem Boden. Weil sie so kostbar sind, habe ich sie nie herausgerückt. Und ich werde kein böses Wort zu dem Schwiegersohn sagen. Und hier im Krankenhaus will ich auch nicht mehr nörgeln und meckern.«
»Du hast dir etwas Schönes gewünscht«, sagte der kleine Stern. »In den Weihnachtsnächten gehen die Wünsche in Erfüllung, die wir nicht nur für uns selber wünschen. Hab Vertrauen, auch bei dir wird es hell werden. Denn du willst das Licht weitergeben, das das Kind in der Krippe für uns alle angezündet hat.«
Mit einem leuchtenden Schweif zog der kleine Stern fort über den Nachthimmel. Als er wieder am äußersten Rand der Deichsel des großen Wagens stand, strahlte er noch eine Weile ganz besonders hell. Der alte Mann schaute hinauf und dachte: »Die Nacht ist gar nicht mehr so dunkel. Mein Herz ist ganz warm und hell vor Freude, vor richtiger Weihnachtsfreude.«

Barbara Cratzius

68 Der winzig kleine Stern

Thema Wenn alle ein wenig abgeben, kann Großes und Neues entstehen
Vorlesedauer ca. 4 ½ Minuten
Alter ab Kindergartenalter (5 Jahre), alle Altersstufen
Impulse zur Weiterführung Kennen wir das?: Wenn mehrere sich zusammenschließen und etwas gemeinsam tun oder etwas verschenken, kann man viel mehr erreichen, als einer allein schafft. So kann Neues und Schöneres entstehen. Im übertragenen Sinne gilt das beispielsweise auch für einen Chor: Nur wenn mehrere Stimmen sich einbringen, lässt sich ein Musikstück aufführen. Oder: Auf diese Weise sind aus kleinen Aktionen von ein paar Leuten, die sich engagierten, schon große karitative Werke erwachsen. Gemeinsam andere Beispiele suchen. – Christlicher Glaube lebt aus Gemeinschaft.
Anregungen zur Gestaltung Verschiedenfarbige Sternteile basteln (z.B. mit Transparentpapier), die dann zu einem großen Stern zusammengesetzt werden.

Damals, zur Zeit als Jesus geboren werden sollte, lebte im hintersten Himmelswinkel ein winzig kleiner weißer Stern. Wie alle anderen Sterne freute er sich, und so wie ihr konnte er Weihnachten kaum mehr erwarten.
Eigentlich, so dachte er bei sich, könnte ich mich ja auf den Weg nach Bethlehem machen und über dem Stall leuchten. Dann freut sich das Kind, und alle Menschen nah und fern sehen, dass etwas Besonderes geschehen ist. Aber ich bin ja so klein ... weit kann ich allein nicht leuchten ... ich muss noch andere Sterne mitnehmen. Und so machte sich der winzig kleine weiße Stern auf den langen Weg nach Bethlehem.
Unterwegs traf er einen wunderschön leuchtenden, großen roten Stern. Dem erzählte er, was er vorhatte, und bat ihn mitzukommen.

»Gerne würde ich dich begleiten«, erwiderte der große rote Stern, »aber ich kann meinen Platz hier nicht verlassen. Du weißt, auf der Erde gibt es riesige Wüsten ohne Straßen und Wege. Alles sieht dort gleich aus. Tagsüber zeigt die Sonne den Menschen den Weg, nachts leuchte ich ihnen zur nächsten Oase. Wenn ich meinen Platz verlasse, verirren sie sich. Aber warte, ich werde dir etwas für das Kind mitgeben.« Der große Stern rüttelte und schüttelte sich, und ein roter Strahlenregen ergoss sich über den winzig kleinen weißen Stern, der dadurch schon größer und rötlich funkelnd geworden war.

»Vielen Dank«, sagte dieser, »ich will dein Geschenk gerne zum Kind nach Bethlehem bringen.« Und so zog der kleine rot funkelnde Stern weiter.

Nach einiger Zeit traf er einen großen, wunderschön gelb leuchtenden Stern. »Komm mit mir nach Bethlehem«, sagte der kleine Stern, »wir wollen zusammen über dem Stall leuchten.«

»Ja«, antwortete der große gelbe Stern, »gerne würde ich mit dir ziehen, aber ich darf meinen Platz hier nicht verlassen. Die Zugvögel, die aus den kalten Ländern, wo jetzt Winter ist, in den warmen Süden fliegen, richten sich nach meinem Schein. Verlasse ich meinen Platz, müssen sie erfrieren. Aber warte, ich werde dir etwas für das Kind mitgeben.« Und er rüttelte und schüttelte sich, und ein goldener Strahlenregen ergoss sich über den kleinen Stern, der wiederum etwas größer wurde und nicht mehr nur rötlich, sondern rötlich-gelb funkelte.

Und so zog er weiter, bis er einen riesigen blauen Stern traf und diesen, wie die beiden anderen auch, bat, ihn zu begleiten. Aber auch der blaue Stern durfte seinen Platz nicht verlassen, denn er leuchtete allen Seeleuten auf den Meeren. Aber auch er gab dem kleinen Stern als Geschenk für das Kind in der Krippe viele von seinen wunderschönen blauen Strahlen mit.

Unser winzig kleiner weißer Stern war nun durch die Geschenke der drei anderen zu einem großen, in allen Regenbogenfarben leuchtenden Stern geworden. Lang war sein Weg, aber endlich kam er in Bethlehem an. Er fand den Stall mit dem Kind. Voller Freude schüttelte und rüttelte er sich, so dass die roten, gelben und blauen Strahlen der großen Sterne nur so funkelten und sprühten. Der armselige Stall leuchtete in diesem himmlischen Sternenlicht in sämtlichen Regenbogenfarben und war schöner als alle Königspaläste der Welt. Das Kind aber lachte vor Freude, und von nah und fern eilten die Menschen herbei, um zu sehen, was geschehen war. Als der Stern alle geschenkten Strahlen versprüht hatte, dachte er bei sich: »Nun bin ich zwar wieder winzig klein und weiß, aber das Kind hat sich gefreut, und die Menschen haben gespürt, dass etwas ganz Einmaliges geschehen ist.«

Als er aber an sich heruntersah, merkte er, dass er zwar wieder weiß, aber nicht mehr winzig klein, sondern so groß wie der rote, gelbe und blaue Stern geworden war, und außerdem hatte er einen prächtigen Schweif bekommen.

Ursula Möltner

69 Drei kleine Sterne

Thema Teilen und Sich-Verschenken
Vorlesedauer ca. 5 Minuten
Alter Kindergarten- und Grundschulalter (ab ca. 4 Jahre)
Impulse zur Weiterführung Sterne sind Symbole der Advents- und Weihnachtszeit. – Die märchenhafte Geschichte des Schriftstellers Ernst Wichert (1831–1902) lässt den Sternenhimmel lebendig werden. Drei kleine Sterne bitten den Obersternmeister darum, den Menschen auf der Erde an Weihnachten Licht und Wärme bringen zu dürfen. Als einer der drei kleinen Sterne zu viel von seinem Licht verschenkt und er darum eigentlich nicht mehr zurückkann, helfen ihm die anderen Sterne. – Wenn alle zusammenhalten, lässt sich auch für scheinbar aussichtslose Situationen eine Lösung finden. – Teilen macht nicht ärmer, sondern alle reicher, alle dürfen sich freuen! – Habt ihr das schon einmal erlebt? – Der kleine Stern funkelte und leuchtete am Ende schöner als zuvor – und vielleicht auch alle anderen Sterne, denn alle dürfen sich freuen, dass sie wieder zusammen am Himmel erstrahlen können.
Anregungen zur Gestaltung Für jedes Kind zwei kleine »funkelnde« Sterne, z. B. aus Goldfolie, einen zum Verschenken und einen zum Sich-Erinnern, dass Teilen uns auch selbst beschenkt.

Am Tage vor Weihnachten traten die drei kleinsten Sterne aus der Milchstraße in die himmlische Kanzlei und baten darum, Weihnachten zu den Menschen gehen zu dürfen.
»Was wollt ihr denn auf der Erde?«, fragte sie der alte Obersternmeister verwundert.
»Wir wollen den Menschen nur ein bisschen Licht und Wärme bringen«, antworteten die Sterne.
»Schenkt ihr ihnen nicht das ganze Jahr über genug Licht?«
»Es ist aber doch Weihnachten, Herr Obersternmeister«, baten die Sterne.

»Nun gut, geht zu den Menschen, aber schenkt nicht all euer Licht fort, sonst findet ihr nicht mehr nach Hause und müsst auf der Erde bleiben.« So sprach der alte Obersternmeister. Die Sterne nickten froh und machten sich auf den Weg zur Erde.

Sie kamen in eine Stadt, die so dunkel war, als hätte ein Riese seinen Hut über sie gestülpt. Eines der Sternchen lief von Haus zu Haus und hauchte ein wenig gegen die Scheiben. Da entzündete sich überall ein Licht dahinter. Sogar die Menschen bekamen frohe Augen.

Das zweite Sternlein war ins Haus getreten. Überall fand es nur kalte Öfen und tote Herdfeuer vor, und die Menschen in den Stuben froren bitterlich. Da trat der Stern ans Herdloch und blies eine helle Flamme an, die den ganzen Raum durchwärmte. In vielen kalten Stuben begannen die Öfen warm zu werden und die Herde zu prasseln. Damit hatte auch der zweite Stern seine Gaben verschenkt und kehrte in den Himmel zurück.

Der dritte kleine Stern begegnete auf einer einsamen Straße einem Blinden, der mühsam seinen Stock vor sich her setzte, um damit den Weg abzutasten. Aber er hatte seinen Weg verloren und stand nun hilflos in der Finsternis. Er rief um Hilfe und klopfte mit seinem Stock an die Wände längs der Straße, aber niemand wohnte in den Ruinen. Da trat der kleine Stern zu ihm und schenkte ihm etwas von seinem Licht, aber es war zu wenig. Erst als der Stern all sein Licht an den Blinden verschenkt hatte, begannen dessen Augen zu leben: Er sah wieder, und obwohl es eine ärmliche Welt war, die er um sich erblickte, weinte er darüber vor Freude helle Tränen. Den kleinen Stern neben sich aber gewahrte er nicht mehr, denn der hatte all seinen Glanz verloren. Der Stern fand nun nicht mehr den Weg nach Hause. So musste er wohl für immer auf der Erde bleiben, und die Menschen würden ihn für einen Stein halten und darüber hinwegtreten; denn Steine hatten die Menschen ja genug.

Als die beiden Sterne in den Himmel zurückkehrten, fragte der Obersternmeister böse, wo sie ihren Gefährten gelassen hätten. »Wir haben ihn verloren«, antworteten die beiden Sterne. Da rich-

tete der alte Herr sein Fernrohr auf die Erde und suchte nach dem verlorenen Stern. Und er sah ihn, ohne Licht und grau wie ein Stein, auf der einsamen Straße liegen.
»Warnte ich ihn nicht, sein ganzes Licht zu vertun? Nun darf er nicht mehr nach Hause!«, schimpfte der Obersternmeister.
»Wenn wir alle ihm ein bisschen von unserem Licht abgeben, darf er dann wieder zurückkehren?«, baten die Sterne.
Der Obersternmeister überlegte eine Weile, und weil es gerade Weihnachten war, mochte er nicht Nein sagen. Er nickte nur. Da fuhren die beiden Sternlein auf einem Windstoß durch die Milchstraße und sammelten überall die Lichtspenden ein. Es ward so viel Licht, dass sie es gar nicht mehr tragen konnten. Dann fuhren sie zur Erde nieder, um dem erloschenen Stern das Licht zu bringen. Wie freute er sich, als er wieder leuchtete, und er funkelte schöner und herrlicher als früher.
Nun steht er wieder am Himmel. Mitten in der Milchstraße. Wer Zeit dazu hat, suche ihn mal vor dem Schlafengehen – oder denke über diese Geschichte nach.

Ernst Wichert

70 Zeichen einer neuen Zeit

Thema Mit Weihnachten beginnt eine neue Zeit

Vorlesedauer ca. 3 Minuten

Alter ab Grundschulalter, alle Altersstufen

Impulse zur Weiterführung Im Dunkel scheint ein neues Licht. »Ab heute gilt ein neues Gesetz: Liebe soll herrschen statt Macht, Schwäche und Zärtlichkeit statt Kraft und Härte, verschenken statt besitzen – und Armut ist mehr als Reichtum.« – Der Strohstern als Symbol für Armut. *Für Kinder:* Geschichte »erklärt«, warum Strohsterne zu Weihnachten gehören.

Anregungen zur Gestaltung Strohsterne basteln und verschenken.

Die Nacht war bitterkalt und die Hirten saßen eng beieinander am Feuer. Keiner sagte ein Wort, aber auf ihren Gesichtern konnte man lesen, wie sehr sie die Begegnung mit Jesus, dem kindlichen König in der Krippe, berührt hatte. Seine Geburt in dem ärmlichen Stall war so etwas Großes für sie, dass ihnen alle Worte fehlten. Nachdem sie lange so dagesessen hatten, brach der Älteste von ihnen das Schweigen: »Wisst ihr, ich habe schon oft in solch einer kalten Nacht gewacht und den Sternen zugesehen. Mitten in der Finsternis sind sie wie kleine Fenster, durch die das geheimnisvolle Licht des Himmels leuchtet. Ich glaube, der kindliche König ist auch so wie ein Stern. Nur ist er es anders, viel wirklicher und tausendmal heller – er ist das Licht selber.« Nach diesen Worten schwiegen sie wieder, bis sie auf den Jüngsten in ihrem Kreis aufmerksam wurden.

Ganz versunken nestelte der mit seinen Fingern an einem Strohhalm herum.

»Was machst du denn da?«

»Ich habe mir die Halme als Erinnerung aus dem Stall mitgenommen«, erklärte der Kleine. »Als wir vorhin an der Krippe waren und die vornehmen Leute aus dem Osten mit Geschenken kamen, wollte

auch ich dem kindlichen König etwas schenken. Allein, wir Hirten sind so arm! Als Großvater aber eben von den Sternen erzählte, habe ich begonnen, aus diesen Halmen einen Stern zu flechten, und den will ich dem Jesus schenken.«
Die Hirten fanden dies eine sehr schöne Idee und begleiteten ihren jüngsten Sprössling am kommenden Abend zum Stall. Als sie dort ankamen, war aber niemand mehr da. Darüber wurden sie sehr traurig, bis ihre Trauer von einer geheimnisvollen Macht verwandelt wurde. Mit viel Liebe begannen die Hirten aus dem Stroh der Krippe Sterne zu flechten.
Noch in derselben Nacht gingen sie los und verschenkten ihre Strohsterne an die Menschen in Bethlehem.
»Im Dunkel scheint ein neues Licht. Gott liebt die Menschen«, erklärten sie ihre Geschenke. »Er hat seinen Sohn auf die Erde gesandt – ab heute gilt ein neues Gesetz: Liebe soll herrschen statt Macht, Schwäche und Zärtlichkeit statt Kraft und Härte, verschenken statt besitzen – und Armut ist mehr als Reichtum.«
So wurden in jener Nacht die ersten Strohsterne auf Erden verschenkt zum Zeichen für eine neue Zeit. Wenn dir ein Mensch einmal einen solchen Stern schenkt, behüte ihn wohl, er wurde aus Liebe geflochten – damals in Bethlehem wie heute – und sein Stroh ist unendlich mehr wert als alles Gold der Erde.

Ulrich Peters

71 Die Legende von den Heiligen Drei Königen

Thema Heilige Drei Könige
Vorlesedauer ca. 8 Minuten
Alter vor allem Jugendliche und Erwachsene
Impulse zur Weiterführung Die Geschichte stellt die drei Weisen aus dem Morgenland als prunkvolle Könige dar, die aus verschiedenen Reichen und Himmelsrichtungen kamen und, durch die Erfahrung in Bethlehem geeint, gemeinsam weitergingen und dabei Zeugnis von ihren Erlebnissen gaben. Die Erzählung bezieht die Hirtengeschichte mit ein und spannt den Bogen von der Geburt zum Kreuzestod Jesu. – Auch das Symbol des wegweisenden Sterns spielt eine große Rolle und kann Gesprächsinhalt sein.

Als die drei Könige sich – jeder in seinem Reiche – mit aller Pracht und großem Gefolge für die Reise gerüstet hatten, machten sie sich auf den Weg. Keiner wusste von dem anderen, doch wurde jeder von ihnen auf seinem Wege von dem Stern geführt: Er ging mit ihnen weiter, wenn sie ritten, er stand mit ihnen still, wenn sie anhielten. Bei Nacht leuchtete er nicht wie ein Stern oder wie der Mond: Strahlend hell wie die Sonne stand er über ihrem Wege.
Da zu dieser Zeit Friede herrschte auf der ganzen Erde, standen die Stadttore Tag und Nacht offen. Die Bewohner der Städte und Dörfer, die sie durchzogen, erschraken und waren voller Verwunderung: denn sie sahen Könige mit großem Gefolge – und auf ihrem Wege war es taghell – auch des Nachts!
Niemand wusste, woher sie kamen und wohin sie gingen; am Morgen war der Boden von den Hufen unzähliger Tiere zerstampft. Von solchem Geschehen sprach man lange Zeit.
Die drei ruhmreichen Könige kamen bald in andere Länder und fremde Gegenden. Jeder machte seinen Weg über Flüsse, Wüsten und Berge, durch Ebenen, Täler und schreckliche Sümpfe ohne irgendwelche Hindernisse. Alle schwierigen und steilen Wege wur-

den leicht und eben. Sie ruhten weder Tag noch Nacht, sie brauchten weder Speise noch Trank; ohne zu essen und zu schlafen, kamen sie bis nach Bethlehem; es schien ihnen nur ein Tag zu sein. So gelangten sie unter Gottes und des Sternes Führung am dreizehnten Tag nach der Geburt des Herrn bei Sonnenaufgang vor Jerusalem an. Die ruhmvollen Könige näherten sich mit ihrem Gefolge, jeder auf seinem besonderen Wege, der Stadt Jerusalem bis auf zwei Meilen. Da plötzlich bedeckte dichter Nebel und undurchdringliche Finsternis das ganze Land. Und sie verloren den Stern. Jesaja hatte prophezeit: »Auf, werde Licht, Jerusalem, denn dein Licht will kommen, die Herrlichkeit des Herrn erstrahlt dir. Denn Finsternis bedecket die Erde und Wolkendunkel die Nationen.«

Zuerst kam König Melchior mit seinem Gefolge vor Jerusalem auf dem Kalvarienberge an, auf dem später der Herr gekreuzigt wurde. Auf Gottes Wink lagerte er hier in Nebel und Dunkelheit. Der Kalvarienberg ist ein hoher Fels, fast zwölf Stufen hoch; hier wurden damals die Verbrecher hingerichtet. In der Nähe liefen drei Straßen zusammen; dort blieb Melchior, weil er im Nebel den rechten Weg nicht wusste. Bald darauf kam Balthasar, der König von Godolien und Saba, mit seinem Gefolge und lagerte neben dem Ölberg bei einem kleinen Dorf, das Galiläa heißt.

Als die beiden Könige Melchior und Balthasar hier rasteten, hob sich der Nebel ein wenig, aber der Stern schien nicht. Beide – doch ohne einander zu sehen – zogen etwas weiter, und als sie an die Wegkreuzung gelangten, da gerade kam Caspar, der König von Tharsis und der Insel Egrisoulla, mit seinem Gefolge herauf. An dieser Kreuzung dreier Straßen trafen sich die Könige. Nie zuvor hatten sie sich gesehen, und sie kannten einander nicht. Jetzt aber umarmten und küssten sie sich voller Freude.

Obwohl sie verschiedene Sprachen redeten, verstanden sie sich. Jeder erzählte den Anlass zu seiner Reise, und als sie hörten, dass sie alle drei dasselbe Ziel hatten, wurden sie noch viel froher und freudiger. In diesem Augenblick zerteilte sich der Nebel völlig, die Sonne ging auf, und die Könige zogen ein in Jerusalem. Sie erfuh-

ren, es sei die Königsstadt, die ihre Vorfahren oft erobert hatten; sie hofften, den neugeborenen König hier zu finden.
Vor solch einem riesigen, wohlgerüsteten und unerwarteten Zuge erschrak Herodes und die ganze Stadt, denn das gesamte Gefolge war nun so groß, dass die Mauern die große Menschenmenge nicht fassen konnten; der größte Teil musste daher außerhalb bleiben und lag wie ein Belagerungsheer rings um die Stadt.
Als die drei Könige nun in Jerusalem einzogen, fragten sie alle Leute nach dem neugeborenen König der Juden. Sie fragten: »Wo ist der neugeborene König der Juden? Wir haben seinen Stern aufleuchten sehen und sind gekommen, um Ihm zu huldigen.«
Als der König Herodes dies hörte, geriet er in Erregung, und ganz Jerusalem mit ihm. Er ließ alle Oberpriester und Schriftgelehrten des Volkes zusammenkommen und fragte sie aus, wo der Christus geboren werden solle. Sie gaben ihm zur Antwort: »Zu Bethlehem in Judäa. Denn also steht beim Propheten geschrieben: ›Und du, Bethlehem im Lande Juda, bist keineswegs die geringste unter den Fürstenstädten Judas; denn aus dir wird der Fürst hervorgehen, der mein Volk Israel regieren soll‹« (Mich 5,1).
Die Könige erfuhren von den Schriftgelehrten, wo Jesus geboren war, und verließen darauf Jerusalem. Und plötzlich sahen sie den Stern wieder. Er ging vor ihnen her bis nach Bethlehem, das zwei kleine Meilen von Jerusalem entfernt liegt. Ihr Weg führte an den Weiden vorbei, wo der Engel den Hirten die Geburt des Herrn verkündet hatte. Als die Hirten die Könige und den Stern erblickten, liefen sie eilig herbei und erzählten, dass ihnen in solch strahlendem Himmelslicht ein Engel erschienen sei und ihnen die Geburt des Herrn verkündet habe. Auch berichteten sie alles, was sie in Bethlehem gehört und gesehen hatten. Das vernahmen die Könige in froher Bewegung! Sie freuten sich über die Worte und Beteuerungen der Hirten, sie hatten ja auch eine Stimme aus dem Stern gehört und hegten keinerlei Zweifel. Die drei Könige beschenkten die Hirten reichlich, dann verabschiedeten sie sich und ritten weiter. Kurz vor Bethlehem saßen sie ab, kleideten sich in ihre königlichen Gewänder

und legten ihren schönsten Schmuck an. Wiederum ging der Stern vor ihnen her, und je näher sie Bethlehem kamen, desto heller erstrahlte sein Licht. Sie waren in der ersten Stunde von Jerusalem aufgebrochen, in der sechsten Stunde des gleichen Tages kamen sie nach Bethlehem. Sie ritten durch die Straße, die »Die Bedeckte« hieß, an deren Ende der Stall und die Höhle lagen.
Und plötzlich stand der Stern über dem Stalle still. Er senkte sich herab zwischen die verfallenen Wände aus Lehm und Stein und leuchtete dort mit unbeschreiblicher Klarheit. Der alte Stall und die Höhle waren voll strahlenden Lichts. Dann stieg der Stern wieder in die Höhe des Himmels und stand dort unbeweglich. Doch ein wundersamer Glanz verblieb in der Höhle, und »sie traten in das Haus, sahen das Kind mit Maria, seiner Mutter, fielen nieder und huldigten Ihm. Dann öffneten sie ihre Truhen und brachten Ihm Geschenke dar: Gold, Weihrauch und Myrrhe«.
Als die drei Könige den Herrn angebetet und ihm ihre Gaben dargebracht hatten, empfanden sie und ihr Gefolge wieder Müdigkeit, Hunger und Durst, während sie den weiten Weg von den äußersten Grenzen der Erde ohne jede Speise und Trank und ohne Schlaf zurückgelegt hatten. Jetzt schliefen und aßen sie; den ganzen Tag brachten sie in Ruhe in Bethlehem und den benachbarten Orten zu. Überall erzählten sie in Bescheidenheit, warum sie aus so weiter Ferne gekommen waren und wie der Stern sie so wunderbar geführt hatte. Durch solche Erzählungen erstarkte der Glaube der Heiden, die Juden aber ärgerten sich darüber.
Der Evangelist erzählt: Die Könige empfingen im Traum den Befehl, sie sollten nicht wieder zu Herodes zurückkehren. So zogen sie auf einem anderen Weg nach Hause. Nun aber leuchtete ihnen der Stern nicht mehr. Sie suchten bei Nacht Unterkunft, sie hatten Speise und Trank nötig und Futter für ihre Tiere wie andere Reisende auch. Auf drei verschiedenen Wegen, aus drei verschiedenen Ländern waren die Könige gekommen und hatten sich auf wunderbare Weise getroffen. Jetzt kehrten sie auf einem Weg zurück.

Johannes von Hildesheim

72 Die Geschichte von den Heiligen Drei Königen, wie Opa Mario sie erzählt hat

Thema Drei Könige mit ihren Kamelen suchen den Weg zum neugeborenen König

Vorlesedauer ca. 12 Minuten

Alter ab Grundschulalter, alle Altersstufen

Impulse zur Weiterführung Einer Sage zufolge können die Tiere in der Heiligen Nacht sprechen. In der Geschichte sind es die Kamele der drei Weisen oder Könige aus dem Morgenland, die sprechen und den Sternenweg weisen wollen. Doch die Könige hören nicht auf sie und gehen zunächst zum Palast des Herodes. – Manche Menschen gehen erst Umwege, bis sie das Ziel finden. – Die Weisen erkennen: »Das Kind wird der Herr der Welt sein, Frieden und Heil für die ganze Schöpfung«. – Pflanzen und Tiere sind Teil der Schöpfung – gehen wir achtsam mit ihnen um!

Zur Zeit, als Maria und Josef nach Bethlehem wanderten, lebten im Morgenland drei kluge Männer, die sich zum Lesen ein besonderes Buch ausgesucht hatten: den Sternenhimmel. Du wunderst dich? Doch, die lasen in den Sternen wie eine Oma in einem Bilderbuch. Sie fanden am Himmel alles, was sie wissen wollten. Geschichten von Göttern, Menschen und Tieren, Geschichten vom Säen und Ernten, Leben und Sterben, Kämpfen und Lieben. Und die Sternenbilder, die wir den Großen und den Kleinen Wagen nennen, nannten sie »die Kamelmutter mit ihren Kindern«.
In einer Nacht nun, als einer der drei Sternkundigen auf dem flachen Dach seines Hauses saß und den Himmel beobachtete, sah er einen neuen großen Stern aufgehen. Der Weise – so nennt man einen Menschen, der viel weiß und noch mehr wissen möchte –, der Weise sprang auf und war ganz aufgeregt und rief: »Was bedeutet das? Was sagt uns dieser neue Stern?« Denn die Weisen, musst du wissen, die Weisen sind der Meinung, dass alles, was da ist im

Himmel und auf Erden, uns etwas sagen will. Er lief und holte sein weißes Reitkamel aus dem Stall und ritt mitten in der Nacht zu seinen beiden Freunden, die auch Sternleser waren.
»Lauf, so schnell du kannst«, bat er das Kamel und tupfte seine Zehe ganz sanft in dessen Flanke.
»Mach ich«, antwortete das Kamel und lief geschwind. »Du aber lehne den Kopf zurück und schau dir diesen neuen Stern da oben an. Ist er nicht schön? Ein richtiger Königsstern, was?« Der Weise erschrak und wäre beinahe vom Kamel gefallen. Noch nie hatte er sein Reittier sprechen gehört! »Bin ich verrückt geworden?«, murmelte er.
»Aber nein, du bist nur erstaunt, weil du meine Rede verstehst«, antwortete das Kamel. »Ich rede ja die ganze Zeit mit dir, wenn du meinst, ich brülle, gurgle und brummle vor mich hin. Und du hast dich auch immer redlich bemüht, meine Laute zu deuten. Aber heute ist eine besondere Nacht: Du verstehst mich, als spräche ich mit Menschenworten!«
Der Weise hatte sich von seinem Schreck erholt und fragte: »Du hast den neuen Stern gesehen, den Königsstern? Und was sagt er dir?«
»Ganz einfach«, meinte das Kamel. »Er sagt, dass heute der Herr des Lebens auf der Erde erschienen ist. Der Herr aller Welten und Geschöpfe, auf den wir in Sehnsucht gewartet haben.«
Nun waren sie beim Palast der anderen Sternleser angekommen, der Weise beriet sich mit seinen Freunden, und das weiße Kamel beriet sich mit den anderen Kamelen, einem sandfarbenen und einem braunen.
»Es riecht nach Reise«, sagte das sandfarbene.
»Zum neugeborenen König der Welt«, sagte das braune. Auch sie hatten von der Koppel aus den neuen Stern gesehen.
Noch in derselben Nacht beschlossen die drei Weisen, das Kind zu suchen, dessen Geburt der Stern angekündigt hatte. Aus ihren Truhen holten sie Schätze hervor. Geschenke für das Kind: Gold, Weihrauch und Myrrhe.

Gold, aus dem die Königskronen sind. Weihrauchkörner, die man zu Gottes Ehre verbrennt, dass der heilige Rauch in duftenden Wolken aufsteigt. Und Myrrhe, bitteres Harz vom Balsambaum, als Zeichen für die Vergänglichkeit des Menschen; mit Myrrheöl wurden nämlich die Toten für das Begräbnis gesalbt. Diese Gaben wollten die Weisen dem Neugeborenen darbringen, denn es war alles in einem: König der Welt, Gott und sterblicher Mensch.
Sie sattelten und beluden ihre Kamele, und los ging die Reise, immer dem herrlichen Stern hinterher. Er führte sie über Berg und Tal, über Bäche und Flüsse, durch Wüstensand.

Ohne müde zu werden, liefen die Kamele durch den hartkörnigen Sand. Sie waren mit einer Hand voll Datteln zufrieden, mit dürrem Dornengeäst und salzigen Stachelpflanzen. Wenn der Sandsturm blies, klappten sie die Lider mit den langen Wimpern über die Augen, aber sie hörten nicht auf zu laufen.
»Nur Mut!«, sagte das weiße Kamel zu seinem Reiter; aber seltsam, der hörte nur noch ein freundliches Brummeln und Schnauben, nicht mehr die klaren Worte wie in der besonderen, der Heiligen Nacht. Trotzdem verstand er, wie gut das Tier es mit ihm meinte, und er strich ihm dankbar über das weiche, wollige Fell.
Nach vielen Tagen hatte die kleine Karawane das Land der Juden erreicht.
»Hier gibt es eine große, herrliche Stadt«, sagten die Weisen zueinander. »Und in der Stadt einen goldenen Königspalast. Bestimmt finden wir ihn dort, den neugeborenen Herrn der Welt.«
Schon sahen sie die Mauern der Stadt Jerusalem in der Sonne glänzen. Sie suchten sich einen Rastplatz, brachten den Tieren frisches Wasser und Futter, denn es war ein fruchtbares Land, und bauten ihre Zelte auf. Sie wollten ausgeruht sein, wenn sie vor das königliche Kind traten. Voller Vorfreude legten sie sich schlafen, und keiner von ihnen prüfte den Lauf der Sterne in dieser Nacht.
Die Kamele aber sahen zum Himmel auf und schnaubten unruhig.
»Seht doch«, brummelte das weiße Kamel. »Der Stern des Kindes steht nicht über dieser Stadt.«

»Er steht ein Stück weiter drüben«, sagte das sandfarbene.
»Ein Stündchen munter gelaufen, und wir wären dort!«, rief das braune.
Am Morgen weigerten sich die Kamele, in die Stadt zu ziehen. Sie stampften und schrien, und als das nichts half, spuckten sie vor Ärger.
»He, Weiser, wo ist deine Weisheit geblieben?«, schrie das weiße Kamel. »Lies doch die Sterne! Wo steht denn geschrieben, dass der Herr der Welt in einem Königshaus geboren werden muss? Sein Stern steht da drüben, über den Dörfern und Hirtenfeldern!«
Der Weise verstand nicht, was das Kamel ihm sagen wollte.
»Komm doch!«, bat er sanft. »Sei friedlich! Bitte!«
»Was willst du machen?«, sagte das sandfarbene Kamel. »Vielleicht hat der Glanz dieser Stadt sie geblendet. Sie werden schon merken, dass sie dort falsch sind!«
»Man lernt auch auf Umwegen«, seufzte das braune.
Geduldig trugen sie ihre Reiter in die Stadt hinein. Mit den gebogenen Hälsen, den weichen, überhängenden Oberlippen und den halbgeschlossenen Augen sahen sie aber alle ein bisschen gekränkt aus.
Die Leute in Jerusalem steckten die Köpfe zusammen. »Seht die vornehmen Reiter! Die sind vielleicht gar Könige aus dem Morgenland!«
Die Weisen gingen in den goldenen Palast des Königs Herodes und fragten nach dem neugeborenen Königskind.
Herodes erschrak. Immer fürchtete er, dass einer daherkommen und ihm den Thron und die Macht wegnehmen könnte. Er rief die Priester und Gelehrten seines Landes zusammen und befahl: »Forscht in den heiligen Büchern! Wo soll der Retter geboren werden, der Messias?«
Sie suchten und lasen in den Büchern, dann hatten sie die Antwort: »In Bethlehem!«
»Was, in so einem Nest!«, rief Herodes.

»Es ist die Stadt Davids, der Hirte und König war vor langer Zeit und sich zu Gottes Ehre die schönsten Lieder ausgedacht hat!«, sagten die Priester.

Der König murrte, denn er hatte sich zu Ehren Gottes noch kein einziges Lied ausgedacht, nicht einmal eines gesungen. Er rief die Weisen und sagte: »Geht – und sucht in Bethlehem nach dem neugeborenen Königskind. Und wenn ihr es gefunden habt, berichtet es mir. Dann will auch ich hingehen und es voll Ehrfurcht begrüßen!«

Das meinte er aber nicht ehrlich, o nein. Er wollte das Kind aus dem Weg schaffen, denn er hatte Angst um seine Königsmacht.

Über all dem Fragen, Grübeln, Lesen und Reden war der Tag vergangen. Es dunkelte schon, als die Weisen auf ihren Kamelen gegen Bethlehem ritten.

Die Kamele liefen schnell wie der Wind. Am Himmel strahlten die Sterne auf.

»Unser Stern, unser Stern!«, riefen die Weisen und weinten vor Freude.

»Da ist er wieder!«

»Ja, ja, ja«, brummelten die Kamele und liefen noch schneller als der Wind.

Der Stern stand über einem armen Bretterdach, das den Eingang zu einer Höhle schützte. Windeln hingen an einer Leine, und über einem kleinen Herdfeuer stand ein Suppentopf.

»Hier sind wir richtig!«, sagte das weiße Kamel und kniete nieder. Denn aus der Höhle trat eine junge Frau mit einem Kind auf dem Arm.

»Josef, wir bekommen Besuch!«, sagte sie.

Auch das sandfarbene und das braune Kamel fielen auf die Knie.

Die Weisen stiegen ab und begrüßten das Kind und die Eltern: Tief, ganz tief verneigten sie sich. Sie küssten dem Kind die winzigen Füße, und das Kind lachte, weil es kitzelte.

Dann packten die Weisen ihre Geschenke aus: Gold, Weihrauch und Myrrhe.

»Wie habt ihr uns gefunden?«, fragte die Mutter des Kindes.
»Der Stern hat uns geführt«, sagten die Weisen. »Der Stern hat das Kind verkündet. Es wird der Herr der Welt sein, Frieden und Heil für die ganze Schöpfung.«
»Ja, ja, ja!«, seufzten die Kamele.
»Ja, ja, ja«, zirpten die Grillen im Gras.
»Ja, ja, ja«, raschelte das Gras im Nachtwind. »Dieses Kind ist nicht nur für die Menschen auf die Welt gekommen«, sagte das weiße Kamel, und die Augen wurden ihm feucht vor Tränen.
»Auch für uns Tiere und unsere Geschwister, die Pflanzen. Alles, was atmet und lebt, wartet auf dieses Wunder. Es wird sein, als falle ein Schleier von den Augen. Wir werden einander als freie, herrliche Gotteskinder erkennen!«
Da trat die Mutter ganz nahe an die Kamele heran und hielt ihnen das Kind vor die Nasen. Das Kind streckte die Hand aus und berührte ganz sacht die Lippen der Kamele.
Noch vor Morgengrauen machten sich die Weisen auf den Heimweg. Sie wählten eine andere Reiseroute, denn im Traum hatte ein Engel sie vor Herodes gewarnt. Und während die Eltern mit dem Kind nach Ägypten flüchteten, liefen die Kamele durch die Steinwüste nach Osten. Ab und zu, bei einer kurzen Rast, rupften sie mit ihren Schlabberlippen eine Stachelpflanze. Aber seltsam, die schmeckte nicht mehr salzig, sondern süß – wie Honigkuchen.
»Ach ja«, sagte das weiße Kamel.

Lene Mayer-Skumanz

73 Die Wanderer in der Wüste

Thema Gottsuche – Gott kehrt ein bei dem, der ihn sucht

Vorlesedauer ca. 4 1/2 Minuten

Alter Jugendliche, Erwachsene

Impulse zur Weiterführung Manchmal kann es sinnvoll sein, im Leben den Träumen zu folgen. – Nicht immer zählt die Erfahrung »der Alten«, sondern die Träume, Sehnsüchte und Ideale der Jungen führen zum Ziel. – Scheinbare Umwege im Leben sind manchmal notwendig, um ans Ziel zu kommen. – Auch hier gilt: Oft ist bereits der Weg das Ziel. Gibt es in unserem Leben vergleichbare Erfahrungen? Bereits auf ihrem Weg begegneten die Suchenden dem Kind, nicht nur als sie die hl. Familie auf der Flucht nach Ägypten trafen: Im Armen, Schwachen und Kranken können wir Christus begegnen. – Der Stern als Wegweiser. – Auch Menschen können solche Wegweiser sein, wie die Geschichte zeigt. – »Gott kehrt ein bei dem, der ihn sucht« – trifft diese Aussage immer zu?

Einst lebte ein weiser König im Morgenland. Einmal beobachtete er einen seltsamen Stern am Himmel. Die Hofastrologen, die er nach diesem Himmelskörper befragte, deuteten ihn als Zeichen der Geburt des Messias, denn sie hatten ganz genau die alten Schriften studiert.

Der Sohn des Königs wusste es auf seine Weise: Der Stern sprach zu ihm in seinen Träumen …

Als der König mit Gefolge zur großen Reise aufbrechen wollte, um den verheißenen Messias aufzusuchen und ihm zu huldigen – da war der Prinz mit einigen seiner Freunde schon bereit. Ja, er hatte an alles gedacht: Vorräte für eine lange Reise, Decken für kalte Nächte im Freien und reiche Geschenke für den Neugeborenen.

Sein Vater warnte ihn: Er sei noch zu jung und habe keine Ahnung von den Strapazen dieser Reise, von den Gefahren im unbekannten Land, da es sogar für erfahrene Männer ein Wagnis bedeute. Aber wenn eben dieser Stern auch die Jungen rief? Wer durfte sie zurückhalten?

Dennoch – auf dem beschwerlichen Weg durch die Wüste geschah es: Der beste Freund des Prinzen erkrankte und brauchte dringend Pflege. Der Stern, der sie in die Einöde geführt hatte, war nicht mehr zu sehen. So hielten sie Rat, was zu tun sei.

Einer der Männer im Gefolge des Prinzen glaubte, die Gegend von früheren Reisen her zu kennen: Eine Oase konnte nicht allzu weit entfernt sein.

Aber das war ein Umweg zur großen Stadt, die am Rande der Wüste liegen musste. Und war eine solch große Stadt nicht am ehesten der Ort für den Palast eines mächtigen Herrschers, des verheißenen Messias? Wer strebte da nicht vorwärts, näher ans Ziel? Der Prinz jedoch entschied, seinen kranken Freund zur Oase zu begleiten. Seine anderen Freunde folgten ihm.

Seine Freunde murrten nicht. Aber sie schüttelten den Kopf, als der Prinz nach einer längeren Ruhepause in der Oase die Gastfreundschaft der Menschen dort reichlich belohnte. Diese Leute waren arm. Sandstürme deckten ihre Gärten immer wieder zu. Ein hartes, mühsames Leben!

Der Stern war nicht mehr erschienen. Aber man konnte ihnen von der Oase aus die Richtung weisen, wo die große, ferne Stadt lag.

Und wieder wagten sie die Reise in die Wüste. Als sie dann endlich die Türme der Stadt in der Sonne funkeln sahen – da trieben sie ihre Kamele an zu schnellerem Gang. Und wieder geschah es, dass der Prinz anzuhalten befahl. Da waren Wanderer am Weg. Warum sollte er sich mit ihnen einlassen? Was gingen die ihn an? Allerdings, sie schienen erschöpft und irgendwo verloren. Der Mann und sein Esel, die zarte Frau mit dem Kind. Auf der Flucht? Wohin? In die Wüste hinein? Er wolle sie in die Oase führen, sonst könnten sie sich verirren, beschloss der Prinz.

Einige seiner Freunde versuchten, sich ihm zu widersetzen: Wieder zurück? So nahe am Ziel? Aber der Prinz ließ sich von seinem Vorhaben nicht abbringen. Er lächelte den Fremden freundlich zu und gab der Frau mit dem Kind ein Zeichen, sich auf sein Kamel zu setzen. Der Mann ging mit seinem Esel dankbar nebenher. Niedergeschlagen und enttäuscht unternahm die Karawane den Rückweg in die Oase.

Aber am ersten Abend, als sie ihre Zelte aufschlugen, erschien plötzlich der wunderbare Stern wieder am Himmel. Und als sie von den Fremdlingen hörten, dass sie vor König Herodes fliehen mussten, da gingen ihnen die Augen auf und sie erkannten in dem Kind den Messias, den sie am falschen Ort gesucht hatten. Da staunten sie alle, denn dieses verheißene Kind war zu ihnen gekommen mitten in der Wüste.

Und der Stern über ihnen erstrahlte mehr und mehr. Und eine innere Stimme sagte ihnen: Gott kehrt ein bei dem, der ihn sucht.

Legende

74 Der Knüppel aus Holz

Thema Drei Brüder bringen Geschenke: Gold, Weihrauch, Myrrhe – und einen Stock
Vorlesedauer ca. 3 Minuten
Alter ab ca. 10 Jahre, Jugendliche, Erwachsene
Impulse zur Weiterführung Die drei Brüder erinnern an die drei Weisen aus dem Morgenland. Zu den bekannten Geschenken der Könige, die in dieser Geschichte die Vorfahren für das Kind vorgesehen hatten, kommt ein Knüppel hinzu. Wofür mag er gut sein? Die Geschichte erzählt, dass der Stock, das tote Holz, über Nacht ausgeschlagen hat und zum Baum wurde, dessen Holz später für das Kreuz Christi verwendet wurde. – Die Legende spannt den Bogen von der Geburt Jesu bis zum Kreuzestod. – Das tote Holz, das austreibt, erinnert an Jesaja 11 (»Doch aus dem Baumstumpf Isais wächst ein Reis hervor, ein junger Trieb aus seinen Wurzeln bringt Frucht. An jenem Tag wird es der Spross aus der Wurzel Isais sein, der dasteht als Zeichen für die Nationen; die Völker suchen ihn auf; sein Wohnsitz ist prächtig.«, Verse 1 und 10). – Und: Aus dem toten Kreuzesstamm kommt die Erlösung.

Zur Zeit als Christus geboren wurde, lebten weit im Osten drei Brüder, die einander in Liebe zugetan waren. Alles hatten sie gemeinsam, alles taten sie gemeinsam. Als sich nun ein großer Stern am Himmel zeigte, da machten sie einander auf diesen Stern aufmerksam und betrachteten ihn lange.
Der Älteste sagte: »Die Zeit ist erfüllt. Es ist das eingetreten, auf das wir so lange gewartet haben: Der König aller Welt ist geboren. Wir müssen uns auf den Weg machen und ihm unsere Gaben bringen.« Die beiden anderen Brüder stimmten ihm zu. Und so machten sie sich auf den Weg in die Berge. Dort war in einer Höhle das versteckt, was von ihren Vorfahren für den Herrn der Welt bestimmt war und was sie jetzt mitnehmen wollten. Sie gruben und holten eine kostbare Truhe aus der Erde. Als sie den Deckel öffneten, fan-

den sie darin vier Gegenstände. Einen Beutel mit Gold, ein Gefäß mit Weihrauch, eine Schale mit Myrrhe und … einen Knüppel aus Holz.

Mit Gold, Weihrauch und Myrrhe konnten die drei etwas anfangen. Das waren gute Gaben für einen neugeborenen König. Aber was der Knüppel sollte, darüber konnten sie nur rätseln. Doch sie nahmen alles, so wie es ihnen seit alter Zeit vorgegeben war, machten sich auf den Weg und folgten dem Stern.

Es war ein weiter und mühsamer Weg, und lange waren sie unterwegs auf schwierigen Pfaden. Doch dann blieb der Stern stehen über einer kleinen Höhle, von Menschen ins Erdreich geschlagen und als Stall genutzt. Sie betraten den Raum und fanden das Kind. Vor ihm warfen sie sich auf die Knie und verehrten es. Dann überreichten sie den Eltern die Geschenke: Gold, Weihrauch und Myrrhe und dazu den Knüppel, dieses kleine Stück Holz. Mit einem Achselzucken sagte der älteste der drei Brüder: »Wir wissen nicht, wofür dieser Stab gut sein soll. Aber wir haben den Auftrag, alles zu bringen, was seit alter Zeit in der Höhle unserer Vorfahren für den König der Welt bereitliegt.«

»Schon gut«, antwortete ihnen Josef, der den Stab entgegengenommen hatte, »wir werden schon sehen, wozu dieser Stab gebraucht wird.«

Und er stellte ihn vor die Höhle an eine Mauer.

Doch als er am nächsten Tag den Stock wieder holen wollte, sah er: Der Stab hatte Wurzeln geschlagen und begann Blätter zu treiben. Und schon bald wurde er zu einem großen Baum. Und man erzählt sich, dass aus diesem Baum das Holz für das Kreuz Jesu geschnitten wurde.

Aus Spanien überliefert

75 Drei merkwürdige Gäste und ein guter Stern

Thema Drei merkwürdige Gäste – die Lebensfreude, die Zeit und die Liebe – bringen dem Kind in der Krippe ihre Gaben dar

Vorlesedauer ca. 4 Minuten

Alter Jugendliche, Erwachsene

Impulse zur Weiterführung Lebensfreude, Liebe und Zeit sind drei besondere Gaben, die jeder Mensch dringend braucht und haben sollte. Wie leicht kommen sie abhanden, Bitternis macht sich breit, die Menschen hetzen von einem Termin zum anderen, die Liebe verwandelt sich zu oft in Leiden – alles Erfahrungen, die zum Menschsein gehören. Richtig angewandt, können diese Gaben aber die Welt verwandeln. Das Kind in der Krippe hat es vorgelebt, »weil es Ernst macht mit der Freude und weil es seine Zeit und Liebe verschwendet« – und die Welt wird nie mehr so sein, wie sie früher war. – Können wir den Umgang mit diesen Gaben lernen? – Können wir dazu beitragen, dass der Stern, unter dem die Welt steht, erkennbar leuchtet?

Die vornehmen Leute aus dem Osten hatten den Stall und die Krippe noch nicht lange verlassen, da trug sich eine seltsame Geschichte in Bethlehem zu, die in keinem Buch verzeichnet ist. Wie die Reitergruppe der Könige gerade am Horizont verschwand, näherten sich drei merkwürdige Gestalten dem Stall. Die erste trug ein buntes Flickenkleid und kam langsam näher. Zwar war sie wie ein Spaßmacher geschminkt, aber eigentlich wirkte sie hinter ihrer lustigen Maske sehr, sehr traurig. Erst als sie das Kind sah, huschte ein leises Lächeln über ihr Gesicht. »Ich bin die Lebensfreude«, sagte sie. »Ich komme zu dir, weil die Menschen nichts mehr zu lachen haben. Sie haben keinen Spaß mehr am Leben. Alles ist so bitterernst geworden.«

Dann zog sie ihr Flickengewand aus und deckte das Kind damit zu. »Es ist kalt in dieser Welt. Vielleicht kann dich der Mantel des Clowns wärmen und schützen.«

Darauf trat die zweite Gestalt vor. Wer genau hinsah, bemerkte ihren gehetzten Blick und spürte, wie sehr sie in Eile war. Als sie aber vor das Kind in der Krippe trat, schien es, als falle alle Hast und Hektik von ihr ab. »Ich bin die Zeit«, sagte die Gestalt und strich dem Kind zärtlich über das Gesicht. »Eigentlich gibt es mich kaum noch. Die Zeit, sagt man, vergeht wie im Flug. Darüber haben die Menschen aber ein großes Geheimnis vergessen. Zeit vergeht nicht, Zeit entsteht. Sie wächst wie die Blumen und Bäume. Sie wächst überall dort, wo man sie teilt.«

Dann griff die Gestalt in ihren Mantel und legte ein Stundenglas in die Krippe. »Man hat wenig Zeit in dieser Welt. Diese Sanduhr schenke ich dir, weil es noch nicht zu spät ist. Sie soll dir ein Zeichen dafür sein, dass du immer so viel Zeit hast, wie du dir nimmst und anderen schenkst.«

Dann kam die dritte Gestalt an die Reihe. Sie hatte ein geschundenes Gesicht voller dicker Narben, so als ob sie immer und immer wieder geschlagen worden wäre. Als sie aber vor das Kind in der Krippe trat, war es, als heilten die Wunden und Verletzungen, die ihr das Leben zugefügt haben musste.

»Ich bin die Liebe«, sagte die Gestalt und strich dem Kind zärtlich über das Gesicht. »Es heißt, ich sei viel zu gut für diese Welt. Deshalb tritt man mich mit Füßen und macht mich fertig.« Während die Liebe so sprach, musste sie weinen und drei dicke Tränen tropften auf das Kind. »Wer liebt, hat viel zu leiden in dieser Welt. Nimm meine Tränen. Sie sind wie das Wasser, das den Stein schleift. Sie sind wie der Regen, der den verkrusteten Boden wieder fruchtbar macht und selbst die Wüste zum Blühen bringt.«

Da knieten die Lebensfreude, die Zeit und die Liebe vor dem Kind des Himmels. Drei merkwürdige Gäste brachten dem Kind ihre Gaben dar. Das Kind aber schaute die drei an, als ob es sie verstanden hätte. Plötzlich drehte sich die Liebe um und sprach zu den Menschen, die dabeistanden: »Man wird dieses Kind zum Narren machen, man wird es um seine Lebenszeit bringen und es wird viel leiden müssen, weil es bedingungslos lieben wird. Aber weil es

Ernst macht mit der Freude und weil es seine Zeit und Liebe verschwendet, wird die Welt nie mehr so wie früher sein. Wegen dieses Kindes steht die Welt unter einem neuen, guten Stern, der alles andere in den Schatten stellt.«

Darauf standen die drei Gestalten auf und verließen den Ort. Die Menschen aber, die all das miterlebt hatten, dachten noch lange über diese rätselhaften Worte nach …

Ulrich Peters

76 Die drei dunklen Könige

Thema Drei andere Könige; scheinbare Hoffnungslosigkeit und Wut, Licht und Dunkel
Vorlesedauer ca. 5 ½ Minuten
Alter Jugendliche und Erwachsene, besonders auch ältere Menschen
Impulse zur Weiterführung Die Kurzgeschichte scheint sich an die biblische Geschichte von der Anbetung der Drei Könige oder Weisen aus dem Morgenland anzulehnen – hier drei ehemalige Soldaten, gezeichnet von der Not und den Grauen des Krieges. Ihre Geschenke – kleine spontane Gaben, wie sie in den Jahren nach dem 2. Weltkrieg wohl auch andere Kinder erhalten haben – zeigen, dass die Kriegserfahrungen, ihre Verwundungen, ihr Hunger, nicht alles in ihnen zerstören konnten. Das Kind berührt ihr Herz, lässt die Hoffnungslosigkeit für einen Moment verschwinden – in diesem Kind geht das Leben weiter. Ein Lichtstrahl fällt auf das Kind – und es scheint, von dort auch zurück auf die Besucher. Selbst das Holz riecht beinahe wie Kuchen – Weihnachten in schwerer Zeit. – *Info*: Wolfgang Borchert (1921–1947) beschreibt in seinen meist »düsteren« Erzählungen die Situation in den Kriegs- und Nachkriegsjahren ab 1945 = »Trümmerliteratur«. Eines seiner bekanntesten Werke ist das Drama »Draußen vor der Tür«.
Anregungen zur Gestaltung Erzählcafé: Kann noch jemand aus eigenen Erfahrungen oder aus Erzählungen von Eltern und Verwandten berichten, wie Weihnachten in den Kriegs- oder Nachkriegsjahren erlebt wurde?

Er tappte durch die dunkle Vorstadt. Die Häuser standen abgebrochen gegen den Himmel. Der Mond fehlte, und das Pflaster war erschrocken über den späten Schritt. Dann fand er eine alte Planke. Da trat er mit dem Fuß gegen, bis eine Latte morsch aufseufzte und losbrach. Das Holz roch mürbe und süß. Durch die dunkle Vorstadt tappte er zurück. Sterne waren nicht da.
Als er die Tür aufmachte (sie weinte dabei, die Tür), sahen ihm die blassblauen Augen seiner Frau entgegen. Sie kamen aus einem mü-

den Gesicht. Ihr Atem hing weiß im Zimmer, so kalt war es. Er beugte sein knochiges Knie und brach das Holz. Das Holz seufzte. Dann roch es mürbe und süß ringsum. Er hielt sich ein Stück davon unter die Nase. Riecht beinahe wie Kuchen, lachte er leise. Nicht, sagten die Augen der Frau, nicht lachen. Er schläft.
Der Mann legte das süße mürbe Holz in den kleinen Blechofen. Da glomm es auf und warf eine Handvoll warmes Licht durch das Zimmer. Die fiel hell auf ein winziges rundes Gesicht und blieb einen Augenblick. Das Gesicht war erst eine Stunde alt, aber es hatte schon alles, was dazugehört: Ohren, Nase, Mund und Augen. Die Augen mussten groß sein, das konnte man sehen, obgleich sie zu waren. Aber der Mund war offen und es pustete leise daraus. Nase und Ohren waren rot. Er lebt, dachte die Mutter. Und das kleine Gesicht schlief.
Da sind noch Haferflocken, sagte der Mann. Ja, antwortete die Frau, das ist gut. Es ist kalt. Der Mann nahm noch von dem süßen weichen Holz. Nun hat sie ihr Kind gekriegt und muss frieren, dachte er. Aber er hatte keinen, dem er dafür die Fäuste ins Gesicht schlagen konnte. Als er die Ofentür aufmachte, fiel wieder eine Handvoll Licht über das schlafende Gesicht. Die Frau sagte leise: Kuck, wie ein Heiligenschein, siehst du? Heiligenschein! dachte er und er hatte keinen, dem er die Fäuste ins Gesicht schlagen konnte. Dann waren welche an der Tür. Wir sahen das Licht, sagten sie, vom Fenster. Wir wollen uns zehn Minuten hinsetzen. Aber wir haben ein Kind, sagte der Mann zu ihnen. Da sagten sie nichts weiter, aber sie kamen doch ins Zimmer, stießen Nebel aus den Nasen und hoben die Füße hoch. Wir sind ganz leise, flüsterten sie und hoben die Füße hoch. Dann fiel das Licht auf sie.
Drei waren es. In drei alten Uniformen. Einer hatte einen Pappkarton, einer einen Sack. Und der dritte hatte keine Hände. Erfroren, sagte er, und hielt die Stümpfe hoch. Dann drehte er dem Mann die Manteltasche hin. Tabak war darin und dünnes Papier. Sie drehten Zigaretten. Aber die Frau sagte: Nicht, das Kind.

Da gingen die vier vor die Tür, und ihre Zigaretten waren vier Punkte in der Nacht. Der eine hatte dicke umwickelte Füße. Er nahm ein Stück Holz aus seinem Sack. Ein Esel, sagte er. Ich habe sieben Monate daran geschnitzt. Für das Kind. Das sagte er und gab es dem Mann. Was ist mit den Füßen?, fragte der Mann. Wasser, sagte der Eselschnitzer, vom Hunger. Und der andere, der dritte?, fragte der Mann und befühlte im Dunkeln den Esel. Der dritte zitterte in seiner Uniform: Oh, nichts, wisperte er, das sind nur die Nerven. Man hat eben zu viel Angst gehabt. Dann traten sie die Zigaretten aus und gingen wieder hinein.

Sie hoben die Füße hoch und sahen auf das kleine schlafende Gesicht. Der Zitternde nahm aus seinem Pappkarton zwei gelbe Bonbons und sagte dazu: Für die Frau sind die.

Die Frau machte die blassen blauen Augen weit auf, als sie die drei Dunklen über das Kind gebeugt sah. Sie fürchtete sich. Aber da stemmte das Kind seine Beine gegen ihre Brust und schrie so kräftig, dass die drei Dunklen die Füße aufhoben und zur Tür schlichen. Hier nickten sie nochmals, dann stiegen sie in die Nacht hinein.

Der Mann sah ihnen nach. Sonderbare Heilige, sagte er zu seiner Frau. Dann machte er die Tür zu. Schöne Heilige sind das, brummte er und sah nach den Haferflocken. Aber er hatte kein Gesicht für seine Fäuste.

Aber das Kind hat geschrien, flüsterte die Frau, ganz stark hat es geschrien. Da sind sie gegangen. Kuck mal, wie lebendig es ist, sagte sie stolz. Das Gesicht machte den Mund auf und schrie.

Weint er?, fragte der Mann.

Nein, ich glaube, er lacht, antwortete die Frau.

Beinahe wie Kuchen, sagte der Mann und roch an dem Holz, wie Kuchen. Ganz süß.

Heute ist ja auch Weihnachten, sagte die Frau.

Ja, Weihnachten, brummte er, und vom Ofen her fiel eine Handvoll Licht hell auf das kleine schlafende Gesicht.

Wolfgang Borchert

77 Da fängt der Himmel an

Thema Warum ist Jesus als kleines hilfloses Kind geboren worden?
Vorlesedauer ca. 4 ½ Minuten
Alter Erwachsene
Impulse zur Weiterführung Die drei Weisen aus dem Morgenland erkennen, dass Gott als kleines und hilfloses Kind geboren werden musste, damit er die Einsamen, Kranken, Schwachen und Kleinen trösten kann. Nur so ist er »glaubwürdig«, nur so kann er die Welt verändern: »Der Himmel kommt ganz klein und arm« und dort, wo wir ihn am wenigsten erwarten. – So wie ein Kind wachsen und sich entwickeln muss, muss auch die Liebe in der Welt wachsen, manches Mal aus der tiefsten Dunkelheit.

Allmählich wurde es ruhiger über den Feldern von Bethlehem. Kaspar, Melchior und Balthasar, die drei Weisen aus dem Morgenland, hatten ihre Geschenke niedergelegt und standen nun am Beginn ihrer Heimreise. Nicht weit vom Stall entfernt hielten sie noch einmal inne und schauten zurück zu der Bretterbude auf dem Hirtenfeld, aus der der matte Schimmer einer Stalllaterne leuchtete. Sie waren noch ganz still, so sehr waren sie von dem Ereignis und dem, was sie gesehen hatten, betroffen.
Schließlich brach Balthasar das Schweigen: »Es ist großartig!«, sagte er ruhig und eindringlich.
»Was ist großartig?«, fragte Kaspar nach.
»Dass er so klein geworden ist und so arm. Es gibt so viel Großspuriges in unserer Welt. Aber der Himmel kommt ganz klein und arm. Habt ihr gesehen, bei wem er ankommen konnte, wer bei ihm war gleich in der Stunde nach der Geburt? Es waren die Hirten, die ganz am Rande stehen, und all jene, von denen keiner der Bethlehemer Bürger etwas wissen will: die Traurigen, die Ausgestoßenen, die Bettler, Narren und Nutten. Die Gottlosen, die Süchtigen, die Verzweifelten und die, die an nichts mehr glauben können. Die Einsa-

men und die von ihrer Schuld Gequälten. Die Ärmsten der Armen waren bei ihm. Ja, arm müssen sie sein. Sie müssen die Hände und Herzen noch frei haben, damit sie das Neue auch empfangen können. Mitten in ihre Traurigkeit und Aussichtslosigkeit fällt eine Keimzelle vom Himmel. Mitten in ihre Nacht hinein wird dieses Kind geboren. Ab heute, ab dieser Nacht gibt es nicht mehr Oben und Unten, die Freude des Himmels und die Not dieser Welt. In dieser Nacht werden sie vereint. In dieser Nacht beginnt der Himmel in der Not und Dunkelheit unserer Welt zu wachsen.«

»Und dann die Bretterbude und das Stroh«, fuhr Melchior fort. »Es wird so viel leeres Stroh gedroschen. Es werden so viel schöne Worte gemacht, wie alles besser werden könnte. Und nun kommt endlich einer, der sich nicht nur mit wohlklingenden Worten, sondern mit seinem ganzen Leben in die Armut der Menschheit hineinwagt. Auf dem Stroh unserer Welt ist Platz für ihn, weil gerade in der Not ein Mensch notwendig ist. Und der Stall, er ist wie ein Zeichen. Der Himmel kann nur da ankommen, wo noch nicht alles unter Dach und Fach ist, wo noch nicht alles fertig ist. Zwischen diesen losen Brettern wird die Welt aufgebrochen für das Kind, den Keim der neuen Welt. Die Liebe hat sich auf den Weg gemacht, damit der Himmel auf der Erde wachsen kann.«

»Ja, es fängt ganz im Kleinen an«, sagte Kaspar nachdenklich. »Aber die Menschen in Bethlehem hatten keinen Platz für das junge Paar, das mit dem Himmel schwanger ging. Wie wird es uns gehen, wenn wir an die Türen der Menschen klopfen und um Einlass für den Himmel bitten?«

»Vermutlich wird man uns die Türe weisen, wie Maria und Josef, aber wir dürfen darum nicht aufgeben«, antwortete Balthasar. »Die Liebe soll Platz bekommen unter uns Menschen. Es wird nicht leicht sein und viel Kraft kosten. Aber wir werden nicht allein sein. Er selbst geht mit.«

»Aber werden die Menschen es verstehen?«, fragte Kaspar hartnäckig. »Werden sie, werden wir einmal verstehen, dass das Kind wachsen muss?«

»Ist es nicht natürlich, dass ein Kind wachsen muss?«, fragte Melchior.

»Schon«, gab Kaspar zur Antwort, »aber werden die Großen dieser Welt nicht versuchen – so wie dieser Herodes –, das Kind des Himmels, diesen Keim der neuen Welt, unbedeutend und klein zu halten? Vor allem: Werden wir mit allen Fasern unserer Existenz begreifen, dass das Kind in uns wachsen muss?«

»Ja, werden wir es ganz begreifen?«, fragte Melchior, während sie ihre Reittiere gegen Osten wandten und losritten. »Und werden wir darauf aufmerksam werden? Denn es fängt mit dem Himmel so gewöhnlich, so alltäglich an. Es hat nicht den Glanz des Besonderen. Wir werden den Himmel suchen müssen, wo wir ihn am wenigsten erwarten … in unseren Dunkelheiten, in unserer Nacht, in unserer Not. Da fängt der Himmel an, unscheinbar, klein, alltäglich, aber wirklich.«

Ulrich Peters

78 Die kleinen Sterne der Liebe

Thema Stern von Bethlehem
Vorlesedauer ca. 1 Minute
Alter ab Kindergartenalter (ca. 4 Jahre), alle Altersstufen
Impulse zur Weiterführung Der Stern von Bethlehem »lebt« in vielen kleinen Sternen weiter, Zeichen für die Liebe untereinander. – Wo können wir einen solchen kleinen Stern aufgehen lassen?
Anregungen zur Gestaltung Für jedes Kind einen kleinen Stern.

Als die Weisen Bethlehem verließen, blickten sie auf der Anhöhe vor der Stadt nochmals zurück. Da sahen sie ein wunderbares Schauspiel: Der Stern, der sie zur Krippe geführt hatte, zersprang in tausend und abertausend kleine Sterne, die sich über die ganze Erde verteilten. Die Weisen waren ganz verwundert und wussten nicht, was das zu bedeuten hatte.
Auf ihrem weiteren Weg kamen sie an eine Wegkreuzung. Es begann bereits zu dämmern, deshalb fragten sie einen Fremden, welche Richtung sie einschlagen sollten. Der gab ihnen freundlich Auskunft. Im gleichen Augenblick sahen sie über seinem Kopf einen kleinen Stern aufleuchten. Und als sie am Abend in der Herberge waren und vom Herbergswirt aufmerksam bedient wurden, leuchtete auch über dessen Kopf ein Stern auf.
Jetzt begriffen die Weisen das Schauspiel, das sie auf der Anhöhe über Bethlehem erlebt hatten: Überall dort, wo ein Wort der Liebe gesagt, wo eine Tat der Liebe getan wird, da leuchtet der Stern von Bethlehem, ein kleiner Stern der Liebe …

Nach einer alten Legende

79 Die Legende vom vierten König

Thema Ein vierter König findet nach vielen Umwegen den König der Welt – am Kreuz

Vorlesedauer ca. 4 Minuten

Alter ältere Schüler, alle Altersstufen

Impulse zur Weiterführung Ein vierter König kommt zu spät zum vereinbarten Treffpunkt und macht sich allein auf den Weg – den Stern vor Augen. Da er sich aber immer durch die Not der Menschen von seinem Ziel abbringen lässt, entdeckt er den Stern erst wieder, als dieser auf Golgota über einem der drei Kreuze stehen bleibt. Er hat den König, den er ein Leben lang suchte, gefunden. Oder war er ihm nicht bereits viel früher begegnet?

Außer Caspar, Melchior und Balthasar war auch ein vierter König aus dem Morgenland aufgebrochen, um dem Stern zu folgen, der ihn zum göttlichen Kind führen sollte. Dieser vierte König hieß Coredan. Drei wertvolle rote Edelsteine hatte er eingesteckt und mit den anderen Königen einen Treffpunkt vereinbart. Doch weil sein Reittier lahmte, kam er nicht rechtzeitig an. Eine Botschaft sagte ihm, dass die anderen drei ihn in Betlehem erwarten würden. Coredan ritt weiter.

Plötzlich entdeckte er am Wegrand ein weinendes, blutendes Kind. Voll Mitleid nahm Coredan es auf sein Pferd. Er fand eine Frau, die bereit war, das Kind zu pflegen. Coredan nahm einen der Edelsteine und schenkte ihn dem Kind, damit sein Leben gesichert sei. Dann ritt er weiter. Den Stern hatte er verloren.

Eines Tages erblickte er ihn wieder und er führte ihn durch eine Stadt. Dort begegnete ihm ein Leichenzug. Hinter dem Sarg schritt eine verzweifelte Frau mit ihren Kindern. Der Mann und Vater wurde zu Grabe getragen und die Familie war in Schulden geraten. Die Frau und ihre Kinder sollten nun als Sklaven verkauft werden. Coredan nahm den zweiten Edelstein und half damit der Familie.

Dann wendete er sein Pferd und wollte dem Stern entgegenreiten – doch dieser war erloschen. Eine tiefe Traurigkeit befiel ihn. Und eine Sehnsucht nach dem göttlichen Kind. Würde er sein Ziel nie erreichen?
Eines Tages leuchtete der Stern wieder auf und führte ihn durch ein fremdes Land, in dem Krieg wütete. In einem Dorf hatten Soldaten die Bauern zusammengetrieben, um sie grausam zu töten. Da holte Coredan seinen letzten Edelstein hervor, um damit das Dorf loszukaufen. Müde und traurig ritt er weiter. Sein Stern leuchtete nicht mehr.

Jahrelang wanderte er durch das Land. Dabei half er den Schwachen und Kranken. Keine Not blieb ihm fremd. Eines Tages kam er am Hafen einer großen Stadt gerade hinzu, als ein Vater seiner Familie entrissen und auf eine Galeere verschleppt werden sollte. Coredan flehte um den armen Menschen und bot sich dann selbst an, anstelle des Unglücklichen als Galeerensklave zu arbeiten.
Jahre vergingen. Grau war Coredans Haar, müde sein zerschundener Körper geworden. Doch irgendwann leuchtete der Stern wieder auf. Und was er nie zu hoffen gewagt hatte, geschah. Man schenkte ihm die Freiheit wieder und er wurde an der Küste eines fremden Landes von Bord gelassen.
In dieser Nacht träumte er von seinem Stern und davon, wie er aufgebrochen war, um den König aller Menschen zu finden. Eine Stimme rief ihn: »Eile, eile!« Sofort brach er auf und kam zu einer großen Stadt. Aufgeregte Menschen zogen ihn mit, hinaus vor die Mauern. Oben auf einem Hügel ragten drei Kreuze. Coredans Stern blieb über dem Kreuz in der Mitte stehen, leuchtete noch einmal auf und erlosch. Ein Blitzstrahl warf den müden Greis zu Boden. »So muss ich also sterben«, flüsterte er in jäher Todesangst, »ohne dich gesehen zu haben? So bin ich umsonst gewandert, ohne dich zu finden, Herr?«
Da traf ihn der Blick des Menschen am Kreuz, ein Blick der Liebe und Güte. Und er hörte eine Stimme, die sprach: »Du hast mich getröstet, als ich jammerte, und gerettet, als ich in Lebensgefahr war;

du hast mich gekleidet, als ich nackt war!« Und der Mann am Kreuz neigte das Haupt und starb. Coredan erkannte: Dieser Mensch ist der König der Welt. Ich habe ihn gesucht in all den Jahren. – Er hatte ihn doch noch gefunden.

Nach einer russischen Legende

80 Was war das für ein Fest?

Thema Der Sinn des Weihnachtsfestes
Vorlesedauer ca. 5 Minuten
Alter ältere Schüler (ab 10 Jahre), Jugendliche und Erwachsene
Impulse zur Weiterführung Wie weit mag diese Zukunft noch entfernt sein? Es gibt kaum ein Fest im Jahr, das so intensiv vorbereitet wird wie Weihnachten, doch oft bleibt vom eigentlichen Sinn des Festes nicht mehr viel übrig. – Wie feiern wir Weihnachten? Was bedeutet das Fest für einen jeden von uns? Welche Erwartungen, Wünsche, Ängste beschäftigen uns im Hinblick auf das Fest? – Vielleicht bedarf es einer zutiefst kindlichen Haltung, wie die Schriftstellerin Marie Luise Kaschnitz (1901–1974) sie beschreibt, um dem Geheimnis von Weihnachten, dem Geheimnis des Kindes auf die Spur zu kommen. Erst wenn man erkennt, dass der Weihnachtsstern von Bethlehem »immer noch glitzert«, wird man letztlich auch eine tiefe innere Freude an all den anderen Dingen empfinden können. Und man spürt: »Er ist immer noch da.«

Der kleine Junge hockte auf dem Fußboden und kramte in einer alten Schachtel, aus der er einiges zutage förderte, ein paar Röllchen schmutzige Nähseide, ein verbogenes Wägelchen und einen silbernen Stern. Was ist das? fragte er und hielt den Stern hoch in die Luft.
Die Küchenmaschinen surrten, der Fernsehapparat gab Männergeschrei und Schüsse von sich, vor dem großen Fenster bewegten sich die kleinen Stadthubschrauber vorsichtig auf und ab. Der Junge stand auf und ging unter die Neonröhre, um den Stern, der aus einer Art von Glaswolle bestand, genau zu betrachten.
Was ist das? Fragte er noch einmal. Entschuldige, sagte die Mutter am Telefon, das Kind plagt mich, ich rufe dich später noch einmal an. Damit legte sie den Hörer hin, schaute herüber und sagte: Das ist ein Stern. Sterne sind rund, sagte der kleine Junge.

Zeig mal, sagte die Mutter und nahm dem Jungen den Stern aus der Hand. Es ist ein Weihnachtsstern, sagte sie. Ein was? Fragte das Kind. Jetzt hab' ich es satt, schrie der Mann auf der Fernsehscheibe und warf seinen Revolver in den Spiegel, was beträchtlichen Lärm verursachte. Die Mutter drückte auf eine Taste, der Lärm hörte auf, und das Bild erlosch.

Etwas von früher, sagte sie in die Stille hinein. Von einem Fest. Was war das für ein Fest? Fragte der kleine Junge. Ein langweiliges, sagte die Mutter schnell. Die ganze Familie stand in der Wohnstube um einen Baum herum und sang Lieder, oder die Lieder kamen aus dem Fernsehen, und die ganze Familie hörte zu. Wieso um einen Baum? sagte der kleine Junge, der wächst doch nicht im Zimmer. Doch, sagte die Mutter, das tat er, an einem bestimmten Tag im Jahr. Es war eine Tanne, die man mit brennenden Lichtern oder mit kleinen bunten Glühbirnen besteckte und an deren Zweige man bunte Kugeln und glitzernde Ketten hängte.

Das kann doch nicht wahr sein, sagte das Kind. Doch, sagte die Mutter, und an der Spitze des Baumes befestigte man den Stern. Er sollte an den Stern erinnern, dem die Hirten nachgingen, bis sie den kleinen Jesus in seiner Krippe fanden. Den kleinen Jesus, sagte das Kind aufgebracht, was soll denn das nun wieder sein?

Das erzähle ich dir ein andermal, sagte die Mutter, die sich an die alte Geschichte erinnerte, aber nicht genau. Der Junge wollte aber von den Hirten und der Krippe gar nichts hören. Er interessierte sich nur für den Baum, der im Zimmer wuchs und den man verrückterweise mit brennenden Lichtern oder mit kleinen Glühbirnen besteckt hatte. Das muß doch ein schönes Fest gewesen sein, sagte er nach einer Weile.

Nein, sagte die Mutter heftig. Es war langweilig. Alle hatten Angst davor und waren froh, wenn es vorüber war. Sie konnten den Tag nicht abwarten, an dem sie dem Weihnachtsbaum seinen Schmuck wieder abnehmen und ihn vor die Tür stellen konnten, dürr und nackt. Und damit streckte sie ihre Hand nach den Tasten des Fernsehapparates aus. Jetzt kommen die Marspiloten, sagte sie. Ich will aber die Marspiloten nicht sehen, sagte der Junge. Ich will einen Baum, und ich will wissen, was mit dem kleinen Sowieso war. Es war, sagte die Mutter ganz unwillkürlich, zur Zeit des Kaisers Augustus, als alle Welt geschätzt wurde.

Aber dann erschrak sie und war wieder still. Sollte das alles noch einmal von vorne anfangen, zuerst die Hoffnung und die Liebe und dann die Gleichgültigkeit und die Angst? Zuerst die Freude und dann die Unfähigkeit, sich zu freuen, und das Sichloskaufen von der Schuld? Nein, dachte sie, ach nein. Und damit öffnete sie den Deckel des Müllschluckers und gab ihrem Sohn den Stern in die Hand. Sieh einmal, sagte sie, wie alt er schon ist, wie unansehnlich und vergilbt. Du darfst ihn hinunterwerfen und aufpassen, wie lange du ihn noch siehst. Das Kind gab sich dem neuen Spiel mit Eifer hin.

Es warf den Stern in die Röhre und lachte, als er verschwand. Aber als es draußen an der Wohnungstür geklingelt hatte und die Mutter hinausgegangen war und wiederkam, stand das Kind wie vorher über den Müllschlucker gebeugt. Ich sehe ihn immer noch, flüsterte es, er glitzert, er ist immer noch da.

Marie Luise Kaschnitz

Übersicht

Nr.	Geschichte	Vorlese-dauer	Alter	Thema
1	Die Kerze, die nicht brennen wollte	2 1/2 Min.	ab ca. 10–12 Jahre	Lichtsymbolik; im Sich-Verschenken zur eigenen Bestimmung finden
2	Vom König, der Gott sehen wollte	3 1/2 Min.	ab Grundschule, alle Altersstufen	Gott-Suche; auch Lichtsymbolik
3	Gott zu Besuch	2 1/2 Min.	ab ca. 10 Jahre, alle Altersstufen	Erwartung; Gottesvorstellungen
4	Schuster Konrad	3 1/2 Min.	ab Grundschule, alle Altersstufen	Gott im Nächsten erkennen; Wer gibt, empfängt
5	Jetzt kann Gott kommen	1 1/2 Min.	Jugendliche und Erwachsene	Sich vorbereiten auf die Ankunft des Herrn
6	Längst erwartet	5 Min.	ältere Jugendliche, Erwachsene, bes. auch ältere Menschen	Warten; Besuch
7	Der Adventskalender	7 Min.	ältere Jugendliche, Erwachsene aller Altersstufen, bes. auch ältere Menschen	Erwartung; Bedeutung von Geschenken; kranken Menschen eine Freude machen
8	Das Adventslicht	3 1/2 Min.	Jugendliche, Erwachsene, ältere Menschen	Einsamkeit des Alters; Chance der Begegnung mit anderen; Weihnachten kann neue Hoffnung schenken; auch Lichtsymbolik
9	Räuber Rinaldo erinnert sich	6 Min.	ab Grundschulalter, alle Altersstufen, bes. auch ältere Menschen	Was vor Gott zählt: Not lindern und mit dem Nächsten teilen
10	Brief an Friedrich Eggers	2 Min.	Erwachsene, bes. ältere Menschen	Adventsstimmung; Weihnachtsvorbereitungen in früherer Zeit
11	Tante Friedas Schichtkekse	4 Min.	Erwachsene, besonders ältere Menschen	Weihnachtsvorbereitungen in früherer Zeit und heute
12	Weihnachtsbaum mit Macke	5 Min.	Jugendliche und Erwachsene, ältere Menschen	Weihnachten birgt die Botschaft, dass wir nicht perfekt sein müssen

Nr.	Geschichte	Vorlese-dauer	Alter	Thema
13	Ein kleiner Traum geht auf die Reise	6 Min.	Jugendliche, Erwachsene	Der Lebenstraum Gottes wird als menschgewordene Liebe geboren
14	Barbara blüht auf	10 Min.	ab 8–10 Jahre	Barbara-Legende
15	Das Gold der Freude	5 Min.	ca. 5–8 Jahre (Kindergarten u. Grundschule)	Nikolaus-Legende
16	Vertrauen wirkt Wunder	4 1/2 Min.	ca. 5–8 Jahre (Kindergarten u. Grundschule)	Nikolaus; auch Thema »Hunger«
17	Die Geschenke des heiligen Nikolaus	7 Min.	ab Grundschule	Märchen um den hl. Nikolaus
18	Wie Nikolaus Spekulatius buk	2 Min.	ab Kindergarten-alter, alle Altersstufen	Nikolaus-Legende
19	Der Kaufmann mit dem steiner-nen Herzen	2 1/2 Min.	Kindergarten- u. Grundschulalter (4–8 Jahre)	Nikolaus-Legende
20	Eine Nikolaus-geschichte	10 Min.	Jugendliche und Er-wachsene	Märchen um den heiligen Nikolaus
21	Ein Lichtblick – Die Legende von Sankt Luzia	2 Min.	ab ca. 10 Jahre, alle Altersstufen	Die heilige Lucia/Luzia (Gedenktag: 13. Dezember)
22	Das besondere Geschenk	1 1/2 Min.	alle Altersstufen	Selbst Geschenk sein; Licht-symbolik. Der neugeborene König braucht Menschen, die sein Licht weitertragen
23	Ein Teil des Ge-schenks …	1 1/2 Min.	ab Grundschulalter	Vom Wert eines Geschenkes
24	Und er schaut und hört und staunt ...	3 1/2 Min.	ab Grundschulalter, alle Altersstufen	Gott nimmt uns an, wie wir sind; Geschenke
25	Die Sterntaler	2 Min.	ab 5 Jahre, alle Altersstufen	Schenken und Empfangen
26	Jakob malt ein Weihnachtsbild	2 Min.	ab Grundschulalter	Sinn des Weihnachtsfestes; Geschenke
27	Ein Geschenk für das Baby	7 Min.	Kindergarten- u. Grundschulalter (ab 5 Jahre)	Was ein Baby alles braucht – besonders Liebe
28	Das Weihnachts-geschenk	11 Min.	Jugendliche, Erwachsene	Geschenke, die von Herzen kommen
29	Das perfekte Weihnachtsfest	18 Min.	Erwachsene	Was macht eigentlich Weih-nachten aus?

Nr.	Geschichte	Vorlese-dauer	Alter	Thema
30	Wunderbare Weihnachtspost	7 Min.	Jugendliche, Erwachsene	Geschenke
31	Tommys Brief ans Postamt	4 1/2 Min.	alle Altersstufen	Der Glaube kann wahre Wunder wirken
32	Weihnachten ist heute	1 1/2 Min.	ab 10 Jahre, alle Altersstufen	Es kommt auf den richtigen Zeitpunkt an. Das Kind in der Krippe erwartet uns – heute
33	Die vergoldeten Nüsse	1 Min.	alle Altersstufen	Zwei Nüsse, die eine Nuss golden, die andere mit schmackhaftem Kern, zeigen, worauf es wirklich ankommt
34	Das Geschenk des kleinen Hirten	5 Min.	ab Kindergartenalter (ca. 4 Jahre)	Ein Geschenk, das von Herzen kommt
35	Der kleine Hirte und der große Räuber	7 Min.	ab 5–6 Jahre, alle Altersstufen	Das Kind in der Krippe kann Menschen verwandeln
36	Melechs Weg zur Krippe	8 Min.	alle Altersstufen	Engel als Helfer und treue Begleiter
37	Der neue König braucht auch Tölpel	3 1/2 Min.	ab Grundschulalter, alle Altersstufen	Jesus ist besonders zu den Ausgegrenzten gesandt
38	Der mürrische Hirte	3 1/2 Min.	ab ca. 10 Jahre (ältere Schulkinder), alle Altersstufen	Der Glaube an das Kind in der Krippe kann Hass und Härte überwinden
39	Der Hirt mit den Krücken	3 Min.	ab 10 Jahre, alle Altersstufen	Die Weihnachtsbotschaft kann die Herzen der Menschen verwandeln; Von der heilenden Kraft des Glaubens
40	Wie die Christrose entstanden ist	1 Min.	ab Kindergartenalter, alle Altersstufen	Legende um die »Entstehung« der Christrose
41	Geteiltes Licht brennt heller	3 1/2 Min.	ab Grundschule, alle Altersstufen	Teilen; Rettung durch das Kind in der Krippe
42	Nur ein Strohhalm	3 Min.	ab 10 Jahre, alle Altersstufen	Gerade das Kleine und Unscheinbare kann Zeichen für Gottes Gegenwart sein
43	Das Nachdenken Josefs	5 Min.	Erwachsene	Josef zweifelt
44	Maria und das schwarze Schaf	3 Min.	besonders Kindergartenalter (3–7 Jahre)	Geschichte aus dem Alltag des kleinen Jesus; Ausgrenzung eines schwarzen Schafs durch die anderen Schafe

Nr.	Geschichte	Vorlese-dauer	Alter	Thema
45	Warum der Bär sich wecken ließ	7 Min.	Kinder ab Grundschule, alle Altersstufen	Eine kleine Maus zeigt den anderen Tieren den Weg zur Krippe; Friede unter Tieren und Menschen
46	Ein Riss in der Mauer	3 1/2 Min.	Erwachsene	Jesus kam besonders zu den Ausgegrenzten
47	Was passiert, wenn Schafe träumen	11 Min.	ab 8–10 Jahre, alle Altersstufen	Ein Schaf weist den Weg zur Krippe; Engel
48	Damals in Bethlehem	4 Min.	besonders Erwachsene	Ein alter Esel lernt die Geburt und das Leben Jesu aus dessen Sicht zu sehen: Jesus wird mitten in eine Welt voller Armut und Not geboren
49	Warum an Weihnachten heilige Nacht ist	11 Min.	ab Grundschulalter	Die Geburt Jesu aus der Sicht des Ochsen erzählt. Das Kind in der Krippe kann verwandeln
50	Der uralte Hirte und der Wolf	5 Min.	ab Grundschulalter	Ein Großvater schlüpft in die Rolle eines Hirten und geht mit zum Stall von Bethlehem
51	Der Wolf an der Krippe	2 1/2 Min.	ab Kindergartenalter (ca. 6 Jahre), alle Altersstufen	Verwandlung; das Kind in der Krippe kann heilen
52	Die Legende vom Jesuskind und der Spinne	1 Min.	alle Altersstufen	Wertschätzung für die Natur; die ganze Schöpfung wird »erlöst«
53	Der störrische Esel und die süße Distel	6 Min.	ab Kindergartenalter, alle Altersstufen	Ein störrischer Esel wird auf dem Weg nach Ägypten vom Jesuskind »gezähmt«
54	Eine Weihnachtsfabel	1 Min.	ab Grundschule, alle Altersstufen	Was ist die zentrale Weihnachtsbotschaft? Was erwarten wir von Weihnachten?
55	Gabriels große Stunde	2 1/2 Min.	Jugendliche und Erwachsene	Der Engel Gabriel bereitet die Geburt Jesu vor
56	Ein kleiner Engel macht sich Sorgen	3 Min.	ab Grundschule	Ein kleiner Engel erfährt: Manchmal können die Menschen von den Tieren lernen
57	Der Engel ohne Flügel	1 1/2 Min.	alle Altersstufen	Ein Engel erhält auf dem Weg nach Bethlehem seine Flügel zurück

Nr.	Geschichte	Vorlese-dauer	Alter	Thema
58	Der Engel mit den leeren Händen	1 1/2 Min.	ab Grundschule, alle Altersstufen	Geschenke: Jeder kann dem Kind in der Krippe etwas schenken
59	Vom Engel, der nicht mitsingen wollte	7 Min.	ab 10 Jahre, alle Altersstufen	Sehnsucht nach Frieden
60	Der störrische Engel	3 1/2 Min.	Jugendliche, Erwachsene	Zeit finden – gerade in der Advents- und Weihnachtszeit
61	Der Engel und der Hirtenjunge	5 Min.	ab Grundschulalter	Ein besonderer Auftrag – ein kleiner Engel und ein kleiner Junge machen sich auf den Weg zum Stall in Bethlehem
62	Herzenswärme	4 Min.	ab ca. 9 Jahre, Erwachsene aller Altersstufen	Füreinander Engel sein
63	Leons Weihnachtsfest	4 1/2 Min.	Jugendliche, Erwachsene	Die Zuneigung zu einem Menschen kann unsere Sichtweise verändern – auch die zum Weihnachtsfest
64	Der Junge aus dem Chaco	7 Min.	ab 10 Jahre, Jugendliche, Erwachsene	»Weihnachten« sieht für viele Menschen auf der Welt anders aus – den Blick für Menschen in Not nicht verlieren
65	Der Weihnachtsfrieden 1914	1 1/2 Min.	Jugendliche, Erwachsene, ältere Menschen	Die Weihnachtsbotschaft kann stärker sein als Krieg, Not und Hass – und darauf verweisen, dass Frieden möglich ist
66	Der kleine Weihnachtsstern	4 Min.	Kindergarten- u. Grundschulalter (4–8 Jahre)	Ein kleiner, verbeulter Stern wird durch die Liebe eines Kindes wieder zum Weihnachtsstern; der persönliche Wert der Dinge
67	Den Glanz des Sterns weiterschenken	6 Min.	alle Altersstufen	Ein kleiner Stern will Weihnachtsfreude schenken, die er bei den Menschen vermisst
68	Der winzig kleine Stern	4 1/2 Min.	ab Kindergartenalter (5 Jahre), alle Altersstufen	Wenn alle ein wenig abgeben, kann Großes und Neues entstehen
69	Drei kleine Sterne	5 Min.	Kindergarten- u. Grundschulalter (ab ca. 4 Jahre)	Teilen und Sich-Verschenken
70	Zeichen einer neuen Zeit	3 Min.	ab Grundschulalter, alle Altersstufen	Mit Weihnachten beginnt eine neue Zeit

Nr.	Geschichte	Vorlese-dauer	Alter	Thema
71	Die Legende von den Heiligen Drei Königen	8 Min.	vor allem Jugendliche und Erwachsene	Heilige Drei Könige
72	Die Geschichte von den Heiligen Drei Königen, wie Opa Mario sie erzählt hat	12 Min.	ab Grundschulalter, alle Altersstufen	Drei Könige mit ihren Kamelen suchen den Weg zum neugeborenen König
73	Die Wanderer in der Wüste	4 1/2 Min.	Jugendliche, Erwachsene	Gottsuche – Gott kehrt ein bei dem, der ihn sucht
74	Der Knüppel aus Holz	3 Min.	ab ca. 10 Jahre, Jugendliche, Erwachsene	Drei Brüder bringen Geschenke: Gold, Weihrauch, Myrrhe – und einen Stock
75	Drei merkwürdige Gäste und ein guter Stern	4 Min.	Jugendliche, Erwachsene	Drei merkwürde Gäste – die Lebensfreude, die Zeit und die Liebe – bringen dem Kind in der Krippe ihre Gaben dar
76	Die drei dunklen Könige	5 1/2 Min.	Jugendliche, Erwachsene, bes. auch ältere Menschen	Drei andere Könige; scheinbare Hoffnungslosigkeit und Wut, Licht und Dunkel
77	Da fängt der Himmel an	4 1/2 Min.	Erwachsene	Warum ist Jesus als kleines hilfloses Kind geboren worden?
78	Die kleinen Sterne der Liebe	1 Min.	ab Kindergartenalter (ca. 4 Jahre), alle Altersstufen	Stern von Bethlehem
79	Die Legende vom vierten König	4 Min.	ältere Schüler, alle Altersstufen	Ein vierter König findet nach vielen Umwegen den König der Welt – am Kreuz
80	Was war das für ein Fest?	5 Min.	ältere Schüler, Jugendliche und Erwachsene	Der Sinn des Weihnachtsfestes

Quellennachweis

Trotz intensiver Bemühungen ist es uns nicht gelungen, alle Rechteinhaber zu ermitteln. Wir bitten diese daher um Verständnis, wenn wir gegebenenfalls erst nachträglich eine Abdruckhonorierung vornehmen können.

1 Ulrich Peters © Rechte beim Autor
2 Leo Tolstoi
3 Aus der jüdischen Tradition
4 Nach einer russischen Legende
5 Lene Mayer-Skumanz © Rechte bei der Autorin
6 Aus: Klaus Roos, So leuchtet die Welt der Weihnacht entgegen. Neue Gedichte, Geschichten, Gedanken © Matthias Grünewald Verlag der Schwabenverlag AG, Ostfildern 2011
7 Aus: Christa Spilling-Nöker, Wenn ein Licht vom Himmel fällt. Geschichten und Gedanken zur Advents- und Weihnachtszeit. Topos-Taschenbücher Bd. 897, Kevelaer 2014. © Matthias Grünwald Verlag der Schwabenverlag AG, Ostfildern
8 Rolf Krenzer © Rolf Krenzer Erben, Dillenburg
9 Hans Baumann, Räuber Rinaldo erinnert sich © 2013 Veronika Braune-Baumann
10 Theodor Storm
11 Aus: Doris Bewernitz, Spuren im Schnee. Geschichten zur Weihnachtszeit © Verlag Herder GmbH, Freiburg i. Br. 2015
12 Aus: Andrea Schwarz, Eigentlich ist Weihnachten ganz anders. Hoffnungstexte © Verlag Herder GmbH, Freiburg i. Br. 2014
13 Ulrich Peters © Rechte beim Autor
14 Aus: Marlene Fritsch, Von ängstlichen Drachen, halben Mänteln und zahmen Wölfen. Die schönsten Heiligenlegenden neu erzählt. Mit Illustrationen von Elli Bruder © Patmos Verlag der Schwabenverlag AG, Ostfildern 2012
15 Rita Efinger-Keller © Rechte bei der Autorin
16 Rita Efinger-Keller © Rechte bei der Autorin
17 Märchen aus Albanien
18 Ulrich Peters © Rechte beim Autor
19 Ulrich Peters © Rechte beim Autor
20 Aus: Klaus Roos, So leuchtet die Welt der Weihnacht entgegen. Neue Gedichte, Geschichten, Gedanken © Matthias Grünewald Verlag der Schwabenverlag AG, Ostfildern 2011
21 Ulrich Peters © Rechte beim Autor
22 Überliefert, genaue Quelle unbekannt

23 Überliefert, genaue Quelle unbekannt
24 Nach einer Kurzgeschichte von Walter Baudet
25 Brüder Grimm
26 Lene Mayer-Skumanz © Rechte bei der Autorin
27 Aus: Swana Seggewiß, Im Morgenkreis Advent feiern © Don Bosco Medien GmbH, München
28 O. Henry (leicht verändert)
29 Aus: Christa Spilling-Nöker, Wenn ein Licht vom Himmel fällt. Geschichten und Gedanken zur Advents- und Weihnachtszeit. Topos-Taschenbücher Bd. 897, Kevelaer 2014. © Matthias Grünwald Verlag der Schwabenverlag AG, Ostfildern.
30 Angelika Wolff © Rechte bei der Autorin
31 Aus: Adrian Plass, Adrians neuer Adventskalender © 2000 by Joh. Brendow & Sohn Verlag GmbH, D-47443 Moers
32 Nach einer alten Legende
33 Christoph von Schmid
34 Erich Jooß © Rechte beim Autor
35 Lene Mayer-Skumanz, Der kleine Hirte und der große Räuber © S. Fischer Verlag GmbH, Frankfurt am Main, 2015. Erstmals erschienen im Patmos Verlag 1988
36 Hermann Multhaupt © Rechte beim Autor
37 Aus: Max Bolliger, Der Weihnachtsnarr. Drei Weihnachtslegenden für Kinder und Erwachsene © Verlag Herder GmbH, Freiburg i. Br., 2. Auflage 1990
38 Gekürzt nach einer Erzählung von Selma Lagerlöf
39 Aus: Max Bolliger, Ein Duft von Weihrauch und Myrrhe. Weihnachtslegenden © 2009 Verlag am Eschbach der Schwabenverlag AG, Eschbach/Markgräflerland
40 Legende
41 Aus: Max Bolliger, Ein Duft von Weihrauch und Myrrhe. Weihnachtslegenden © 2009 Verlag am Eschbach der Schwabenverlag AG, Eschbach/Markgräflerland
42 Helmut Siegel
43 Kurtmartin Magiera
44 Aus: Lene Mayer-Skumanz, Der kleine Fuchs und das Christkind und andere Weihnachtsgeschichten. Mit Bildern von Tina Nagel © Tyrolia-Verlag Innsbruck 2008
45 Rudolf Otto Wiemer, Warum der Bär sich wecken ließ © S. Fischer Verlag GmbH, Frankfurt am Main, 2015. Erstmals erschienen im Patmos Verlag 1995
46 Aus: Max Bolliger, Ein Duft von Weihrauch und Myrrhe. Weihnachtslegenden © 2009 Verlag am Eschbach der Schwabenverlag AG, Eschbach/Markgräflerland
47 Aus: Marlene Fritsch, Warum Jona dem Wal nicht schmeckte und andere Geschichten aus der Bibel der Tiere. Mit Illustrationen von Heike Treiber © Schwabenverlag AG, Ostfildern 2010

48 Aus: Klaus Roos, So leuchtet die Welt der Weihnacht entgegen. Neue Gedichte, Geschichten, Gedanken © Matthias Grünewald Verlag der Schwabenverlag AG, Ostfildern 2011
49 Aus: Marlene Fritsch, Warum Jona dem Wal nicht schmeckte und andere Geschichten aus der Bibel der Tiere. Mit Illustrationen von Heike Treiber © Schwabenverlag AG, Ostfildern 2010
50 Rudolf Otto Wiemer © Rudolf Otto Wiemer Erben, Hildesheim
51 Überliefert
52 Die Legende von der Spinne
53 Aus: Karl Heinrich Waggerl, Und es begab sich … © Otto Müller Verlag, 51. Auflage, Salzburg 2004
54 Überliefert
55 Aus: Klaus Roos, So leuchtet die Welt der Weihnacht entgegen. Neue Gedichte, Geschichten, Gedanken © Matthias Grünewald Verlag der Schwabenverlag AG, Ostfildern 2011
56 Barbara Cratzius © Rechte bei Hartmut Cratzius
57 Überliefert
58 Joseph Weissmann
59 Aus: Werner Reiser, Vom Engel, der nicht mitsingen wollte, Brunnen Verlag, Gießen 2006. www.brunnen-verlag.de
60 Doris Bewernitz © Rechte bei der Autorin
61 Aus: Ingrid Uebe, Leselöwen-Weihnachtsgeschichten. Illustriert von Alexander Bux © 2008 Loewe Verlag GmbH, Bindlach
62 Angelika Wolff © Rechte bei der Autorin
63 Aus: Klaus Roos, So leuchtet die Welt der Weihnacht entgegen. Neue Gedichte, Geschichten, Gedanken © Matthias Grünewald Verlag der Schwabenverlag AG, Ostfildern 2011
64 Aus: Hermann Multhaupt, Advent und Weihnachten feiern. Geschichten, Gedichte und Spiele für Gemeinde, Schule und Gruppen © Matthias Grünewald Verlag der Schwabenverlag AG, Ostfildern 2004
65 Überliefert
66 © Martin Göth
67 Barbara Cratzius © Rechte bei Hartmut Cratzius
68 Ursula Möltner © Rechte bei der Autorin
69 Ernst Wichert
70 Ulrich Peters © Rechte beim Autor
71 Johannes von Hildesheim
72 Lene Mayer-Skumanz © Rechte bei der Autorin
73 Legende
74 Legende aus Spanien
75 Ulrich Peters © Rechte beim Autor
76 Aus: Wolfgang Borchert, Das Gesamtwerk. Herausgegeben von Michael Töteberg unter Mitarbeit von Irmgard Schindler. Copyright © 2007 Rowohlt Verlag GmbH, Reinbek bei Hamburg
77 Ulrich Peters © Rechte beim Autor

78 Nach einer alten Legende
79 Nach einer russischen Legende
80 Aus: Marie Luise Kaschnitz, Gesammelte Werke in sieben Bänden, Band 4: Die Erzählungen. © Insel Verlag, Frankfurt am Main 1985. Alle Rechte bei und vorbehalten durch Insel Verlag Berlin